부제목: 오감으로 체험하고 놀이하며

제목: "숲이랑 놀자"

곽노의 · 박미숙

창지사

머리말

숲에 가는 날은 아이들의 표정이 다르다. 너무나 들뜬 모습들로 변해 있다.

"선생님! 숲속에는 무당벌레가 있지요?"

"아니야, 다람쥐가 살고 있지?"

"아니야, 무당벌레랑 다람쥐랑 토끼가 있지?"

아이들은 숲속에서 경험했던 일을 떠올리며 끊임없이 이야기꽃을 피운다.

우리는 유치원을 설립하기 시작하면서부터 숲속에서 일주일에 한 번 놀이 활동을 해 왔다. 2019년 개정된 현행 3~5세 교육과정인 누리과정이 놀이중심, 유아중심, 교사의 자율성을 근간으로 하여 개편되면서 아이들에게는 놀이의 중요성이 더 강조되고 있다.

따라서 앞으로 우리 아이들의 교육은 교사중심의 정형화된 주입식 교육이 아니라 유아중심의 능동적인 상호작용을 통해 자율적인 놀이 활동이 이루어질 수 있도록 해야 한다. 특히 숲 놀이 활동을 통해 아이들의 다양한 사고와 상상력을 자극할 수 있는 창의적인 교육이 이루어져야 한다. 이러한 놀이중심의 교육은 아이들이 주체가 되어 아이들이 갖고 있는 무한한 잠재력을 발현하게 할 것이다. 또한 아이들의 몸과 마음, 영혼이 조화롭게 발달되어 감성이 풍부해지고 지혜롭고 창의적이며 전인적인 인격을 길러 줄 수 있을 것이다.

숲 놀이를 적극적으로 추천하는 배경은 이처럼 창의성과 정서 발달에 긍정적인 영향을 미칠 뿐 아니라 사고력을 발달시키는 데도 도움이 되기 때문이다. 인성교육적인 측면 또한 빼놓을 수 없다. 학부모님과 입학상담을 할 경우 빼놓지 않는 질문이 유치원의 인성교육에 대한 것이다. 사람의 됨됨이, 품성을 기르는 인성 교육은 그 어떤 교육보다 중요하기 때문이다.

숲과 인성교육은 떼려야 뗄 수 없는 관계이다. 숲의 변화무쌍한 사계절을 체험하면서 풍부한 감수성과 미적 감각능력을 기를 수 있고, 살아 움직이는 동식물을 보며 생명의 소중함을 깨달을 수 있다. 또한 놀이를 통해 또래와의 상호관계, 존중, 협력, 배려 등을 배우고, 자연이 우리에게 주는 이로움을 배우고 느끼면서 아이들은 건강한 사회인으로 성장해 나갈 수 있을 것이다.

2010년 독일에 있는 프라이크 숲유치원, 스위스 샹갈렌 숲학교를 방문했을 때 기저귀를 찬 아이들이 언덕을 올라 넘어져 있는 통나무 위로 올라가는 모습이 인상적이었다. 아이들은 통나무를 오른 경험을 통해 자신감과 성취감을 얻고 자아의식이 자라게 된다. 무엇이든지 스스로 해결하는 행동을 반복하면서 아이들은 주체가 되고 자립심을 갖게 된다. 아이들은 처음 새로운 것을 경험하면 탐색하고 만져보고 시도해 보려고 한다. 이러한 자발적인 활동을 통해 언어를 습득하고 추상적 사고와 수학적 사고 및 창의력이 향상된다. 그러므로 숲은 아이들에게 가장 좋은 놀이터 공간이다. 아이들의 생각을 열리게 하고 수백 가지의 이야깃거리를 만들어 내는 공간이기도 하다 숲 놀이, 숲체험 교육을 통해 우리 아이들이 전인적인 발달이 이루어지고 나아가 '지(知), 정(情), 의(意)'를 골고루 갖춘 건강한 사회인으로 성장할 거라 기대하면서 이 책을 편찬하게 되었다. 이 책은 The 큰빛 유치원에서 지금까지 놀이 활동 프로그램을 기반으로 한 숲체험 활동을 담고 있다. 여기에 산학협력 차원에서 서울교육대학교 명예교수와 The 큰빛 유치원 원장이 함께 이론과 실제를 융합하여 보려고 나름대로 심혈을 기울였다. 그러나 부족한 점이 많으리라고 본다. 독자 여러분의 허심탄회한 조언과 편달을 부탁드린다.

숲에서 멀어진 아이들이 면역성이 떨어져 아토피를 비롯한 각종 질환에 시달리고 몸과 마음이 심약해져 가고 있는 이때, 이 책이 다양한 숲 놀이 활동을 이끌어 아이들이 건강하게 성장할 뿐 아니라 아이들에게 무한한 잠재력을 발현시켜 줄 수 있는 계기가 되었으면 한다. 무엇보다 대중에게 숲과 자연체험 활동의 중요성을 인식하게 하고 가정과 영유아교육기관이 야외교육(out door education)부터라도 시도하게 된다면 그것으로도 큰 수확일 것이다.

'우리 유치원은 숲이 멀어서 못 가요'라고 생각하시는 분들은 가까운 공원을 이용해도 좋겠다. '아이들이 어려서 못 가요'라고 우려하시는 분들도 한 번쯤 시도해 보는 것이 좋다고 생각한다.

이 책을 집필하는 데 도움을 주시고, 아이들에게 좋은 프로그램을 만들기 위해 끊임없이 연구하고 노력하는 The 큰빛 유치원 선생님께 감사드린다. 코로나19로 어려운 상황에도 선뜻 이 책을 출판해 주신 창지사 김기섭 사장님, 그리고 편집에 도움을 주신 편집부 여러분께 감사드린다.

2022년 1월

저자 일동

차례

chapter 11 겨울 • 277

PART

1

숲과 자연주의 교육의 이론

CHAPTER 1.

자연주의 교육의 의미

현행 누리교육과정이 추구하는 '놀이중심, 유아중심 교육을 실천하는 숲유치원!'
아이들과 숲속에서 놀이하는 활동을 소개하고자 한다.
일명 숲프로젝트 활동~
숲이 주는 아름다움과 함께 숲에서 볼 수 있는 수많은 놀잇감들!
솔방울이 축구공이 되고, 나뭇가지가 연필이 되며, 넓은 땅이 스케치북이 될 수 있다. 각자 개성이 다른 아이들은 숲에서 하는 역할이 모두 다르다. 그러면서도 그 누구 하나 집중하지 않는 아이가 없다. 어떤 아이들은 풀을 뜯어 밥을 짓고, 어떤 아이는 흙을 모아 날리거나 뿌린다. 어린 아이들은 호기심이 많고 자기들만의 놀이에 마음껏 빠져든다.

밥상을 차리고 흙을 파고 있는 친구들에게 다른 친구들이 다가가 자연스럽게 협력하고 배려하는 모습을 볼 수 있다. 우리가 애써 주입식으로 인성교육을 하지 않아도 아이들은 자연스럽게 놀이를 통해 사회관계를 형성하고 서로를 존중하고 배려함으로써 바른 인성을 키워 나가는 것이다.

4차혁명 시대를 살아가는 우리 아이들에게 진정으로 어떤 교육이 필요할까?

바로 감성교육, 인성교육이다.

로봇이나 인공지능이 할 수 없는 것들!

숲 놀이 활동을 통해 자연스럽게 감성교육, 인성교육이 이뤄지고 자율성과 독립심, 문제해결 능력 등을 기를 수 있다. 또한 정형화된 공간에서 벗어나 자연이 주는 수많은 놀잇감을 통해 사고력과 창의성 등을 키울 수 있다.

자연주의 교육 사상가들은 타고난 인간의 선한 본성을 개화시켜 조화로운 인격을 형성시키고자 하였다. 하지만 우리 주변에서 이러한 사상들이 퇴색해 가는 것을 보게 된다. 현대 사회는 유아의 본성과 발달, 흥미, 자발성 등을 존중하는 교육을 경시하고 인지 · 결과 중심의 인재를 양성하는 데 초점을 두어 왔다. 이는 인간성 상실의 위기를 가져오게 되었다. 또한 유아가 생활하는 환경은 인공적인 도시의 콘크리트 벽으로 둘러싸인 건물에서 태어나고 자라며 자연과 철저히 격리된 생활을 하고 있다(홍은주, 2006). 즉 자연과의 만남과 놀이를 위한 기회를 박탈당하고 있는 것이다. 반면 인공적인 놀잇감이나 멀티미디어 컴퓨터의 영향력은 날로 커져만 가고 그로 인한 유아의 건강 문제와 더불어 정신적 부작용도 늘어나고 있는 실정이다. 그러므로 자연주의 교육의 중요성을 알고 그 의미에 대하여 살펴보는 것은 유의미하다고 볼 수 있다.

1. 자연에 대한 일반적 개념

'자연(nature)'이란 낱말의 사전적 의미는 사람의 힘을 더하지 않은 천연 그대로의 사람과 물질의 고유성 혹은 본연성이라 풀이하고 있다(이희승, 1985). 즉 처음 모습으로서의 '본래대로'란 의미와 인공적인 것과의 대비를 강조한 것으로 이와 같은 '자연(自然)' 안에는 여러 가지 의미가 내포되어 있다.

고대 동양철학에서 '자연(自然)'의 의미는 모든 생물과 무생물, 영혼과 인간을 포함한 우주 · 천지의 만물 일체로 해석되고 있을 뿐 아니라 이 모두를 총체적인 개념으로 보기 때문에 타율적인 요소나 신과 자연, 인간과 자연이라는 이중구조를 띠고 있지 않다.

또한 고대 그리스의 '자연'의 어원은 피시스(physis)에 있는데, 이 말은 '피오마이(태어나다)'라는 동사에서 유래하며 생성(生成)을 의미한다. 즉, '자연'의 의미는 조금도 인간에게 대립하는 것이 아니고 신(神)까지도 포괄한 살아있는 그대로의 자연이며 '범자연주의' 사고에서 나왔다고 할 수 있다. 중세시대에는 종교의 영향으로 자연과 인간을 분리하여 생각하기도 하였으며, 근대 실증주의에 와서는 외부로부터 실험적 조작을 가하여 자연을 과학적으로 파악하려는 움직임이 일어나기도 하였다(두산세계대백과, 2001).

실제로 '자연(自然)'의 의미는 우리의 생활 속에서 다양한 의미로 사용된다. 보편적으로는 물리학적, 생물학적 자연으로서 식물, 동물, 해, 달, 별을 의미하기도 하며, 본성을 일컫는 말로 교육에 의해 변화되기 이전에 타고난 고유한 기질과 특성을 의미하기도 한다. 또한 인위적인 것이나 문명과는 반대되는 것으로 원래의 모습으로서 자연을 말하기도 한다. 흔히 우리는 모성이나 어린이를 자연으로 말하기도 하며, 외부적인 통제나 압력 없이 내버려 두어도 스스로 알아서 행위하고 변화하는 의미를 지니기도 한다. 그리고 종교적 관점에서는 자연을 신격화하고 자연에 감정을 이입함으로써 자연물이 신을 상징하기도 한다(민성길, 2001).

초기의 철학이 자연철학으로 불리어지고 있다는 사실만으로도 자연의 개념이 이미 관심의 영역이었음을 짐작할 수 있다. 하지만 자연이란 본래 인간 삶의 터전인 동시에 인간이 끊임없이 도전하는 영역이므로 자연을 보는 철학자들의 사상적 시각은 매우 주관적이고 사변적이며 다양하다(조우현, 배종호, 김형석, 1966).

자연(自然)을 인간의 내재된 능력으로 이해하기 시작한 사람은 아리스토텔레스(Aristoteles, BC 384~322)로 그는 인간이란 가능태로서의 자연적 소질을 가진 하나의 존재이며 이 자연적인 소질을 구현시키는 일이 곧 교육이라고 주장하였다(김재만, 1984). 인간에게 있어 자연적 소질은 내재된 가능성이자 본래 타고난 순수한 본성이라 본 것이다.

자연에 대한 인간의 지속적인 관심은 자연이 인간생활과는 결코 분리될 수 없다는 의미를 내포하고 있으며, 18세기 가장 유력한 교육운동인 자연주의 교육철학 태동에 큰 원동력이 되었다. 이러한 철학적 배경은 시대 · 사회적인 변화를 거듭하면서 정치 · 경제 · 교육 등 각종 분야에 지대한 영향을 끼치게 되었다(손인수, 1992).

역사적으로 많은 근대교육 사상가들은 교육에서 '자연'을 강조하여 유아에 내재된 자연성을 발현시키고자 하였다. 이러한 사상을 자연주의 교육사상이라 총칭한다. 생태계의 질서를 내포한 자연(천지만물, 자연법칙, 균형, 자연력), 본성(本性)을 의미하는 순수한 자연, 원래 모습으로서의 자연(고대, 원시, 옛것, 있는 그대로, 미개척, 자연으로 돌아가려는 욕구, 향수) 등 자연의 의미의 폭은 상당히 넓고 심오함을 알 수 있다. 연계해 볼 때 자연친화적, 생태적 역시 일차적으로는 생물학적, 물리학적 자연에 친숙해지는 것을 의미하지만 자연의 의미는 그 전체적인 의미로 인간 본래대로의 순수와 본성을 회복한 자연친화적 삶의 태도가 내면화된 인간이라는 의미까지 아우르는 단어로 생각해야 한다(지옥정, 2007).

안티폰(Antipon, 480~411, B.C)은 자연이야말로 실재이며 진리이기 때문에 자연에 합치하는 것이 정의이며 인간의 안락을 보증한다(조우현 외, 1966)며 자연을 실재적이고 순수한 것으로 표현하고 있다. 반면 자연을 보는 부정적인 시각도 있다. 그중에서도 자연을 덕과 관계가 없으며 이기나 쾌락 · 권력에 대한 욕망으로 정의한 그리스의 지식인 소피스트(Sophist)들은 자연보다도 인간탐구에 더 관심을 가졌기 때문에(이광래, 1985) 자연을 정의나 도덕과는 다른 인간의 본능적 차원에서 바라보려 하였다. 이와 유사하게는 에피쿠로스학파(epicureans)가 자연을 '자리(自利)'로 봄으로서 인간의 이기주의적 욕구 자체를 자연의 실제라고 보았다(박종훈, 1983).

이상과 같이 자연에 대한 인간의 지속적인 관심은 자연이 인간생활과는 결코 분리될 수 없다는 의미를 내포하고 있으며 이러한 철학적 배경은 시대 · 사회적인 변화를 거듭해 감에 따라 정치 · 경제 · 교육 등의 각종 분야에 지대한 영향을 끼치게 되었다(손인수, 1992).

자연에 대한 높은 관심은 18세기에 가장 유력한 교육운동으로 자연주의 교육철학 태동에 큰 원동력이 되었다. 이 자연에 일치하는 교육철학은 현대교육의 특징인 심리학적 · 과학적 · 사회학적 기저가 되는 것으로서 다른 어떤 교육운동보다도 인간 교육에 있어 실제의 정신 · 목적 · 성격에 많은 영향을 끼쳤다(황옥자, 1993).

2. 공생과 공존에 근거한 자연

공생과 공존 관점에 근거한 자연의 개념은 일반적으로 우리 주위의 산천초목과 우리와는 멀리 떨어져 있는 일월성신을 총괄하는 개념이다(민성길, 2001; 이병례, 2006). 또한 유아 삶 속에 공존하는 대자연으로 정의할 수 있다. 자연에 대한 개념을 형성하기 시작하는 유아기에 자연의 변화를 체험할 수 있도록 하는 것이 무엇보다도 중요하며 이를 유아 삶 속에서 찾도록 해주어야 한다(양옥승, 2001). 다시 말해 유아를 둘러싼 자연과의 만남은 새로운 놀이를 창조하고 그 과정에서 자연을 즐기는 방법과 식물의 열매 맺음, 동물의 임신, 밤과 낮, 날씨의 변화 등을 경험하게 해준다. 그러한 경험은 자연의 속성인 자연현상의 변화와 규칙성을 이해하도록 하고(교육과학부, 2007) 더 나아가 자연의 순환이 인간과 자연 세계에 중추적 역할을 하고 있음을 알게 해 준다.

자연과 인간이 하나라는 생태적 관점을 깨닫는 것은 우리의 삶과 자연이 서로 영향을 미치는 상호관계를 인식하게 하며 환경보전과 자연보호에도 관심을 기울여 전 지구적 세계관을 가질 수 있는 데에 도움을 준다(곽노의, 2005; 유경숙, 2003). 이는 현대사회의 문제로 대두되고 있는 생명경시 풍조를 약화시키는 데도 기여할 수 있게 될 것이다. 공생과 공존 관점에서의 자연은 인간과 긴밀하며 우리 삶에 적극적으로 개입하는 자연이다. 이러한 능동적인 자연은 인간의 삶에 지대한 영향을 끼치는 존재로서 우리가 마땅히 보전하고 보호해야 할 의무가 있는 것이다. 인간과 자연은 온 생명 안에 유기적으로 공존하는 낱 생명이다(장회익, 1998).

천지만물을 뜻하는 자연은 순리(順理)를 따라 변화해 간다. 씨앗에서 싹이 트고, 잎과 가지가 무성해지며 꽃이 피고 다시 열매를 맺는 순환, 생명이 다하면 흙으로 돌아가 또 다른 생명을 돕고 품는 순환, 물이 땅 속으로 공기 중에서 구름으로 바뀌면서 다시 물이 되는 순환 등의 변화를 직접 관찰하고 체험하면서 아이들은 자연의 이치를 알게 된다. 또한 자연을 이루는 각각의 생명체는 고유한 존재이며 서로가 서로를 위해 공존한다는 것을 알면 자연의 일부분인 우리도 개인으로 보나 집단으로 보나 혼자서 살아남을 수 있는 생명체가 아니라는(윤구병, 2010) 것을 깨닫고, 서로에 대한 배려와 존중을 지식으로서가 아니라 경험으로 체득하게 되는 것이다.

CHAPTER 2.

자연주의 교육사상

이희승(1985)은 자연(nature)을 사람의 힘을 더하지 않은 천연 그대로의 사람과 물질의 고유성 혹은 본연성이라고 설명한다. 김수동(2012)은 자연을 본성으로서의 자연, 심리로서의 자연, 신성으로서의 자연, 무위로서의 자연으로 범주화하였다. 이 글에서는 자연과 숲교육의 기초와 본질에 대한 이해를 돕기 위하여 동양과 서양의 관점에서 본 자연[1]으로 범주를 나누어 살펴보고자 한다.

1. 서양에서의 자연

1.1 신성으로서의 자연

대표적인 자연주의 교육사상가인 코메니우스와 프뢰벨은 신(神)이 자연 만물을 창조한 동시에 만물에 깃들어 있다고 생각하였다. 즉, 신과 자연을 동일시한 것이

1) 곽노의, 이신영, 누리과정과 연계한 숲체험교육활동(서울: 창지사, 2014), 8-20. 에서 발췌하여 보완한 내용임.

라고 볼 수 있다. 이들은 신과 인간과 자연의 불가분의 관계를 주장하였다. 그러므로 자연과 인간은 신의 창조물로 내재해 있는 신성을 발현시키기 위한 노력을 기울여야 한다.

가 코메니우스(John Amos Comenius, 1592~1670)

코메니우스에게 있어서 자연은 인간과 사물을 이해하고 교육하는 데 매우 중요한 개념으로 사용되었다. 교육학 주제에 사용된 자연의 개념을 살펴보면 첫째, 신에 의해 창조된 만물의 총체로서의 자연이다. 자연이란 인간이 신에 의해 창조될 때의 근원적인 상태를 의미하며 신이 창조한 만물의 특성을 질서와 조화로 이해하고 있다. 그러므로 질서가 모든 사물의 영혼이란 말은 바르고 적절하다고 하였다. 둘째, 신이 창조한 만물의 특성을 선성(善性)으로 파악하고 자연의 개념을 모든 것을 지배하는 신의 섭리이자 끊임없이 흐르는 선성으로 이해했다. 신성은 만물에 영향을 미치고 모든 피조물이 자신의 존재목적에 다다르도록 이끈다고 하였다(곽노의 외, 2000). 즉, 인간을 포함한 모든 피조물이 자신의 위치에서 신의 창조목적에 맞게 존재하는 것을 선으로 이해하고 있다(김창환, 1997).

또한 신이 창조한 인간본성이 자연적 순서에 따라 진행되어야 한다고 보았다. 이 자연의 순서는 성장과 학습을 위한 일정표를 말하는데 이는 가능한 한 아동의 의식이 굳기 전에 모든 것이 자리 잡혀야 한다는 의미를 담고 있다. 그러나 아동이 학습이 준비되어 있기 전이나 가르침이 필요한 시기 전에는 강제로 교육을 해서는 안 된다는 것이다. 따라서 교육이란 저마다 타고난 본성 속에 깃들어 있는 신성을 파악하고 이를 자연의 법칙에 따라 성장 발달시켜 개화(unfolding)하도록 하는 것이다.

코메니우스는 다음에 열거하는 자연적 순서에 따라 교육과정이 진행된다면 학습이 쉽게 될 것이라고 하였다(Comenius, 1967).

- 마음의 순수성을 잃기 전에 일찍 학습이 시작될 때
- 마음에 무엇을 받아들일 준비가 되어 있을 때

- 교육과정이 일반적인 것에서 구체적인 것으로 진행될 때
- 모든 경우에 있어서 진행을 서두르지 않을 때
- 학생들에게 너무 많은 과목으로 지나친 부담을 주지 않을 때
- 학습내용이 쉬운 것에서 어려운 것으로 진행될 때
- 아동의 본성에 흠이 가지 않도록 연령에 적합한 내용과 방법을 사용할 때
- 모든 것을 감각기관의 매체를 통해 가르칠 때
- 학습된 것을 계속적으로 사용하도록 할 때
- 모든 학습이 같은 방법에 의해 일관성 있게 가르쳐질 때

위와 같은 교육원리들이 적용될 때, 교육은 쉽고 유쾌하게 이루어질 수 있다.

코메니우스의 기본적인 신념을 요약하면 다음과 같다.

첫째, 인간본성에 대해 성악설보다 성선설을 믿고 있다는 것이다. 그는 자유, 기쁨, 즐거움이 포함된 긍정적인 학습경험으로서 교육을 관찰했다. 그는 사악하게 될 인간본성을 통제하기 위해 엄격하고 권위주의적 분위기에 바탕을 둔 훈육식 교육을 극구 반대하였다. 현대적 교육 용어로 다시 표현하면, 아동은 자발적이고 자율적인 활동이 허용되는 개방적 학습장면에서 더 잘 학습한다는 것이다.

둘째, 교육은 인간본성의 자연적 순서에 따라 진행되어야 한다는 것이다. 이 자연의 순서는 성장과 학습을 위한 일정표를 암시하고 있다. 어린이가 학습이 준비되어 있기 전, 혹은 가르침이 필요한 시기 전에는 강제로 교육을 해서는 안 된다는 것이다. 이 개념은 몬테소리의 민감기, 피아제의 발달단계 등에 반영되어 있다.

셋째, 학습은 감각적인 것을 통하여 가장 잘 성취된다고 하였으며 감각교육은 모든 학습의 기초가 된다고 하였다. 그러므로 어린이의 지능발달을 위해, 어린이 바로 앞에 위치하고 있는 모든 것은 실물이어야 하며 실물의 그림자이어서는 안 된다는 것을 강조한다. 어린 시기에는 의식과 상상력의 감명을 만들 수 있는 명확하고 참다우며 유용한 것들을 필요로 한다. 그러나 실물이 닿을 수 있는 범위 내에 놓여 있을 때, 아동은 감각기관 및 이미지의 흔적을 남길 수 있다. 이것이 바로 교

사가 채택해야 할 황금률이다. 가능한 한 어린이의 의식이 굳기 전에 모든 것이 자리 잡혀야 한다. 시각적 자극은 눈앞에, 청각적 자극은 귀 앞에, 냄새는 후각 바로 앞에, 촉각적, 미각적 자극은 바로 촉각 및 미각 앞에 놓여져야 한다. 만약 한 대상이 일시에 여러 감각적 흔적을 남기려면 그 대상은 여러 번 이들 감각과 접촉해야 한다(Comenius, 1967).

넷째, 교육은 조기에 실시해야 한다는 것이다. 밀랍은 굳기 전에 형태를 만들 듯이 어린 가지 때에 나무의 형태를 만드는 것과 같다. 어릴 때 교육할 때만이 인성의 바른 태도가 형성된다는 것이다. 그는 "갓 태어난 어린 생명체는 잘 휘어져서 형체를 만들 수 있으나, 그 생명체가 단단히 굳어지게 되면 변화시키기 어렵다. 이런 것이 자연법칙이다. 왁스도 부드러울 때 쉽게 모양이 잡히고 형태를 낼 수 있다. 그러나 일단 굳으면 쉽게 깨진다. 묘목도 이러한 방법으로 심고, 이식하고, 베어내고, 구부러뜨릴 수가 있다. 그러나 그것이 한 나무로 성장하면 이러한 과정은 불가능하다"(Comenius, 1967)고 했다.

나 프뢰벨(Friedrich Wilhelm Fröbel, 1782~1852)

프뢰벨은 "신은 만물의 유일한 근원이며 만물 중에 존재해 있으며 만물을 소생시키고 지배한다. 만물은 신 가운데 그리고 신에 의해 존재하며 신에 의해 생명을 부여받고 거기에 그 본질을 간직하고 있다."고 하였다. 이런 프뢰벨의 입장은 단순한 낭만주의적 범신론(Pantheism)이 아니라 이를 초월한 종교적 의미의 만유재신론이라 알려져 있다. 프뢰벨은 유일한 신께서 하시는 일은 반드시 선(善)하며, 선(善) 이외에 다른 방법은 있을 수 없다고 하면서 근본적으로 교육은 발달 순응적(nachgehende Erziehung)이어야 하고 지시, 규제, 간섭이 아닌 안내와 보호에 의한 교육이 되어야 한다고 보았다.

또한 아동을 뿌려진 씨에 비유하면서 아동은 놀이를 통해 자신의 내적 기질과 성향 등을 개발함으로써 완전한 인간으로 성장한다고 보았다. 그러므로 교육자는 아동에게 깃든 신성 즉, 타고난 개성이 개화되도록 정원사의 역할을 해야 한다. 즉 정원사 같이 열매를 맺는 성숙한 나무가 되도록 돕는 것이다.

> 놀이는 어린이에게 가장 귀하고 순수한 활동이며 동시에 모든 인간이나 대상들 속에 잠재하고 있는 자연성의 발로이기도 하다. 그러므로 놀이는 세상에 즐거움, 자유, 만족, 휴식, 평화를 준다. 놀이는 선의 모든 원천이기도 하다. 신체가 피곤해질 때까지 끈기 있게 능동적인 놀이를 하는 어린이는 타인의 행복과 자신의 행복을 위하여 헌신적으로 노력하는 인간이 될 것이다. 이 시기에서 어린이들의 삶의 가장 아름다운 표현은 놀이 속에 완전히 몰두한 어린이, 그 놀이 속에 완전히 몰두하여 잠들어 버린 어린이가 아닐까?

어린이의 놀이는 모든 후기생활을 위한 새싹이다. 즉 완전한 인간은 이러한 놀이 활동을 통하여 자신의 내적 기질과 성향 등을 개발한다.

구조화되지 않은 놀이는 잠재된 위험을 나타낸다. 안내나 지도 없이 마련된 학습 환경이야말로 잘못된 종류의 학습이 일어나게 할 수 있는 실제적인 가능성이다.

교사에게는 어린이들을 창조적이게 하고 사회에 공헌하도록 하기 위해서 그들을 안내하고 지도할 책임이 있다. 이러한 목적을 성취하기 위해서 유아교육을 위해 체계적으로 계획된 교육과정을 개발하였고 유아를 위한 교수 · 학습 활동의 기본 체계를 고안하였다. 자연과 정신의 두 세계를 놀잇감이 중재할 수 있다고 간주하고, 아동이 손으로 형태를 구성하고 놀 수 있는 10세트의 은물(Spielgaben)과 다양한 놀이 유형인 11가지 작업 내용을 고안하였다. 그 외에도 『어머니의 노래와 애무의 노래』 및 노래, 게임, 손유희 활동을 보급하였는데(유혜령 외, 2003), 이는 교수 자료 활용이 아동의 창의력을 길러주고 온전한 발달을 위해 필요하다고 보았기 때문이다.

1.2 인간의 본성으로서의 자연

인간의 본성이란 본래부터 타고난 성질 즉, 천성(天性)을 의미한다(두산세계대백과, 2001). 인간의 본성 그 자체가 자연으로 외부의 힘에 의해 변화되지 않고 스스로 존재하는 순수한 상태를 말한다. 이렇게 '자연'을 기초로 한 교육을 통해 인간의 내재된 자연성을 발현시키고자 했던 많은 근대 교육 사상가들 중 특히 루소와 페스탈로치는 인간본성에 따른 교육을 강조했다.

가 루소(Jean-Jacques Rousseau, 1712~1778)

유아는 본래 선하다는 성선설의 입장을 취한 루소(Jean-Jacques Rousseau, 1712~1778)는 낭만적 자연주의로 유아가 사회에 의해 타락하지 않는다면 선성이 드러날 것이라고 믿었다(Bigge & Hunt, 1968). 이러한 사상은 '모든 사물은 조물주의 손에서 나올 때는 선하나 인간의 손에서 모든 것이 타락한다. 사람들은 이 땅에서 다른 땅의 소산물을 거두려 하고 이 나무에서 다른 나무의 열매를 맺게 하려 한다.'라는 『에밀(1762)』의 첫 문장을 통해 알 수 있다(Boyd, 1970). 그의 인간본성에 대한 개념은 단순해 보이나 문명화된 사회의 부조리에 기인하고 있다. 문명의 발달이 인간의 '도덕적 타락'을 초래하였고, 이를 회복하기 위해서는 인간의 자연성 회복 없이는 불가능하다는 가설을 낳았다. 이 가설이 인간의 자연성 회복을 목표로 하는 교육으로 이어지게 된 것이다. "자연으로 돌아가라"는 말에서 나타나듯 루소의 교육사상은 자연에 대한 신뢰와 경외로부터 출발한 인간성 회복의 의미를 담고 있다.

아동은 본성이 선하고 자연적 발달성을 지녀 타고난 자신의 능력을 발달시킬 수 있는 존재이므로 내적인 힘이 발현되도록, 더 나아가 완성될 수 있도록 교육해야 한다고 주장하였다. 이것이 바로 교육을 '개화(unfold)'로 보는 관점이라 할 수 있다. 다시 말해, 아동은 자연적인 시간표에 따라 성숙해져 가기 때문에 교사는 아동이 자연적 능력에 따라 성장하도록 허용해야 하고 아동에게 무엇을 강요하여 그들의 자연적 발달을 억제해서는 안 된다는 것이다.

이러한 관점에서 루소는 소극적 교육을 강조하고 있다. 소극적 교육이란 성인의 강압적인 조절이나 기준에 맞추어 아동을 인위적으로 희생시키는 것이 아니라 아동의 자연적 발달 단계에 적합한 교육을 제공하는 것이다. 즉, 아동 개개인의 성장 속도에 맞추어 서두르지 않고 자연 질서에 따라 기다려 주면서 아동의 내적 능력이 개화하도록 돕는 교육이라 할 수 있다. 페스탈로치(Johann Heinrich Pestalozzi, 1746~1827)의 '실물교수(object lesson)' 개념과 프뢰벨의 '자연적 개화(unfolding)' 개념은 루소의 사상에 대한 실천적 반향이었다.

교육학 분야에서 루소의 업적을 평가할 때 자연과학에서의 코페르니쿠스 업적에 비견할 만하다고 한다. 코페르니쿠스가 천동설을 지동설로 바꾸듯이, 루소는 주지주의 교육에서 주정주의 교육으로, 교사중심 교육에서 아동중심 교육으로, 교과서중심 교육에서 자연중심 교육으로 바꾸었다. 그 밖에 그가 쓴 『사회계약론(1762)』은 1789년 프랑스 시민혁명의 지침서가 되었고, 그가 작곡한 오페라 '마을의 점쟁이'에 나오는 노래들은 오늘날에도 전 세계에서 동요, 군가, 찬송가 등으로 편곡되어 부르고 있다.

루소의 교육사상을 요약하면 다음과 같다.

첫째, 루소는 사람이 자연에 의해, 사물에 의해, 인간에 의해서 교육된다고 하였다. 인간은 출생 시에는 부족한 점이 많으나 성장하면서 교육을 통해 필요한 모든 것을 갖추게 된다. 이 교육은 자연으로부터, 인간으로부터, 사물로부터 우리들에게 오게 된다. 루소가 추구하는 궁극적인 인간은 자연인이다. 그러나 그 자연인은 자연 상태에 머물러 있는 원시적인 자연인이 아니라 사회 상태에서의 자연인이다. 자연인은 그 본성인 선을 지키면서 이상적인 사회건설을 목표로 한다. 사회에서의 자연인은 지금까지 없었던 새로운 교육, 즉 자연에 따르는 교육에 의해 만들어진다.

자연에 의한 교육이란 인간의 내부에 천성으로 갖추어진 각 기관과 능력의 자연스러운 내면적 발달을 의미한다. 사물에 의한 교육은 사람이 외부세계의 사물과 접촉하여 감각과 경험에 의하여 획득되는 것이다. 인간에 의한 교육은 자연, 사물, 그리고 인간에 의한 교육이 잘 조화되어 동일한 도달점, 동일한 목적에 일치할 때만 참된 인간교육이 가능하다는 것이다.

이 세 가지 교육의 조화는 인간의 자유의지에 의해서 달성될 수는 없으며, 자연에 의한 교육이 핵심이 되고 다른 두 교육은 이 자연의 원리를 존중하면서 이루어져야 한다는 것이다. 이것이 곧 사물, 환경 및 인간의 교육을 자연의 교육에 일치시킴을 의미한다. 루소는 이것을 바로 '합자연의 원리'로 주창한 것이다. 여기에서 자연이란 인간이 태어날 때부터 가지고 있는 특성과 능력을 의미하는 것으로 교육은 교사와 사물을 통하여 인간에 내재한 자연성을 신장, 발전시키는 것으로 보았다.

둘째, 루소는 자연에 의한 교육으로 습관형성과 노작과 연습에 의한 능력계발을 통한 정신적, 육체적 성장을 강조하고 있다. 자연에 따르는 교육은 결국 아무것도 하지 않는 교육, 아니면 방치하는 교육일까? 지금까지 서술한 교육론이 언뜻 보기에 태어날 때 좋은 상태를 그대로 지키는 정도가 교육이라면 어른이나 교사는 별로 가르칠 일이 없으므로 내버려 두어도 좋다는 말로 들린다. 자연은 모든 것이 저절로 되는 식의 안이하고 나태한 성질의 것이 아니다. 사나운 폭풍과 천둥 벼락이 온화한 날씨와 공존하듯이 인간의 자연도 성장 발달에 따라 시련과 고통을 동반한다.

루소 교육의 큰 목표는 '사람이 되는' 일이다. 인간공통의 천직은 사람다운 사람이 되는 것이며 그것 없이는 어떤 직업이든지 의미가 없다는 것이지 노동을 무시하거나 불필요한 것으로 본 것은 아니라고 루소는 주장한다. 반대로 루소는 노동의 필요성을 어려서부터 익숙하게 몸에 익히도록 해야 한다고 주장한다.

루소의 습관론의 기본적 입장은 식물은 재배에 의하여 만들어지고 인간은 교육에 의해 만들어진다는 것이다. 어린 시기의 교육의 중요한 조건은 어린이의 주변에 울타리를 만드는 일이다. 어린이 주변에 울타리를 만들어야 할 이유는 외부의 영향으로부터 보호해야 하기 때문이다.

루소가 말한 자연에 의한 교육은 개인의 완전한 자연적 성장의 달성을 교육목표로 삼는다. 그는 자연적 인간이 시민적 인간보다 더 위대하다고 하였다. 왜냐하면 자연의 질서에 따라 인간은 모두 평등할 수 있기 때문이다.

루소는 교육이란 성인사회의 사고나 도덕을 어린이들에게 주입시키는 '적극적인 교육'이 아니라 악덕의 침입을 막는 일이고 진리를 가르치기에 앞서 편견을 막는 일이다. 이러한 방법은 어린이의 어린이로서의 성숙, 즉 '성숙된 어린이'를 위한 가장 적절하고도 유일한 방법이다. 루소는 이러한 방법을 소극적인 교육(negative education)이라고 하였다.

루소의 소극적인 교육은 어린이의 자연스러운 발달을 보장하는 것으로, 이를 위해서는 바람직한 환경 속에서 어린이의 자유로운 활동을 존중하는 데 있다고 하였다. 또한 그것이 바로 '자연인'의 육성을 목표로 한 교육이며 스스로 보고 느끼며, 또 자신의 이성으로 판단하여 행동하는 인간을 육성 · 실현시키게 하는 것이다.

루소 교육론의 가장 특징적인 공헌은 그의 방법론에 있다고 하겠다. 오랜 전통이 되어 버린 교사중심의 방법에 맞서 교사의 자리에 어린이를 대치시킨 새로운 방법이 그것이다. 좋은 교육의 가치기준을 인간의 성선설에 두고 이에 따르는 교육, 즉 자연주의 교육을 제창한 루소의 사상은 이를 계승, 발전시킨 바제도우(Basedow)나 페스탈로치(Pestalozzi), 프뢰벨(Fröbel), 듀이(Dewey) 등 현대 교육사상의 선구적인 것이다.

교육학을 전공하는 학자들은 루소의 교육이 고대 교육과 현대 교육 사이를 가르는 분수령의 위치에 있다고 설명하고 있다. 루소의 아동교육사상은 페스탈로치와 프뢰벨과 같은 교육 실천 혁신자들의 사상에 잘 반영되어 있다. 프뢰벨의 자연적 개화(unfolding) 개념은 루소의 반향이었으며, 피아제의 발달단계는 자연적 발달과정을 중시한다는 점에서 루소의 사상에 영향을 받았다고 볼 수 있다. 오늘날 어린이에게 자발적이고 자기조절력 신장을 강조하며 풍부한 환경을 제공하려는 개방교육도 루소의 철학에서 그 기본을 이룬다고 할 수 있다.

나 페스탈로치(John Heinrich Pestalozzi , 1746~1827)

페스탈로치의 신념 속에는 루소의 영향이 가장 잘 나타나 있다. 페스탈로치는 『에밀』의 교육방법을 자신의 외아들에게 적용함으로서 교육을 실천했다. 그는 기독교적인 세계관을 바탕으로 신이 모든 사람에게 부여한 소질을 계발시키고자 하였다. 그는 만민 평등사상의 신봉자로 "인간은 왕좌에 앉아 있든지 오두막에 살든지 본질적으로는 다름이 없다."고 하였다(김정환, 1975). 그의 교육 사상의 핵심은 신이 모든 사람에게 허락한 인간 본성을 회복하여 건전한 사회를 건설하는 것이다.

그의 교육방법은 아동의 본성과 교육실천 간의 조화를 이루는 것에 있다. 그렇다면 이 방법은 무엇인가? 그것은 단순히 자연의 법칙에 따르는 것이다. 다시 말하면, 아동으로 하여금 천천히 아동 자신의 노력으로, 감각적 인상에서 추상적인 개념으로 발전하도록 하는 것이다. 이 방법의 또 다른 이점은 아동을 탁월한 인간으로 만들기 위해 무엇을 완전히 습득하도록 강요하는 것이 아니라, 아동 자신에게 적합한 내용을 자발적으로 익히도록 권장하는 데 있다(DeGuimps, 1890).

감각적 인상은 페스탈로치 교육에 있어 중요한 열쇠이다. 페스탈로치는 모든 교육은 그러한 감명에 기초를 두고, 알맞은 감각적 인상을 통해 어린이의 자연적인 잠재력이 발현될 수 있다고 보며, 이 신념은 유명한 '실물교수(object lesson)'의 개념을 발전시켰다. 페스탈로치는 수많은 개념을 학습하는 최선의 길은 헤아리기, 측정하기, 느끼기, 만지기와 같은 과정들을 포함한 조작적 경험을 통해 일어난다고 생각하였다. 페스탈로치는 교사가 어린이를 가르치기 전에 어떤 특정 분야에 자격이 있거나 전공을 했을지라도, 가장 유능한 교사는 교과가 아닌 어린이를 가르치는 자라고 하였다.

그는 어머니가 가장 훌륭한 자녀교육자라고 믿었으며, 『게르트루트는 어떻게 그녀의 자녀를 가르치는가(How Gertude Teaches Her Children)』와 『어머니를 위한 책(Book for Mothers)』이라는 책을 저술하였다. 그는 가르치는 방법이 너무 단순하기 때문에 어머니는 도움 없이도 자녀를 가르칠 수 있을 뿐만 아니라, 동시에 어머니 자신의 교육도 계속할 수 있다고 생각하였다.

페스탈로치는 세상의 직업이 교육과 함께 결합되어 있다고 느꼈기 때문에, 직업적 인식을 위한 프로그램을 활용하는 기초적인 교육기관으로서 가정이 중요하다고 생각했다. 그리고 교육적 입장에서 볼 때, 가정은 아동들의 행동적 환경으로서 시간적 제약을 받지 않은 자연 교육의 장이다. 부모는 자연의 교사이며, 언어와 사물에 관한 지각적 지식의 습득을 비롯하여 인사, 예절법 등 행동의 규율과 좋은 습관, 협동정신, 책임감, 도덕의식 및 종교적 신앙심의 배양에 이르기까지 광범위한 교육 내용을 애정과 권위로 자녀에게 가르칠 수 있다. 이와 같이 가정의 교육적 의의는 실로 큰 것이다.

2. 동양에서의 자연

자연(自然)의 가치를 어떻게 이해하는가에 따라 인간의 태도가 구별되어 나타난다. 이를테면 자연의 가치를 인간을 위한 도구적인 것으로 간주하게 되면 '인간중심주의(anthropocentrism)'가 되고, 자연을 각양 각종의 존재들이 상호 의존적으로 존립해 있는 거대한 체계로 이해하면서 연속적이며 조화로운 가치를 중시하게 되면 '생태중심주의(ecocentrism)'로 되며, 자연을 하나의 유기적 생명체로 간주하여 그 생물적 고유가치를 중시하면 '생명중심주의(biocentrism)'로 나아가고, 신유학에서처럼 자연을 無窮生生不息(무극생생불식)하는 기(氣)의 유행으로 이해하면서 개별물의 가치를 기(氣)의 취산(聚散)에 입각하여 동등시하는 데서 '기(氣)중심주의(Chi-centrism)'가 도출된다(조태훈, 1998).

서양에서는 원자니 입자니 하는 개념이 일찍부터 발달해 왔으나 동양에서는 자연을 입자의 덩어리로 보지 않고, 기(氣)라는 특이한 질료로 보았기 때문에 서양처럼 자연을 구조적으로 이해하지 못했다. 반면 기(氣)의 음(陰)적인 성질과 양(陽)적인 성질을 통하여 자연을 설명하고, 자연의 변화를 설명하면서 자연을 법칙적으로 이해하려는 경향도 있어 왔다(김춘성, 2000).

그리하여 서양의 자연관은 '인간중심주의'가 주축을 이루고 있으며, 개인주의적, 원자론적, 기계론적 접근법에 의존해 있는데 반해 동양의 자연관은 '생태중심주의' 또는 '기(氣)중심주의'의 관점에 입각해 있으면서, 인간과 세계와의 조화를 반영하는 전체론적 성격을 지니는 것으로 이해한다. 동양철학의 뿌리의 하나인 공자(孔子)의 철학은 자연을 인문화하는 동시에 인간 자신도 자연화되어야 하며, 문명사회의 원칙이 자연과 단절되어서는 안 된다는 것을 기본정신으로 하고 있다(조태훈,1998).

동양인의 자연관을 논의할 때 많이 등장하는 말은 천인합일(天人合一), 인간과 자연의 조화, 자연에 순종 또는 순응, 유기체적 자연관 등이 있다. 천인합일(天人合一)이란 자연과 인간이 원래 분리될 수 없고 하나로 합쳐져 있다는 의미이다. 인간을 자연의 일부로 보고 자연에 인간이 순종해야 한다는 사상과 자연과 인간은 운명 공동체라는 자연관을 강조하는 말이다. 인간과 자연을 대립적이고 적대적인 관계로 파악하지 않고 나눌 수 없는 하나로 보았으며, 자연에 순응해야 한다고 생각한 것이다(안종수, 2006: 145).

최근 우리나라 교육계에서는 현대 교육문제의 대안으로 자연주의 아동교육, 그 중에서도 특히 숲유치원에 대한 관심이 높아지고 있음을 본다. 자연과 숲에서 하는 활동과 놀이에서 멀어져 가면서 아이들이 점차로 아이다움까지 상실해 가고 있는 오늘의 현실을 직시해 볼 때 이는 매우 바람직한 현상이라 할 수 있다. 이러한 교육이 지속 가능하기 위하여 숲교육의 철학적 근거를 동양의 자연철학에서 찾아보고자 한다.

2.1 도가(道家)에서의 자연

동양에서의 자연하면 도가사상(道家思想)에서 출발한다고 해도 과언이 아니다. 도가에서는 인간 및 모든 존재와 사태의 본질이 자연이며, 이러한 자연이 도(道)의 원칙임을 알고 이것을 회복하고 발현해야 함을 강조하는 용어이다. 개체의 '자연'은 전체의 도(道)가 개체에 내재되어 있는 덕(德)인데, 자연주의 교육관에서의 최종 도달점은 개체가 최상의 덕(德)을 회복하여 전체의 도(道)와 일치하는 것이다. 이를 위해서 자신의 헛된 욕망이나 주관적인 의도나 목적을 버리고 마음을 텅 비우고 흔들리지 않은 평정심을 가져야 하는 것이다(서경, 2014).

가 노자(老子)

노자(老子)의 자연은 바로 '도(道)'라고 할 수 있다. 도(道)의 성격을 가장 잘 표현하는 말은 무위자연(無爲自然)이다. 무위(無爲)란 인위적으로 어떤 일을 하지 않는다는 뜻이다. 그리고 자연이라는 말은 '스스로 그러하다(self-so, naturally-so)'라는 의미이다. 다시 말하면 세상의 모든 사물들은 누가 특별히 어떻게 하지 않아도 스스로 생성하고 변화한다는 것이다(안종수, 2006: 194). 즉 '무위자연'을 이상적인 모습으로 생각하였다. 노자(老子)는 『도덕경(道德經)』 서두(노태준 2001)에서,

> "道可道는 非常道요 明可名은 非常名이니라 無名은 天地之始요 有名은 萬物之母니라 故로 常無로 慾以觀基妙하고 常有로 慾以觀基妙니라 非梁者는 同出而異名하니 同謂之玄이니라 玄之又玄하니 衆妙之門이니라."

> "도(道)를 도(道)라고 할 수 있는 것은 참 도(道)가 아니고, 이름을 이름이라고 할 수 있는 것은 참 이름이 아니다. 무명은 천지의 시작이요, 유명은 만물의 어머니이다. 그러므로 상무(常無)로써 그 요(邀)를 보려 한다. 이 양자는 같은 근본에서 나왔으나 그 이름을 달리하니, 이것을 한가지로 말할 때 현(玄)이라고 한다. 현하고 현하니 중묘(衆妙)의 문이다."

여기서 특히 주목해야 할 곳은 노자(老子)가 도(道)를 없음, 즉 무(無)라고 말한 부분이다. 여러 곳에서 그는 도(道)를 '무(無)·허(虛)'로 표현하면서 만물의 근원은

아무것도 없다는 점을 강조하였다. 하지만 노자(老子)가 말하는 무는 단순히 없다는 의미가 아니라 보이는 세계의 뿌리가 되고, 또 보이는 세계의 참된 모습이라고 할 수 있다. 그리고 그 무는 상대적인 존재가 아니라 유와 무의 구별을 초월하는 절대적인 존재이다. 노자(老子)가 그것을 무라고 말한 이유는 그것이 인간의 인식을 초월하는 존재이기 때문이다. 그래서 이것을 말 그대로 완전히 존재하지 않는 무로 오해하면 안 된다(안종수, 2006: 197)

노자(老子)도 플라톤처럼 생각한 것 같다. 플라톤은 이데아의 세계와 감각의 세계, 존재의 세계와 생성의 세계라는 두 세계 이론을 전개하였다(오인탁, 1994: 138). 이데아의 세계와 실재의 세계로 나누어서 생각한 것이다. 이것이 플라톤의 핵심이 되는 철학사상이다. 이데아란 정신 또는 마음의 소산으로서 물질에 대립하는 말이다. 참된 실재, 궁극적인 실재는 이데아이며, 이것이야말로 영구불변의 진리이다. 이데아는 절대적인 존재로서 사람의 감각기관이나 경험을 초월하여 존재하는 것이다. 그것이 바로 노자(老子)가 말하는 도(道)의 세계라 할 수 있다

노자(老子)는 "인법지(人法地) 지법천(地法天) 천법도(天法道) 도법자연(道法自然)", 즉, 인간은 땅을 본받고, 땅은 하늘을 본받고, 하늘은 도(道)를 본받고, 도(道)는 자연을 본받는다고 말했다. 곧 도(道)란 자연 그 자체인 것이다. 노자(老子)는 자연을 통나무에 비유해서 이야기한다. 통나무를 가공해서 여러 가지 물건을 만들 수 있지만 그것을 통나무의 상태로 환원시켜 보면 본래 통나무일 뿐이라고 말한다. 노자(老子)는 인간의 참다운 행복을 인간 내부의 천성에 따라 자유롭게 사는 데서 찾았다(고벽진 외, 2006).

자연은 무위(無僞) 즉, 거짓이 없음, 인위적이지 않음이며, 인위(僞善) · 꾸밈僞美) · 유위(有爲) · 작위(作爲)'가 아니다. 무위(無爲)는 소우주인 인간이 대우주인 자연과 일치하려는 노력이다(오창진, 김회용, 2012: 149). 또 무위(無爲)의 실천은 곧잘 물의 유연성을 전형으로 삼는다. 물은 그릇에 따라 자유롭게 자기 형체를 바꾸지만 어떠한 경우에도 무너지지 않는 자기를 가지고 있다. 또한 무위(無爲)는 여성의 끈질김에도 비유된다. 여성은 언제든지 당하기만 하는데 그러면서도 모든 것을 받

아들이는 강인한 능동성이 있다. 그렇기 때문에 노자(老子)의 무위(無爲)란 구체적으로 말한다면 물의 유연성과 여성의 강인함을 동경하는 사상이었다(노태준, 2000).

노자(老子)에서 '스스로 그러함(自然)'은 개체의 잠재성을 미리 전제하고 있고, 이것을 밖으로 이끌어 내어 실현한다는 점에서 인간을 신뢰하고 있으며, 이것은 '기르는 교육관(성장으로서의 교육)'과 유사하다. 노자(老子)의 자아는 전체와 관계 있는 유기체적인 자아로서 현대의 교육 문제 해결의 대안으로 제시될 수 있다. 특히 노자(老子)는 인간의 본성인 '스스로 그러함(自然)'을 최선으로 여기고 이를 실현하도록 돕는 것을 교육으로 보았다. 따라서 자연주의에 있어서 교육이란 '인간의 선천성을 찾고 이끌어 내는 것'인데, 이 과정에서 깨달음과 실현의 문제가 제기될 수 있다. 즉 인간의 선천성의 내용에 해당하는 것은 깨달음과 관련이 있고, 어떻게 이끌어 낼 것인가는 실현과 관련이 있으므로, 노자(老子) 텍스트에서 '교육'의 본질은 깨달음의 대상과 실현의 내용을 통해서 알 수 있다(서경, 2014).

2.2 유학(儒學)에서의 자연

유학에서는 자연을 단순한 대상으로 보려고 하지 않았고, 자연을 통해서 인문적 가치를 발견하려고 하였다. 이러한 사고는 『예기(禮記)』에서 "인사(人事)의 의칙(儀則)인 예가 천지를 본뜨고 사시를 본받으며 음양을 준칙으로 한 것"이라는 말에서도 잘 나타난다. 『중용(中庸)』에서도 "인성(人性)을 다할 수 있으면 물성(物性)을 다할 수 있고, 물성(物性)을 다할 수 있으면 천지의 화육(化育)을 도울 수 있다"고 하여 성(性)을 구현하면 도덕을 이룰 뿐만 아니라 자연 질서에 합치하게 되며, 나아가 자연의 생성까지 돕게 된다고 하였다. 인간이 본성에 의하여 자연 질서와 합치하고 자연의 생성을 돕는 데까지 이른다는 것은 결국 자연과 그 법칙을 예와 도덕의 근거로 간주할 뿐만 아니라, 더 나아가 자연을 인간과 하나로 보는 '물아일체(物我一體)', '천인합일(天人合一)'의 사상에 기반하고 있음을 알 수 있다

유학에서 자연의 또 다른 특성은 자연을 정지된 어떤 물체의 덩어리로 보지 않고, 살아 숨 쉬는 하나의 '생명'으로 보았다는 점이다. 그래서 흔히 유학의 자연관을 이야기할 때 '유기체적 자연관'이라는 말을 한다. 이는 자연을 그 자체로 이야기하기보다는 항상 살아있는 전체의 생명의 질서, 생명의 흐름으로 파악하였기 때문이다. 이런 경향이 자연을 기계나 입자로 보지 않고, 혼원한 기(氣)의 취산(聚散)으로 보는 사고를 낳은 것이다(김춘성, 2000). .

맹자(孟子)는 "인개유불인인지심(人皆有不忍人之心)" "즉 사람은 누구나 남에게 차마 하지 못할 마음이 있다."라고 하면서 인간의 자연적 천성을 선한 것으로 보았다.

자사(子思)는 『중용(中庸)』 첫 머리에 "천명지위성 솔성지위도 수도지위교(天命之謂性 率性之謂道 修道之謂敎)" 즉 "하늘이 주신 것이 성이요, 그 성에 따르는 것이 도요, 도를 닦는 것이 가르침이다."라고 했다. 불교에서는 인성이란 본래부터 불성(佛性)이라고 한다. 그것을 깨닫게 하는 것이 곧 교육의 목적이다. 그러기 위해 한 걸음씩 한 걸음씩 성장하는 것을 점수(漸修)라고 한다. 자신의 본성을 깨닫는 것을 견성(見性)이라고도 하고 자각이라고도 한다. 불교의 교육사상에서도 인간성의 자연적 소질과 가능성에 대한 신뢰를 근거로 삼고 있는 점에서는 마찬가지라고 하겠다(김인회, 2008).

가 공자(孔子, B.C 551~479)

공자의 『논어(論語)』에서 "사람의 본성은 대개 비슷한 것이나 습관으로 차이가 생긴다."고 하였다. 선천적으로 타고난 본성은 거의 비슷하지만 후천적 학습에 따라 선인과 악인으로 나누어지는 것이며, 현명함과 어리석음으로 갈라지는 것이다. 즉 익히는 정도에 따라서 달라지는 것이다. 그러므로 습관이나 교육은 제2의 천성이 되는 것이므로 환경과 교육에 큰 관심을 가져야 한다는 것이다(고벽진 외, 2006).

공자(孔子)는 「양화편」에서 "너희들은 왜 『시경(詩經)』을 공부하지 않느냐? 『시경』의 시들은 "사람의 감흥을 일으켜 줄 수 있고, 사물을 올바로 볼 수 있게 하며, 남과 잘 어울릴 수 있게 하고, 잘못을 원망할 수 있게 한다. 가까이는 아버지를 섬기게 하고, 멀리는 임금을 섬기게 한다. 그리고 새, 짐승과 풀, 나무의 이름도 많이 알게 하는 것이다."라고 말했다. 『시경』에서 배울 수 있는 게 많지만 그 가운데 하나가 바로 동식물의 이름과 그것의 쓰임에 관한 지식이라고 공자(孔子)는 생각했던 것이다. 『시경(詩經)』은 고대인들에게 자연교과서(동물도감, 식물도감)와 같은 역할도 함께 했던 게 분명하다. 고대인들은 동식물들을 통해서 그들의 감정을 나타내기도 하고, 자연의 아름다운 풍경을 노래하기도 하고, 그것들을 이용하기도 하였다. 『시경(詩經)』의 시들은 자연과 어우러져 살았던 사람들의 모습을 그림과 같이 생생하게 전하고 있다(안종수, 2006: 15).

청(淸)의 서정(徐鼎)이 편찬한 『모시명물도설(毛詩名物圖說)』에 의하면 『시경(詩經)』에 나오는 새는 38종류이고, 짐승은 29종, 곤충이 27종, 물고기가 19종이나 된다. 또한 『시경(詩經)』에는 수많은 종류의 식물들이 등장한다. 풀 종류도 88종이 실려 있고, 나무는 54종이 실려 있다.

공자(孔子)는 『시경(詩經)』을 편집한 사람이었으니 거기에 나오는 많은 동식물에 대해서도 잘 알고 있었다. 이러한 지식은 자연스럽게 그것들에 대한 관심과 사랑으로 나타났고, 제자들에게도 영향을 끼쳤을 것이다. 동식물에 대해서 많이 알게 되면 그것을 제대로 활용할 수 있어서 생활에 도움을 줄 수도 있다. 유학자들이 자연을 노래하는 수많은 작품들을 쓸 수 있었던 것은 우연한 일이 아니다. 그들은 이미 우리의 주변에 있는 자연에 대해서 많은 관심과 지식을 가지고 있었다. 자연에 관심을 갖지 않은 사람은 그러한 시를 지을 수가 없다. 이러한 전통은 바로 공자(孔子)에서 출발하고 있다는 사실을 그의 말에서 알 수 있다(안종수, 2006: 125).

일찍부터 유학자들은 자연의 아름다움을 노래하는 시를 짓고 그것을 노래하는 전통을 가지고 있다. 이것은 공자(孔子)가 『시경(詩經)』을 강조해서 시를 짓고 그것을 노래하였던 것에 그 근원이 있다. 시를 짓는 일은 자연의 아름다움을 감상하는 일에서 시작하게 된다. 자연의 아름다움을 느끼지 못하는 사람은 시를 지을 수 없다. 자신과 자연이 일심동체가 되어야만 시가 나올 수 있기 때문이다.

공자는 세속적인 일에 관심이 많았지만 자연 속에서 참된 즐거움을 찾는 여유 있는 생활에 대해서도 이미 잘 알고 있었던 것이다. 자연을 대상화하기보다는 자연과 일체가 되어서 거기서 즐거움을 찾으려는 태도가 바로 그것이다. 이것은 인간과 자연을 극단적으로 이분화하지 않고 인간과 자연이 어우러져 하나가 된 모습이다(안종수, 2006: 137).

『주역(周易)』의 「계사전(繫辭傳)」에서는 "일음일양지위도 계지자선야 성지자성야(一陰一陽之謂道 繼之者善也 成之者性也), 하나가 음(陰)하고 하나가 양(陽)한 것을 도(道)라 한다. 이것을 따르는 것이 선(善)이요, 이것을 이루는 것이 성(性)이다."라고 했고, 장자는 "천하유상연(天下有常然)", 즉 천하에는 태어나면서부터 정해진 당연한 모습이 있다고 했다(김인회, 2008).

『주역(周易)』의 자연관은 그렇게 단순하지가 않다. 노사광(勞思光)은 '효사(爻辭)'[2]에서 두 가지 특징을 발견하였는데, 하나는 물극필반(物極必反) '사물이 극단에 이르면 반드시 되돌아온다.'는 사상이고, 또 하나는 거중(居中)의 사상이다. 거중(居中)의 사상이란, 가운데 있는 효의 점괘는 대체로 길하다는 이론이다. 효사(爻辭)는 상당히 일찍 이루어진 작품이므로 노사광이 지적한 두 가지 사상은 이미 초기에 형성된 것이 분명하다. 특히 '물극필반(物極必反)의 사상은 고대인들이 자연현상을 관찰하여 발견한 원리와 관련이 있음은 두말할 필요도 없다. 봄이 와서 따뜻한 날이 계속되다가 드디어 무더운 여름이 된다. 그러나 여름이 언제까지나 계속되는 게 아니라 가을이 오고 다시 겨울이 와서 추워진다. 겨울의 추위도 일정한 기간이 지나면 사라지고 점차 따뜻한 봄이 찾아온다. '물극필반(物極必反)의 사상 음양사상에서도 적용이 되고 있다. 예를 들어, 음양사상에서도 계절의 변화를 음양의 성쇠(盛衰)로 설명하기 때문이다(안종수, 2006: 145).

---

2) 효사(爻辭)는 역(易)의 괘(卦)를 이룬 여섯 개의 획, 괘는 삼효를 음양으로 나누어 8괘가 되게 하고, 8괘가 거듭하여 64괘가 되는데 그 각각의 6획이 6효이며 효에는 각각 상이 있음(네이버 지식백과).

이러한『주역(周易)』은 동양인들의 자연관을 형성하는 큰 영향을 미쳤다. 그들은 계절의 변화와 달의 움직임 등을 통해서 어느 것이나 최고에 도달하면 다시 점차 쇠퇴한다는 사실을 알고 있었다. 즉 "양(陽)이 극(極)에 달하면 음(陰)이 도래하고 음(陰)이 극에 달하면 양(陽)이 도래한다"는 것이다.

나 맹자(孟子)

맹자(孟子) 철학의 대표적인 학설은 성선설이다. 맹자(孟子)가 성선설을 말한 것은 인간의 도덕실천이 가능한 근거를 확립시키기 위해서이다. 맹자(孟子)는 성선의 근거를 자연에 두면서 인간 중심적인 자연철학의 성격을 드러냈다.

맹자(孟子)와 고자(告子)가 인간의 본성이 어떠한가에 대해 논쟁하는 과정에서 맹자(孟子)가 한 답변이다. 먼저 고자가 "인간의 본성은 물과 같아서 동쪽으로 트면 동쪽으로 흐르고 서쪽으로 트면 서쪽으로 흐른다"고 하자 맹자(孟子)가 이렇게 반박하였다(안종수, 2006: 153).

> "물이 참으로 동서의 구분은 없지만 상하의 구분도 없는가? 사람의 성품이 선한 것은 물이 아래로 내려가는 것과 같다. 사람은 선하지 않음이 없고 물을 아래로 내려가지 않음이 없다. 이제 물을 쳐서 튀기면 사람의 이마도 넘어가게 할 수 있고, 거슬러 흐르게 하면 산에라도 올라가게 할 수 있으나, 이것이 어찌 물의 본성이겠는가? 형세가 그런 것이다"

맹자(孟子)는 물이 아래로 내려가려는 성질은 인간이 선한 일을 하려는 본성과 같다고 보았다. 우리는 그가 인간의 본성이 선함을 확고하게 믿었음을 이 말을 통해서 잘 알 수 있다. 사람의 본성이 무엇인가에 대해서 주로 관심을 가진 사람이 맹자(孟子)이기 때문에 그가 자연의 본성에 대해 말한 것도 사실은 인간의 본성을 설명하기 위해서이다. 하지만 그는 어쩌면 자연의 본성을 먼저 보고 인간도 본성을 가지고 있다고 생각했는지도 모른다. 자연의 본성이란 예를 들어 물이 늘 아래로 흐르려는 성질과 같은 것이다. 불이 위로 타올라 가거나 나무가 위로 자라는 성질도 그것의 본성이라 할 수 있다. 자연에서 인위적인 힘이 가해지지 않았을 때 자연스럽게 일어나는 일을 맹자(孟子)는 자연의 본성에 따라서 일어나는 현상으로 보았다(안종수, 2006: 159).

사단(四端)은 인간의 본성에서 우러나오는 마음씨를 뜻하며 맹자(孟子)가 실천도덕의 근간으로 삼은 것이다. 이것은 맹자(孟子)의 용어로서 『맹자(孟子)』「공손추편(公孫丑篇)」에 나오는데, 측은지심(惻隱之心: 타인의 불행을 아파하는 마음) 수오지심(羞惡之心: 부끄럽게 여기고 수치스럽게 여기는 마음), 사양지심(辭讓之心; 타인에게 양보하는 마음), 시비지심(是非之心: 선악시비를 판별하는 마음)의 네 가지 감정으로서 각각 인(仁), 의(義), 예(禮), 지(智)의 착한 본성(德)에서 발로되어 나오는 감정이다. 그러므로 단서라고 이름 붙였는데, 단(端)이라 함은 선(善)이 발생할 가능성을 가진 시초를 말하는 것이다.

칠정(七情)이란 인간의 본성이 사물에 접하면서 표현되는 인간의 자연적인 감정으로 『예기(禮記)』와 『중용(中庸)』에 나오는 희(喜), 노(怒), 애(哀), 구(懼), 애(愛), 오(惡), 욕(慾)을 말한다. 맹자(孟子)는 "인의예지(仁義禮智)는 밖으로 녹여 들어온 것이 아니고 내가 본래부터 가지고 태어난 것이다."라며 인간의 본성이 하늘로부터 부여 받는 자연적인 특성임을 구체적으로 밝히고 있다.

맹자(孟子)는 성선(性善)을 주장할 때 심선(心善)을 함께 언급하고 있다. 성선은 사단(四端)이고 심성은 사덕(四德)이다. 선의 내용면에서는 동일하다. 그러므로 성(性)이 심(心)으로 드러난 싹 즉, 성의 본질이 선의 싹으로 드러난 형태가 사단(四端)이다. 여기에서 말한 性은 씨(仁)이고 심을 싹(端)이라고 할 수 있다(최영찬, 2011).

2.3 동학(東學)에서의 자연

동학(東學)은 1860년 수운(水雲) 최제우(崔濟愚, 1824~1864)가 창도한 민족 종교사상으로서, 한울의 도(天道)와 한울님(天主)을 믿고 모시는 시천주(侍天主) 사상을 주장하였다(안경식, 2000). 동학(東學)의 인간관은 동학(東學)의 신관(神觀)과 밀접한 관련을 맺고 있다. 최재우는 신기한 종교체험을 통해서 새로운 종교운동을 벌여 구한말의 혼란하고 어지러운 세상을 구제하려는 사명의식을 갖게 되었다. 최제우는 '몸이 마구 떨리고 마음을 가눌 수 없는 신비로운 경지에서 하느님의 말씀을 들었다고 말한다.[3] 하느님은 그에게 특별한 부적과 주문을 주며 이것을 가지고 어지러운 세상을 구제하라고 명령하였다고 전한다(고벽진 외, 2006).

수운의 위대성은 이 초월적이고 인격적 한울님을 다시 내면화시켜 '시천주(侍天主)'라는 탁월한 사상을 내놓았다는 데 있다. 수운은 시천주 주문의 의미를 설명하기 위해 스스로 해석을 붙이고 있는데, 그는 '시(侍)'자를 풀이하면서 "안에 신령이 있고 밖에 기화작용이 있어 온 세상 사람들이 각각 알아서 옮기지 않는 것"이라고 하였다. 이것은 한울이 사람 안에서 신령과 기운으로써 존재하며, 세상 사람들이 이것을 알아서 엉기지 말고 실천할 것을 언급한 것이다. 즉 모신 한울님을 부모님처럼 공경할 것을 강조하고 있는 것이다. 그래서 시천주의 '주(主)'자를 "부모와 같이 섬기는 것"이라고 하였다(김춘성, 2000).

이런 시천주(侍天主)의 개념이 해월(海月: 최시형)에 와서는 만물에게 확대 · 적용되었다. 그는 사람만 하울님을 모신 존재가 아니라 천지만물 또한 한울님을 모신 존재라 하였다. 이것은 다시 삼경(三敬) 사상에서 구체화되는데, 삼경이란 첫째는 경천(敬天)이요, 둘째는 경인(敬人)이며, 셋째는 경물(敬物)이다. 경천과 경물은 이전의 사상가들도 밝힌 바지만 경물(敬物)을 이렇게 중요하게 언급한 경우는 처음이 아닌가 한다.

"사람은 첫째로 경천(敬天)을 하지 아니치 못할지니, 이것이 선사(先師)의 창명(創明)하신 도법(道法)이라. 경천(敬天)의 원리(原理)를 모르는 사람은 진리(眞理)를 사랑할 줄 모르는 사람이니, 왜 그러냐하면 한울은 진리(眞理)의 충(衷)을 잡은 것이

3) 동학(東學) 경전인 『동경대전(東經大全)』에는 "뜻밖에도 사월에 마음이 선득해지고 몸이 떨려서 무슨 병인지 집증(執症)할 수도 없고, 말로도 할 수 없고, 형상하기도 어려운 즈음에 신선의 말씀인지 무엇이 문득 귀에 들리므로 깜짝 놀라 캐어 물어본 즉 대답하기를 '두려워하지 말고 저어하지 말라. 세상 사람들이 나를 상제(上帝)라고 부르는데 너는 상제를 알지 못하느냐.'라 하였다."

기 때문이다. 그러나 경천(敬天)은 결단코 허공(虛空)을 향(向)하여 상제(上帝)를 공경(恭敬)한다는 것이 아니요, 내 마음을 공경(恭敬)함이 곧 경천(敬天)의 도(道)를 바르게 하는 길이니, (중략) 둘째는 경인(敬人)이니 경천(敬天)은 경인(敬人)의 행위(行爲)에 의지하여 사실(事實)로 그 효과(效果)가 나타나는 것이다. 경천(敬天)만 있고 경인(敬人)이 없으면 이는 농사(農事)의 이치(理致)는 알되 실지(實地)로 종자(種子)를 땅에 뿌리지 않는 행위(行爲)와 같으니, (중략) 사람을 버리고 한울만 공경(恭敬)하는 것은 물을 버리고 해갈(解渴)을 구(求)하는 자와 같으니라. 셋째는 경물(敬物)이니 사람은 사람을 공경함으로써 도덕(道德)의 극치(極致)가 되지 못하고, 나아가 물(物)을 공경함에까지 이르러야 천지기화(天地氣花)의 덕(德)에 합일(合一)될 수 있나니라"고 하였다.

이는 서구의 이성 중심의 인간관, 물질과 정신을 둘로 보고 자연을 마구 훼손시켜 온 지금까지의 자연관과는 완전히 차원이 다른 모습이다. 기존의 유기체적 세계관보다도 그 의식의 차원이 한 단계 더 높은 것임을 알 수 있다. 자연도 단순한 질료나 에너지만이 아니라 신령한 마음을 담고 있으므로 신령하고 거룩한 존재라는 것이 '경물(敬物)' 사상이다. 해월은 이것을 '천지부모(天地父母)'라고 하여 공경의 대상으로까지 높였다.

> "천지는 곧 부모요 부모는 곧 천지니, 천지부모는 일체니라. 부모의 포태가 곧 천지의 포태이니, 지금 사람들은 다만 부모 포태의 이치만 알고 천지 포태의 기운을 알지 못하느니라."

해월은 지금 사람들은 부모 포태의 이치만 알고 천지 포태의 이치를 알지 못하여 천지에 대해 효도하고 봉양하는 마음을 갖지 못하였다고 하였다. 그는 자연을 철저하게 신령하고 거룩한 생명으로 보는 삶을 몸소 실천하였다. 그가 "땅을 소중히 여기기를 어머님의 살같이 하라"고 한 데서 극명하게 나타난다(김춘성, 2000).

여기서 하나 간과해서는 안 되는 것이 동학은 실천운동이라는 점이다. 생태적 인식뿐만 아니라 생태적 삶을 직접 구현하고 있는 것이다. 이는 천지(天地)의 아픔을 온몸으로 같이 느끼고 아파하는 마음의 상태에까지 이른 것이다. 천지는 이미 나와 둘이 아니고 바로 나의 몸과 동일한 것으로 느끼며, 천지자연이 보내는 무언의 메시지를 예민하게 받을 수 있는 마음의 상태가 된 것이다. 여기서 천지자연의 객관적 질서와 인간의 주관적 체험이 하나됨을 알 수가 있다. 이렇게 동학은 심신(心身)의 차원 변화를 추구함으로써 나의 몸의 기운의 조화로움뿐만 아니라 천지와의 조화로운 삶을 추구한다(김춘성, 2000).

동학의 삶은 수심정기(守心正氣)를 열심히 실천하려고 노력하는 삶이다. 수심정기가 마음공부의 핵심인 것이다. 수심은 나의 본래의 마음이 거룩하고 신령한 한울마음이라는 것을 깨닫고 그 마음을 지키려고 노력하는 것을 말한다.

이상의 것을 종합하면, 최제우의 시천주 사상이 최시형에 와서는 양천주의 인간존중 사상으로 발전하였고 손병희에 와서는 '인내천(人乃天)'으로 표현된다. 이 '인내천'이라는 말은 특히 인간의 존엄성에 대한 강조에서 나왔다(고벽진 외, 2006). 동학(東學)에서는 오심즉여심(吾心卽汝心), '나의 마음이 곧 네 마음이다'. 사인여천(事人如天), '사람을 하늘처럼 섬기고 존중하라'는 의미의 인간존중의 정신을 담고 있다. 또 『천도교서』에서 "위에 있는 자는 반드시 위에만 있고 아래 있는 자는 반드시 아래에만 있는가!"라고 지적함으로써 동학(東學)의 만민평등사상을 보여주고 있다. 동학에서의 자연은 한울의 자기 현현(顯現)이며, 스스로 자화(自化), 자현(自顯)하며 끊임없이 생성하는 '조화(造花)'의 세계이다. 내가 먼저 신령한 존재임(侍天主者)을 자각함으로써 모든 사람들도 시천주자(侍天主者)로 모시게 되고, 우주만물도 시천주자(侍天主者)로 공경하게 된다. 그것이 동학의 자연이며, 그런 세상이 동학이 추구하는 다시개벽의 새 세상이다(김춘성, 2000).

CHAPTER 3.

유아숲교육의 일반적 이해

1. 숲유치원의 역사

숲유치원은 덴마크에서 처음 시작되었다.[4] 후리루프트스리브(Friluftsliv: 자유로운 공기 속에서의 삶)이라고 하는 노르웨이어(語)가 말해 주듯이 북유럽 사람들은 자연과 함께 자연 속에서 삶을 영위하는 생활방식으로 살아왔다. 자연을 통해 몸과 영혼, 정신의 조화로운 발달을 추구하는 삶이라 할 수 있다. 아이들은 어릴 때부터 부모를 통

4) 덴마크와 독일의 숲유치원의 역사에 대한 기술은 곽노의, 이경순, 윤승훈, 숲유치원 아이들(서울: 교육자치연구소, 2010), 11-12. 에서 참조함.

해 자연 속에서 생활해 가는 법을 자연스럽게 습득한다. 자연 속에서 자유롭게 놀이하고 체험하면서 교육을 받아야 한다는 사고(思考)는 북유럽 국가들의 핵심교육사상이다.

1964년 엘라 플라타우(Ella Flatau) 부인이 자신의 자녀들을 데리고 매일 숲에서 놀이를 한 것이 숲유치원의 효시이다. 이것을 주의 깊게 살펴본 이웃 주민들이 자신의 아이들도 참여하게 해달라고 요청하면서 점점 발전하여 부모들이 주도가 된 첫 번째 숲유치원(Skovbornehave)이 탄생하게 되었다(Bickel, 2001). 덴마크의 숲유치원은 1990년대에 기존 유치원교육의 대안으로 확고히 자리를 잡았고, 2004년도에 이미 100여 개의 숲유치원이 성공적으로 운영되고 있다(Miklitz, 2004).

독일의 숲유치원(Waldkindergarten)은 우워줄라 수베(Ursula Sube) 부인이 비스바덴(Wiesbaden)에 속한 숲에서 1968년에 시작한 '숲 산책 그룹'이 효시라 할 수 있다. 숲 산책 그룹은 우워줄라 수베 부인이 남편과 사별 후 경제적인 어려움을 극복하고자 유치원에 다니지 못하는 인근 교회 목사의 자녀 4명을 맡아 숲에서 매일 3~4시간씩 교육활동을 하면서 시작되었다. 몇 년 뒤에는 28명의 유아들이 등원할 정도로 발전하였고, 1998년까지 30년간 우워줄라 수베 부인이 운영하다가 헬가 훠스만(Helga Forssman)이 이어받았다. 숲 산책 그룹은 정식 유아교육기관으로 인정받지 못하였는데 1980년대 후반에 이르러 그 교육적 효과가 알려지면서 정식 유아교육기관으로 인정받게 되었다. 독일의 공식적인 숲유치원은 1933년 플렌스부르크(Flensburg)에 세워졌다. 이곳은 일반 유치원 교사였던 페트라 예거(Petra Jager)와 케르스타인 옙센(Kerstein Jebsen)이 덴마크의 숲유치원에 6개월간 머물며 현장연구를 한 후 2년간의 준비기간을 거쳐 공공법인이 운영하는 유치원으로 인가를 받아 1993년에 설립되었다.

그 후 독일의 숲유치원은 학부모, 사회단체, 지방자치단체의 후원과 지지 속에 꾸준히 발전해 왔고, 숲유치원에 입학을 희망하는 유아들이 상당수 대기하고 있을 정도로 크게 각광을 받는 유치원으로 자리매김하였다. 독일은 현재 1,200여 곳에 숲유치원이 설립 · 운영되고 있다. 덴마크에서 시작된 숲유치원은 독일을 중심으로 스위스, 오스트리아 등으로 퍼져 나갔고, 지금은 미국, 일본, 우리나라 등 전 세계 여러 나라로 확산되고 있다.

2. 유아숲교육학의 이해

자연주의 교육사상을 노작교육을 통해 몸소 실천했던 근대교육의 아버지인 페스탈로치(Pestalozzi)는 3H(Heart, Hand, Head)교육을 통하여 조회로운 인격을 길러서 교육을 통하여 사회를 개혁하려 하였다.

숲교육의 경전이라 할 수 있는 말을 페스탈로치는 우리에게 남겼다. 다음의 말은 아이들을 숲으로 데리고 갈 때 꼭 숙지해야 할 것이다.

"아이들을 자연으로 내보내라. 언덕 위와 들에서 아이들을 가르쳐라. 그곳에서 아이들은 더욱 좋은 소리를 들을 것이고, 그때 가진 자유의 느낌은 아이들에게 어려움을 극복할 수 있는 힘을 줄 것이다. (중략) 아이들로 하여금 자연이 바로 진정한 교사라는 것과 당신은 그저 자연을 조용히 산보하는 사람에 지나지 않음을 완전히 깨닫게 하라. 아이들이 걸음을 멈추면 바로 그때 새의 지저귐이나 나뭇잎 위의 곤충의 노래를 듣게 될 것이다. 나무와 새와 곤충이 아이들을 가르치게 될 때 당신은 조용히 있도록 하라."

– 『Pestalozzi: His Life and Work』에서

페스탈로치의 3H 교육을 숲교육에 적용해 보면 다음과 같다.

숲에서 아이들은 갖고 있는 모든 감각기능을 활용하여 자연을 경험하게 된다. 유아들에게 자연에 대한 전문적인 지식을 접하게 하는 것은 교육적인 관점에서 별 의미가 없는 것이다. 이것은 '소나무'이고 저것은 '단풍나무'라고 이름을 아는 것은 '단지 형식적인 에티켓'이다. 나무는 단순히 나무이지, 상수리나무, 오리나무, 단풍나무, 밤나무라고 불려야 하는 것은 아니다. 자연은 살아있는 다양성으로, 나무의 정해진 이름보다는 오히려 그것들의 감각적 표현이 중심이 되어야 하며 이를 통하여 세상의 아름다움을 발견하게 해야 한다. 특히 유아기에는 산딸기의 맛, 버섯의 냄새, 나무껍질의 촉감 등 감각적 체험을 하는 것이 매우 중요하다(J. Conell, 1997; 남효창, 2006 재인용).

자연은 살아 있는 다양성으로 그들의 감각적 표현의 중심이 되며, '이 세상이 아름답다'는 발견은 그들을 충만하게 한다. 산딸기의 맛이 어떤지, 나무, 송진, 버섯의 냄새가 어떤지, 나무껍질의 느낌이 어떤지, 땅이 얼마나 축축한지 등 만지고 냄새 맡는 것이 이 나이에는 특히 중요한데, 그것은 이들이 체험을 통한 감각에 특별히 깊은 영향을 받기 때문이다. 풍요롭고 강도 높은 감각체험을 통해 자연에 대한 사랑과 가치평가의 싹이 자라날 수 있으며 남은 인생에서 열매를 맺을 수 있다.

이와 같이 숲에 갔을 때 숲 자체를 이해하기보다는 숲을 오감으로 체험하는 것이 무엇보다 중요하다. 나무를 관찰하고, 흙 위를 맨발로 걸어 보고, 지나가는 바람을 피부로 느껴 보고, 빗소리를 들으면서 오감이 '깨어나는' 경험을 통해 감성이 풍부해지고 변화에 민감하며 마음이 평안해지는 정서적 안정감을 얻는다. 숲에서의 자연체험은 다양한 성품을 지닌 아이들이 신체적, 정신적으로 건강하게 성장하는 것을 돕는다. 숲체험을 통해 얻은 생생한 기억 속에 새겨지는 배려와 존중, 자기선택과 결정, 모험과 도전, 성취감, 경이로움과 기쁨, 호기심과 상상력, 뛰어난 감성, 정서적 안정감 등은 자연 안에 존재하는 인간으로서의 본성을 깨어나게 하고, '나'에 대한 자아의식을 일깨워 주며 자연과 인간의 유기적인 관계에 대한 인식과 함께 조화로운 공존을 추구하는 태도를 길러줄 수 있다.

숲유치원이 짧은 기간에 빠르게 확산되는 것은 숲으로 가서 다양한 체험과 주체적인 경험을 한 아이들이 변화되고 있음을 말해 주는 것이라 하겠다. 공간적 제한이 없는 숲에서 무엇을 배워야 한다는 부담 없이 자연과 직접 맞닥뜨릴 때 아이들은 신체적, 심리적 자유를 느낄 수 있으며 강요 없이 스스로 무엇인가를 시도해 보려고 한다. 이러한 시도는 아이 자신의 선택이므로 자기선택과 결정에 대한 권리와 의지를 갖게 된다. 나무에 오른다든지, 경사진 언덕을 미끄러져 내려온다든지, 뿌리채 쓰러진 나무줄기 위를 걸어가 본다든지 하는 활동을 통해 모험심과 도전의식을 기를 수 있고, 자신의 한계를 발견하거나 한계를 뛰어넘은 성취의 기쁨을 누릴 수도 있다. 주어진 인공물이 아닌 끊임없이 변화하는 자연을 관찰하면서 스스로 무엇인가를 발견하는 일에서 아이들은 경이로움과 기쁨을 얻게 되고, 그것은 다시 새로운 것을 발견하려는 호기심과 관심, 흥미가 된다.

CHAPTER 4.

유아숲교육의 범주

유아기에 숲을 감각적으로 만나고 경험하는 숲교육은 교육적으로 가치 있는 활동이다. 숲을 몇 가지로 범주화하여 살펴보면 다음과 같다.[5]

1. 만남의 숲

발도르프 교육학의 창시자인 루돌프 슈타이너는 "만남이 교육에 선행한다(Begegnung geht vor Bildung)"라고 했다. 숲과 자연과의 인격적인 교감과 만남이 없다면 어떤 교육적 효과도 기대하기 어렵다. 숲에는 실내공간에서 경험할 수 없는 수많은 만남이 유아들을 기다린다. 숲에서의 만남은 '변화무쌍한' 만남이다. 숲은 시간과 계절에 따라 끊임없이 변화한다. 흐르는 시냇물의 소리, 바람에 흩날리는 나뭇잎의 움직임, 붉게 물드는 진달래의 색, 그 어느 것도 고정되어 있는 것은 없다.

5) 곽노의, 이신영, 누리과정과 연계한 숲체험교육활동(서울: 창지사, 2014), 30-36. 에서 발췌하여 보완한 내용임.

그렇기 때문에 유아들은 새로운 만남에 대한 기대감을 안고 숲으로 간다. 또한 그 만남 속에서 자연의 아름다움과 경이로움을 느끼게 된다.

또한, 숲에서의 만남은 '감각적인' 만남이다. 숲에 존재하는 수많은 생명체는 유아의 시각, 청각, 후각, 미각, 촉각을 자극하며, 이러한 자극은 잠자고 있던 감각과 지각을 깨어나게 한다. 유아들은 시각을 통하여 숲의 다채로운 색을 만나고, 청각을 통하여 숲의 평화로운 소리를 만나며, 촉각을 통하여 숲을 몸으로 만난다. 특히 오감을 통하여 세상을 이해하고 또 자신을 이해하는 유아기에, 풍부한 감각적 자극이 존재하는 숲에서의 활동은 발달적으로 적합하며 가치 있는 교육적 경험이 된다.

숲에서의 만남은 '살아 있는' 만남이다. 숲에서는 개구리도, 지렁이도 더 이상 그림이나 글이 아닌 살아 움직이는 친구가 된다. 숲과의 생생한 만남은 대상에 대한 흥미를 불러일으키고 탐구적 호기심을 자극한다. 따라서 숲은 실물교육이 펼쳐지는 교육적인 공간이다.

2. 관계의 숲

자연은 모두 유기적 관계를 맺고 있다. 일반상대성이론을 내놓은 아인슈타인은 "세상에 살아있는 모든 생물 중 다른 생물과 관계하지 않은 생물은 단 한 종도 존재하지 않는다"고 하면서 "꿀벌이 지구에서 살아지면 대략 4년 안에 인류도 사라진다"고 예언했다. 실제로 꿀벌이 사라지면 꿀만 못 먹게 되는 게 아니다. 유엔식량농업기구(FAO)는 꿀벌이 지구상에 존재하는 많은 식물과 인간이 먹는 농작물 가운데 63%의 수분을 돕는 것으로 추정했다. 미국 하버드대 연구진은 꿀벌과 같은 곤충이 사라지면 매년 142만 명의 인간이 숨질 것이라는 전망을 내놓았다. 과일 생산량 22.9%, 채소가 16.3%, 견과류가 22.3% 줄면서 임산부와 어린이에게 필요한 비타민 A, 비타민 B, 엽산 공급이 감소하고 저소득층 중심으로 사망자가 늘어날 것이는 분석이다(한국경제신문, 2015. 8. 10.).

숲과 자연교육을 통해 자연의 관계성을 인식한 유아들은 자연스럽게 자연을 존중하고 사랑하는 태도를 갖게 된다. 숲과 자연교육은 인간, 동물, 그리고 자연의 모든 생명체들이 어우러져 조화가 이루어지는 자연을 교실 삼아 교육하는 것이다. 숲과 자연교육에서 유아들은 푸른 하늘 아래서 흙을 밟으며, 나무, 꽃, 풀, 곤충 등의 온갖 자연과 마주하고 놀이하며 성장한다. 이는 점차 자연에서부터 멀어지고 문명에 중독된 현대 어린이들의 정신(靈: spirit)과 영혼(魂: soul), 육체(肉: body)를 치유하는 새로운 교육 패러다임으로 그 가치를 인정받고 있다.

또한 유아는 자연과 인간, 그리고 인간과 인간 간의 관계성을 깨달음으로써 친사회적인 태도를 형성할 수 있다. 이러한 과정에서 유아들은 공존과 협력의 가치를 인식하며 인간과 인간, 인간과 자연의 조화로운 관계를 형성하게 되고, 자연과의 공존적 삶을 살아가는 데 필요한 소양을 기르게 된다. 따라서 유아교육의 방향은 인간과 인간 간, 그리고 인간과 자연 간의 공존으로 나아갈 필요가 있다. 인간은 혼자서는 존재할 수 없고, 행복한 삶을 산다는 것은 자연과 더불어 조화를 이룰 때 가능하기 때문이다.

3. 창의의 숲

놀이의 방법과 기능이 정해져 있는 일반 놀잇감을 활용한 놀이에서 유아에게는 대상에 대한 창의적인 기능을 부여하거나 독창적으로 사고할 수 있는 기회가 주어지기 어렵다. 이와는 달리 자연물을 활용한 놀이는 유아들의 창의적인 생각을 요구한다. 유아 스스로 자연물에 기능을 부여할 때 놀이가 이루어지기 때문이다.

숲에는 상업적인 놀잇감이 없다. 대신 나뭇가지, 나뭇잎, 돌, 흙 등의 자연물이 유아의 놀잇감이 된다. 숲에서 만나는 자연물들이 창의성을 위해서는 더 좋은 놀잇감이다. 예를 들면, 나뭇가지는 유아의 상상력을 만날 때 기차도, 피리도, 빨대도, 인형도, 요술봉도 될 수 있다. 이렇게 자연물을 놀잇감으로 변형시켜 새로운 놀잇감을 창조하는 과정에서 유아들은 자신만의 다양하고 독창적인 생각들을 떠올리며 상상의 세계를 펼쳐 나간다. 나뭇가지 자체에는 정해진 기능도, 놀이에 필요한 규칙도 없기 때문에 어떠한 생각도 허용된다. 따라서 숲교육을 통해 유아들은 상상력과 상징적 사고능력을 발달시킬 수 있다.

제4차 혁명시대에 요구하는 인재는 무엇보다도 창의적 능력을 갖춘 사람이다. 자연물 놀잇감을 가지고 몰입하여 놀이하는 동안 발현되는 상상력은 창의성의 질료가 된다. 다시 말하면, 상상력은 창의성을 형성하는 토대이다. 따라서 상상력이 풍부한 유아기에 숲과 자연체험활동을 통하여 상상력의 근육을 키워 나가야 한다.

알베르트 아인슈타인은 "상상력은 지식보다 더 중요하다(Imagination is more important than Knowledge)"는 유명한 말을 남겼다. 유아기는 일생 중 상상력이 가장 뛰어난 시기이다. **유아들과 함께 숲으로 가자. 숲이 유아들의 창의성을 이끌어 낼 것이다.**

4. 지혜의 숲

자연은 우리에게 많은 지혜를 얻게 한다.

성당 흰개미는 자신의 몸집보다 1000배나 크고, 콘크리트보다 견고한 집을 지을 수 있다. 소나무는 수꽃인 송화가루를 다 날려 보낸 뒤에 암꽃이 피어 풍매화임에도 불구하고 근친결혼이 불가능하다. 동종교배로 인한 열성인자를 최소화하여 오랜 기간 존속해 오고 있는 것이다.

옥수수는 또 어떠한가? 한 나무에 대부분 2자루가 열리고 대개 11마디 되는데 정중앙인 5, 6째 마디에 열려 맨 꼭대기에 피는 수꽃이 바람에 날릴 때 수정이 가장 잘되게 하는 지혜를 갖고 있다. 옥수수 수염(암꽃)의 500~600개에 고르게 떨어져 알갱이를 맺게 하고 있다.

갈릴레오 갈릴레이는 "자연은 신이 만든 수학책", 안토니 가우디는 "내 작업실 앞에 있는 나의 나무: 그 나무가 나의 스승이다"라고 했듯이 자연현상에서 배우는 과학, 기술, 디자인이 한두 가지가 아니다.

현대는 생체모방학/의생학(Biomimicry) 분야에 대한 관심이 크다. 생체에서 영감을 얻은 발견(bio-inspired discovery), 자연에서 영감을 얻은 지속 가능한 혁신(Sustainable Innovation Inspired by Nature)도 같은 의미이다. 생체모방기술은 생물의 현상을 보고 그것을 과학에 응용하는 것으로 "생물은 수백만 년에 걸친 진화

과정을 통해 자신의 생존에 가장 유리한 모습으로 발달해 왔다." 그렇기 때문에 수많은 혁신을 담고 있는 자연의 잠재력을 인간의 창조성과 결합하여 유용한 기술혁신에 활용할 수 있다는 점이 바로 생체모방기술의 매력일 것이다. 자연의 생존전략의 관찰을 통해 창조적 생각이 나올 수 있고 과학으로 연결될 수 있다.

이를 잘 보여 주는 『자연에서 배운 발명의 기술(지그리트 벨처 글, 페터 니시타니 그림, 전대호 역, 2015)』의 내용을 소개하면 다음과 같다

자연에서 영감을 얻은 탄생의 신비,
자연에서 영감을 얻은 건축기술
모든 발명가는 창조의 순간 자연에게 길을 묻다
물총새는 어떻게 파문을 최소화하는가?
상어는 어떻게 박테리아를 퇴치하는가?
자연은 어떻게 태양에너지를 모으는가?
자연에서 영감을 얻은 다양한 소재
자연에서 영감을 얻은 중력의 감소
자연에서 영감을 얻은 전기의 생산
자연에서 영감을 얻은 작은 소리 듣기
자연에서 영감을 얻은 에코시스템
자연에서 영감을 얻은 가치 있는 문제해결
물총새와 신칸센
박쥐를 모방한 미군의 소형 정찰기
자연에서 영감을 얻은 굴착기
자연에서 영감을 얻은 오리발 수영
고양이에게서 영감을 얻은 제동장치
자연에서 영감을 얻은 집게
상어비늘에서 영감을 얻은 수영복

인체근육에서 영감을 얻은 로봇의 팔
자연에서 영감을 얻은 착지, 접착제
자연에서 영감을 얻은 소방기술
거미에서 영감을 얻은 가는 실
흰개미 자연에서 영감을 얻은 건축기술
사그리다 파밀리아 성당 / 성당 흰개미 집

유아들은 자연을 가까이에서 경험하고 활동하는 경험을 통해 스스로 많은 것을 배울 수 있다. 유아들은 숲체험활동의 과정에서 다양한 문제상황에 직면한다. 그리고 자신의 능력과 한계를 인식하고 도전과 모험을 시도하며 주도적으로 문제를 해결해 나간다. '진정한 교사'인 자연으로부터 얻는 문제해결 경험은 유아들에게 살아 있는 지혜로 작용할 것이다. 이는 외부에서 일방적으로 주어지는 정보나 지식보다 효과적인 것이며, 일상생활에서 마주치는 다양한 문제에 대한 문제해결력의 증진에 도움이 된다.

5. 건강의 숲

현대의 유아들이 자연에서 멀어지고 있다. 자연으로부터의 격리는 아토피, 면역력 약화 등의 병리현상들을 낳았다. 위스콘신대 소아과 교수인 제임스 건 박사는 적당한 불결함을 오히려 이롭다고 했다. 어느 정도의 세균과 진균에 노출되어야 면역체계가 활성화되기 때문이다(뉴스위크, 2006). 자연에서 흙을 접하는 경험은 면역력을 강화시킴으로써 아토피, 천식 등의 신종 질병으로부터 유아들을 보호해 줄 것이다.

또한 도시화로 인해 마음껏 뛰어놀 수 있는 공간을 빼앗기고, 조기교육 열풍으로 인해 자유롭게 놀이할 시간을 빼앗기고 있는 유아들에게는 자연활동이 더욱 필요하다. 자연에서 자유롭게 뛰노는 경험을 통해 유아들은 신체조절능력, 균형감각, 평형감각 등을 기름으로써 건강한 신체발달의 기초를 형성할 수 있기 때문이다. 자연을 닮은 유아가 태양 아래에서 흙, 나무, 돌 등을 가지고 지칠 줄 모르고 놀이하는 모습은 그 아이의 건강뿐만 아니라 그 사회의 건강한 미래를 예측할 수 있게 한다.

6. 치유의 숲

인터넷과 스마트폰은 오늘날 인간이 태어나서 무덤에 갈 때까지, 싫든 좋든 일상적으로 끊임없이 배우고 즐기고 영향을 받는 상징적 환경이 되었다. 인터넷 중독으로 인하여 머리의 앞쪽에 위치한 전두엽의 과잉 활성화(너무 많이 각성되어 있는 상태)가 나타나는데 전두엽의 중변연 도파민계 혹은 쾌감경로나 보상계에서 발생하며, 그로 인하여 기억력 및 판단력, 충동 조절능력, 문제해결 능력, 기타 인지적 문제뿐만 아니라 사회적, 성적 행동 통제에도 영향을 미친다(박종연, 2013). 이런 인터넷 중독으로 인하여 몇 가지 관련 질환들이 나타나는데 우울증과 ADHD가 가장 많이 나타나며, 학습장애와 반응성 애착장애도 발생한다고 한다. 그 밖에 안구 건조증, 손목터널증후군이라고 이야기하며 의학적 용어로 '수근관증후군', 거북목증

후군, 근막동통증후군이 나타난 난다고 한다. 특히 스마트폰 과잉 사용으로 인한 뇌손상이 가장 큰 문제로 대두되고 있다(박종연, 2013).

자연에서는 각종 질환들이 치유될 수 있다. 특히 최근에는 자연활동을 통해 ADHD(주의력 결핍 과잉 행동 장애)의 증상이 완화된다는 보고를 국내외에서 자주 접할 수 있다. 자연에서의 ADHD 치유 효과는 '움직임'과 관련이 있다. 유아들은 많은 움직임을 필요로 한다. 그리고 스스로 충분히 움직였다고 느껴야만 비로소 차분해질 수 있다. 즉, 집중력 향상을 위해서는 충분한 움직임이 수반되어야 한다.

유아들은 자연에서 끊임없이 움직인다. 자신의 키보다도 높은 나무를 오르고, 언덕을 오르내리고, 커다란 나뭇가지를 옮기면서 온 몸의 근육을 활발하게 움직인다. 이러한 움직임의 시간이 있은 후 유아들은 무엇엔가 집중하는 시간을 견뎌낼 수 있게 된다.

그뿐만 아니라 자연활동은 정서적 안정에도 기여한다. 독일에서 발표한 믿을 만한 연구에 따르면 범죄의 70% 이상이 삭막한 도시에서 태어나 자연의 소리와 흙의 느낌과 흙의 질감을 전혀 경험하지 못하고 평생을 살아가는 도시인들에 의해 자행된다고 한다(남효창, 2011). 실내 활동에 비해 제약이나 규칙이 적은 자연활동은 유아들의 스트레스를 줄여 주고 긍정적인 정서를 갖게 한다. 또한 자연의 생명력과 아름다움을 몸으로 느끼는 경험은 정서적인 안정감을 제공한다. 이처럼 땅, 흙, 물, 나무 등을 접하고 그 속에서 자유롭게 놀이하는 경험을 통해 유아들은 몸도 마음도 건강하게 자라날 수 있다.

CHAPTER 5.

숲유치원 운영의 형태와 일과

1. 숲유치원 운영의 형태

숲치원 운영의 형태[6]는 크게 전형적인 숲유치원과 통합적인 숲유치원으로 나눌 수 있다. 독일에는 현재 전형적인 숲유치원 73.6%, 통합적인 숲유치원으로 숲반이나 숲그룹 운영이 15.1%로 다른 나라에 비해 전형적인 숲유치원 운영이 상당히 높은 편이다(Bickel, 2001). 전형적인 숲유치원은 자연에서 매일 오전 내내 교육이 이루어지며 숲유치원마다 교육적 구상과 특징을 갖고 운영되고 있다.

통합적인 숲유치원은 일반 유치원에서 숲반이나 숲그룹을 구성하여 운영하는 경우와 숲유치원과 일반 유치원의 프로그램을 연계하여 운영하는 경우, 그리고 숲의 날을 정하여 운영되는 경우 등 다양한 형태가 있다.

1.1 전형적인 숲유치원

6) 곽노의, 이신영, 누리과정과 연계한 숲체험교육활동(서울: 창지사, 2014), 36-39. 에서 발췌하여 보완한 내용임.

가장 이상적일 수 있다. 숲유치원 원아를 모집하여 교사를 배치하고 숲에서 교육과정을 운영하면 되는 것이다. 운영 법인체의 구성이 문제이다. 별도의 건물을 가지고 있지 않기 때문에 운영 법인체가 별도로 있어야 한다. 따라서 대학, 지방자치단체, 종교단체, 복지단체 등의 부설로 운영하는 경우에 가능하다. 또한 숲유치원 교육에 관심이 많은 학부모들이 모여 연합회를 만들어 법인으로 등록하고 숲유치원을 운영하기도 한다. 독일에서 법인으로 등록된 각종 학부모연합회가 59.6%, 지방자치단체와 종교단체는 각각 11.5%, 기타 17.3%이다(Bickel, 2001; 곽노의, 이경순, 윤승훈, 2010). 2010년 7월에 방문한 하이델베르크에 있는 숲유치원이 전형적인 숲유치원에 해당하였다. 이 숲유치원에서는 3~6세를 대상으로 한 반일반 2학급, 종일반 1학급을 운영하는데 반일반은 8시에서 14시까지, 직장 다니는 부모를 위한 종일반은 7시 30분부터 16시 30분까지 숲에서 교육한다.

1.2 통합적인 숲유치원

가 일반 유치원에서 고정된 숲반을 운영하는 경우

가장 현실적이고 실현 가능하다. 2010년 7월에 방문한 볼프스부르크에 있는 숲유치원의 경우에 해당하는데 5개 반 중에 4개 숲반(Waldgruppe)을 운영하는 것이다. 반은 일반 유치원 학급 1개 반만 학부모가 원하는 경우에 등록을 하기 때문에 유치원과 학부모가 윈윈(win-win)할 수 있는 형태이다.

나 일반 유치원에서 숲그룹 운영

일반 유치원에서 매일 유아들의 선택으로 숲그룹을 구성하여 숲에 가거나 일주일~한 달 단위로 숲그룹을 구성하여 숲에서 활동하게 하고, 그 후 참여하지 않았던 다른 그룹의 순서로 숲활동에 참여시키는 형태이다.

다 하루 일과로서 숲유치원과 일반 유치원 프로그램의 연계

오전에는 숲에서 활동하고 오후에는 일반 유치원으로 돌아와 오후 2시까지 활동하는 형태이다. 즉 일반 유치원에 유아가 등원하여 9시까지 자유놀이를 하다가 숲으로 가서 3~4시간 활동하고 다시 일반 유치원으로 돌아와 활동하는 형태이다.

라 일반 유치원에서 프로젝트 활동으로 유아숲교육 실시

일반 유치원에서 프로젝트 접근법의 주제로 숲을 선정하고 3~4주에 걸쳐 숲프로젝트를 실시할 수 있다.

마 일반 유치원에서 정규적인 '숲의 날' 운영

5개 반이 있는 경우에 요일을 정하여 번갈아 숲에 가는 것이다. 2010년 7월에 방문한 볼프스부르크에 있는 발도르프 유치원이 여기에 해당한다. 일반 유치원에서도 사고만 전환하면 실행할 수 있다. 주한 서울 독일유치원에서도 이러한 형태로 운영하고 있다고 한다. 통합적인 숲유치원은 일반 유치원에서 숲유치원의 교육을 통합하여 운영하는 스타일이다.

2. 숲유치원의 일과 운영

숲유치원의 하루 일과를 정리하면 다음과 같다.[7)]

7) 곽노의, 이신영, 누리과정과 연계한 숲체험교육활동(서울: 창지사, 2014), 39-146. 에서 발췌하여 보완한 내용임.

〈표 5 -1〉 숲유치원의 하루 일과

일과	시간	내용
등원	08:00	부모가 유아를 데리고 미팅 포인트로 등원
아침모임	08:00	노래, 율동, 숲에게 인사하기 등으로 숲과 만날 준비
숲놀이터으로 이동	08:30	관심 있는 자연물을 탐색하거나 흥미 있는 놀이를 하면서 바우바겐이 있는 활동 장소로 이동
이야기 나누기	09:00	매일의 주제에 따라 이야기를 나눔
간식	09:20	각자 집에서 준비해 온 간식을 먹음
자유놀이시간 및 프로젝트 활동	09:40	숲에서 구한 자연물을 이용하여 다양한 창의적 활동에 참여
서클활동 및 동화	11:40	대집단으로 모여 이야기를 나누거나 동화를 들음
마무리 활동	12:00	노래를 부르며 활동을 정리
미팅 포인트로 이동	12:15	다 함께 미팅 포인트로 이동
귀가	12:30	부모가 아이들을 데리고 귀가

모든 기관에서 다음의 일과를 그대로 따를 필요는 없다. 숲교육은 유아교육기관의 교육적 목표 및 여건에 따라 다양한 형태로 이루어질 수 있으며, 숲을 찾는 횟수나 숲에 머무는 시간 등은 기관마다 다르기 때문이다. 따라서 일과를 계획함에 있어 오전과 오후, 숲과 교실이 자연스럽게 연계되도록 함으로써 시 · 공간적인 현실에 가장 적합한 일과로 구성하는 것이 중요하다.

다만 숲활동을 진행하는 교사는 숲에서의 하루 일과의 흐름을 전체적으로 파악해야 하며, 각 일과의 내용 및 운영상의 유의점 등을 인지해야 한다. 유아가 숲활동을 통해 자연과 깊이 있게 만나고 교감하기 위해서는 교사의 적절한 지원이 필요하기 때문이다.

2.1 숲으로 갈 준비 및 안전수칙 이야기 나누기

매일의 모든 일과가 숲에서 이루어지는 일명 '숲반'의 경우는 숲에서 등 · 하원이 이루어진다. 그러나 한국의 유아교육 체제 및 환경적인 여건상 일주일 혹은 한 달에 한두 번씩 요일을 정해 숲을 방문하는 '숲데이(day)' 형태로 숲활동을 운영하는 것이 더 일반적이다.

숲활동이 있는 날 유아들은 숲활동에 적합한 복장과 준비물을 갖추어 등원한다. "나쁜 날씨는 없다. 다만 날씨에 적합하지 않은 나쁜 복장이 있을 뿐이다(이명환, 김은숙, 2010)."라는 말이 있다. 이처럼 숲활동에 알맞은 복장을 갖추는 것은 안전하고 즐거운 숲활동의 시작이다. 활동하기에 편한 옷을 착용하고, 반바지보다는 긴바지를 입으며, 곤충의 공격이나 뜨거운 햇빛으로부터 보호할 모자를 쓰는 것이 바람직하다. 교사는 숲으로 떠나기 전 교실에서 유아들의 복장을 점검하며 필요한 준비물을 잘 갖추었는지 확인한다. 교사 역시 숲활동에 필요한 물건들을 확인하도록 한다.

그리고 숲활동을 주제로 간단한 이야기 나누기 시간을 갖는다. 이전의 숲활동에 대해 회상해 보거나, 숲에서 하고 싶은 활동이 있는지 질문함으로써 숲활동에 대한 관심을 끌어낼 수 있다. 또한 숲에서 지켜야 하는 기초적인 규칙이나 유의사항을 인식시킴으로써 안전한 숲활동이 이루어지도록 한다. 숲에서도 용변을 볼 수 있겠지만, 숲으로 떠나기 전에 화장실을 다녀오게 하는 것도 필요하다.

숲으로 이동하는 방법 및 시간은 각 기관의 상황에 따라 다르다. 걸어서 이동하기도 하지만, 버스를 이용해야 하는 경우도 많다. 버스에 오르고 내리며, 길을 건너는 동안 사고가 나지 않도록 유아들을 지도해야 한다.

활동내용

【 숲활동을 위한 준비 】

유아	교사
• 활동하기에 편한 복장 - 운동화, 배낭, 모자, 장갑(겨울) 착용 • 여벌 양말 및 속옷 • 물과 간식	• 활동하기에 편한 복장 - 운동화, 배낭, 모자, 장갑(겨울) 착용 • 물 • 비상약품

유아	교사
• 휴지나 수건 • 개인용 깔개 • 이름표 - 이름과 전화번호 기입	• 돗자리 • (물)휴지 및 수건 • 비닐 봉투 및 지퍼백 • 필기도구 및 카메라 • 그림책 • 『곤충도감』, 『식물도감』 등 도감류 • 놀이에 필요한 다양한 도구 - 로프, 가위, 칼, 노끈, 그리기 도구 등

유의점

▶ 기관에서는 숲활동에 적합한 복장과 필요한 준비물을 부모에게 자세하게 알려 숲활동이 있는 날 적절하게 갖추도록 한다. 무엇보다 안전한 숲활동을 위해서는 알맞은 복장이 중요하다는 사실을 인식시킴으로써 유아의 안전에 대하여 가정과 기관이 협력적인 노력을 기울이도록 한다.

▶ 숲으로 출발하기 전 유아들에게 안전수칙에 대해 설명한다. 안전사고를 막기 위해서는 위험한 상황에 대한 인식과 함께 위험 요소를 제거해야 한다. 교사는 사고를 일으킬 만한 위험한 행동이 무엇인지 알림으로써 유아가 스스로를 위험으로부터 보호하며 안전하게 숲활동에 참여하게 한다. 예를 들어 '나뭇가지는 얼굴을 향해 들지 않고 바닥을 향해 들기', '높은 곳에 올라갈 때는 선생님에게 알리기' 등 안전을 위한 규칙을 반복적으로 설명한다. 또한 숲에 있는 자연물을 함부로 꺾거나 훼손하지 않도록 하는 것도 중요하다.

2.2 아침모임

아침모임을 시작으로 본격적인 숲활동을 시작한다. 가능하면 정해진 장소에서 아침모임을 하는 것이 좋다. 이는 유아들에게 숲에서의 하루 일과가 시작됨을 알리며 장소에 대한 감각을 발달시키기 때문이다. 숲으로 올라가는 길목에서 전체

유아들이 둘러설 수 있는 크기의 평평한 공간을 찾아보자. 물론 아침모임 장소를 선정함에 있어 유아들의 의견을 반영할 수도 있다. 또 정해진 장소에 창의적인 이름을 붙여 보게 한다면 숲이라는 장소에 대한 애착을 형성하는 데 효과적이다.

아침모임의 주된 목표는 숲활동을 위한 몸과 마음의 준비를 하는 것이다. 숲에 오르고, 숲에서 놀이하는 것은 상당한 체력적 소모를 요한다. 따라서 안전한 숲활동을 위하여 유아들의 신체를 깨워 줄 필요가 있다. 체조를 하거나 간단한 동작을 겸한 노래 부르기 활동을 하면서 온몸을 움직이도록 하자. 숲이라고 해서 특별한 노래를 불러야 하는 것은 아니다. 유치원 일과 중에 친숙하게 부르는 노래를 팔, 다리를 다양하게 움직이는 율동에 맞추어 부르는 것으로도 충분하다.

숲활동이 단지 숲이라는 장소에서 놀이하는 것만은 아니다. 유아들은 숲활동을 통해 숲을 오감으로 만나고 경험하며 느낄 수 있어야 한다. 이런 점에서 아침모임은 숲과의 깊이 있는 만남을 준비하기 위해 꼭 필요한 시간이다. 매일 달라지는 숲의 새로움을 발견하고, 오늘 만나게 될 숲의 모습을 기대하며 숲과의 교감을 시작하는 시간이기 때문이다. 하늘, 나무, 땅, 바위, 풀과 인사를 나누어 보거나, 눈을 감고 숲을 느껴 보는 아침모임 활동을 통해 유아들은 숲을 향해 마음을 열게 된다.

활동내용

가 숲과 인사하기

- 노래를 부르며 친구들, 숲과 인사를 한다.
  - 유치원 혹은 어린이집에서 친숙하게 부르는 노래를 간단한 동작과 함께 부른다.
  - 숲, 하늘, 나무, 땅 등 숲친구들의 이름으로 가사를 바꾸어 부르는 것도 좋다.
- 숲과 인사를 나눈 느낌에 대해 이야기를 나눈다.
  - 숲과 어떤 인사를 나누었나요? 숲이 들려주는 이야기를 들어 볼까요?
  - 오늘 느낀 숲의 모습에서 새로운 것이 있었나요?

● 숲에서의 하루 일과를 계획해 보고 이야기를 나눈다.

– 오늘은 숲에서 어떤 놀이를 해 보고 싶은지 생각해 보세요.

– 어떤 숲친구를 만나게 될까요?

나 나처럼 해봐라, 이렇게!

● 큰 원의 형태로 둘러서서 노래를 부르며 신체활동을 한다.

– '나처럼 해봐라, 이렇게' 노래에 맞추어 부른다.

– 한 유아가 창의적인 동작을 하면 다른 유아들이 이를 따라 한다.

– 팔, 다리 등 대근육을 활발하게 움직이도록 한다.

● 유아들의 느낌과 생각을 나눈다.

– 노래에 맞추어 몸을 신나게 움직여 보니 어떤가요?

– 어떤 동작이 가장 재미있었나요?

유의점

▶ 아침모임 활동은 보통 동그랗게 둘러선 형태로 이루어진다. 이에 독일에서는 아침모임을 '모닝서클(morning circle)'이라고도 부른다. 교사는 숲의 입구에 모든 유아가 둘러설 수 있는 정도의 공간을 선정하여 아침모임을 위한 장소로 사용할 수 있다. 큰 돌이나 튀어나온 나무기둥이 없이 평평하고 안전한 장소인지도 확인해야 한다.

▶ 아침모임 활동을 통해 교사는 자연스럽게 출석체크를 할 수 있다. 또한 숲으로 올라가기 전에 유아들의 기분이나 상태를 파악하도록 한다. 유아들은 숲에서 놀이할 때 실내에서보다 더 많이 움직이며 활발하게 활동한다. 따라서 교사는 유아들의 표정과 움직임을 잘 살펴 미리 컨디션을 확인하고 배려할 필요가 있다.

▶ 교사는 간단한 이야기나 노래를 통하여 숲에 대한 유아의 관심과 흥미를 자극할 수 있다. 숲활동에 익숙하지 않은 유아들은 숲을 낯설어하기 쉽다. 숲에 대한 재미있는 이야기를 들려주거나, 교실에서 불렀던 친숙한 노래를 부름으로써 숲에 대해 마음을 열고 다가갈 수 있도록 돕는다.

2.3 숲으로 올라가는 길

숲은 길목마다 다양한 모습을 갖고 있다. 계단이 있는 길, 들꽃으로 가득한 길, 울창한 나무가 있는 길, 가파른 길, 구불구불한 길은 저마다의 특징이 있다. 숲활동 장소가 한 곳이라고 해도 목적지로 올라가는 코스를 다양하게 설정한다면 유아들에게 숲의 이모저모를 만나게 할 수 있다. 교사는 "오늘은 어떤 길로 올라가면 좋을까?"라고 질문함으로써 유아들이 주체적으로 숲에서의 일과 운영에 참여하도록 한다.

숲으로 올라가는 동안 마주치는 숲속 친구들은 유아들의 오감을 자극하고 흥미를 유발한다. 유아들은 땅 위를 기어가는 개미떼, 나뭇가지를 오르는 애벌레, 새로 피어난 들꽃에 호기심을 느끼며 탐색한다. 이러한 경험은 작은 생명체도 소중하게 여기며 사랑하는 마음을 기르게 한다. 또한 커다란 바위에 올라타 보거나, 구부러진 나무에 매달려 보는 등의 도전적인 활동을 즐긴다. 다른 친구와 힘을 합하여 무거운 나무토막을 옮겨 보기도 한다. 이처럼 도전적인 활동을 통해 자신의 능력을 시험하고 성취감을 느끼며, 협동의 기쁨을 맛볼 수 있다.

교사는 숲으로 올라가는 길에서 유아들이 체험하는 모든 경험을 가치 있게 여기며 존중해야 한다. 길을 재촉하거나 활동을 제한하기보다는 유아들의 흥미를 존중하며 적절한 상호작용을 제공하는 것이 바람직하다. 만약 숲으로 오르는 길에서 마주친 어떠한 대상이나 현상에 모든 유아들이 관심을 보인다면 교사는 전체 일과에 지장을 주지 않는 범위에서 융통성을 발휘할 수 있어야 한다. 관심의 대상을 놀이 형태로 변형하여 실행해 볼 수도 있고, 궁금증을 해소하기 위해 다양한 시도를 할 수도 있다. 교사가 사전에 계획된 일과에 얽매이기보다 개방적인 태도를 취할 때 유아들은 숲과 더욱 가까워질 수 있다.

물론 유아들의 안전에 유의하여 지도할 필요가 있다. 모든 유아가 교사의 시야 안에 있도록 하며 수시로 인원수를 체크해야 한다. 중간중간에 길을 멈추고 흩어져 있던 유아들을 모았다가 다시 출발하는 것도 좋은 방법이다.

활동내용

가 애기똥풀의 비밀

- 숲으로 올라가는 길에서 발견한 애기똥풀에 대하여 유아들이 관심을 보인다면, 교사도 함께 탐색하며 이야기를 나눈다.
  - 이 꽃을 이전에 본 적이 있나요?
  - 꽃의 모양이 어떤가요? 향기가 있나요?
- 애기똥풀의 특징에 대해 탐색해 본다.
  - ㅇㅇ이는 애기똥풀로 매니큐어 놀이를 해 본 적이 있대요.
  - 애기똥풀즙은 어떤 색깔인가요? 애기똥풀즙을 만져 본 느낌이 어떤가요?
- 애기똥풀에 대해 더 궁금한 점을 알아보기로 한다.
  - 숲에 올라가서 선생님이 가져온 식물도감에서 애기똥풀에 대해 더 알아보도록 해요.

나 나무 징검다리 건너기

- 유아들이 쓰러져 있는 나무에 관심을 보인다면 이를 간단한 활동으로 확장시킬 수 있다.
  - 이 나무는 왜 쓰러져 있을까요?
  - 나무를 이용하여 재미있는 놀이를 할 수 있을까요?
- 쓰러진 긴 나무 위에서 균형을 잡고 걸어갈 수 있는 방법에 대해 생각해 본다.
  - 어떻게 하면 이 나무에서 떨어지지 않고 건너갈 수 있을까요?
    "팔을 양쪽으로 벌리고 걸어요.", "옆으로 걸어요."
- 각자 생각한 방법대로 나무 징검다리를 건너 본다.
  - 한 명씩 나무 징검다리를 건너 볼까요?
- 자신이 생각하고 시도한 방법을 평가해 본다.

유의점

▶ 교사는 숲으로 올라가는 길에서 이루어지는 유아의 탐색을 존중하고 격려한다. 자연을 가까이에서 접하고 관찰하는 경험은 유아들에게 자연에 대한 기초적인 탐색 능력을 길러 줄 뿐 아니라 자연친화적인 태도를 형성하게 한다. 따라서 교사는 여유를 가지고 유아들의 호기심에 반응할 수 있어야 한다. 이를 통해 자발적인 호기심에서 비롯된 궁금증이 지속적인 관심으로 확장될 것이다.

▶ 유아들은 종종 숲에서 발견한 꽃과 나무의 이름을 궁금해 하며 교사에게 묻는다. 혹시 교사가 답을 알지 못한다고 해도 당황할 필요는 없다. "선생님이랑 같이 찾아볼까?", 혹은 "선생님이 유치원으로 돌아가서 찾아보고 알려 줄게."라고 반응하는 것이 바람직하다. 교사가 모든 꽃과 나무의 이름을 다 알 수는 없으며, 유아들과 '함께' 숲을 알아 가는 것이 교사의 역할이기도 하다. 다만 교사가 숲에 대한 기본적인 지식을 갖추고 있을 때 유아들의 탐색이 확장될 수 있으므로 연수나 세미나에 적극적으로 참여하는 노력을 기울이도록 한다.

▶ 교사는 먼저 다양한 자연물이나 자연현상에 관심을 갖고 이를 소중히 여기는 태도를 보인다. 유아기는 교사나 부모 등의 의미 있는 타인의 행동이나 가치를 모방하여 인식과 태도의 기초를 형성한다. 따라서 교사는 자연에 대한 새로운 발견을 즐기고 작은 생명체도 존중하는 모습을 보임으로써 유아들 역시 생명을 사랑하고 존중하는 마음을 갖도록 한다.

2.4 오전 간식

숲활동 장소에 도착한 후 손을 씻고 간식을 먹기 위한 준비를 한다. 각자 메고 온 가방을 내려놓고 손을 씻는다. 교사가 준비해 간 물을 사용하거나 물티슈를 이용해도 좋다. 유치원 교실에서는 간식이나 점심을 먹을 때 각자 정해진 자리에 앉아서 먹는 것이 일반적이다. 하지만 숲에서만큼은 약간의 자유를 허용하는 것이 어떨까? 어떤 유아는 시원한 나무 그늘에 앉아서, 또 어떤 유아는 커다란 바위를 식탁 삼아서 간식을 먹고 싶어 할 것이다. 교사는 유아의 안전을 고려하되 원하는 장소에서 자유롭게 간식을 먹도록 할 수 있다. 솔솔 부는 바람을 느끼고 청명한 새소리를 즐기며 간식을 먹는 경험은 유아에게 또 다른 즐거움을 줄 것이다.

오전 간식은 각자 가정에서 준비해 오게 하는 것이 좋다. 이는 가정에서 유아교육기관에 관심을 갖고 적극적으로 참여하기 위한 작은 노력의 일환이다. 다회용 도시락에 과일, 채소, 견과류, 빵 등 간단하게 준비하면 된다. 다만 숲에서는 너무 단 음식은 피하는 것이 좋다. 그리고 충분한 수분을 공급하기 위하여 반드시 물을 준비하도록 한다.

간식시간에도 유아는 자연을 사랑하고 보호하는 마음과 태도를 기를 수 있다. 간식을 먹은 후에 생길 수 있는 쓰레기는 모두 가방에 넣어 집으로 가져가도록 하는 것은 간단하지만 매우 중요한 습관 훈련이다. 이를 통해 유아들은 숲뿐만 아니라 부모님과 함께 놀러 간 계곡, 친구들과 노는 놀이터에서도 환경을 깨끗하게 보존하려는 행동을 보이게 된다.

CHAPTER 6

숲유치원에서의 삶과 놀이

유아를 교육하는 모든 교사는 모든 유아들이 자신감을 가지고 놀이를 통하여 자신의 능력을 개화(unfolding)할 수 있도록 그들의 놀이 충동을 장려해야 한다. 현행 우리나라 3~5세를 위한 교육과정인 2019 개정 누리과정은 유아중심, 놀이중심, 교사의 자율성을 바탕으로 개정되었다. 이는 유아기에 추구하는 인간상을, 놀이를 통하여 구현해야 함을 국가가 법률로서 천명한 것이다. 이러한 때에 놀이 개념에 대한 이해를 확고히 할 필요가 있다(곽노의, 염정은, 2021).

1. 숲유치원에서의 놀이의 의미

숲유치원에서는 숲이 교육의 장(場)이고, 숲속에 있는 모든 자연물이 놀잇감이나 교구로 활용된다. 상품화된 놀잇감은 그 변형이나 작동방식이 고정되어 있어 아이들의 흥미와 관심을 지속시키려면 이런저런 모양으로 변형할 수 있어야 한다. 하지만 변형은 한계가 있고, 일정한 변형 방식을 알게 된 아이들은 그 놀잇감에 더 이상 관심을 보이지 않는다.

숲에서 아이들이 만나는 놀잇감은 떨어진 나뭇가지, 곤충의 집, 꽃잎, 흙덩어리, 작은 돌멩이 같은 것들이다. 자연물은 단순한 모양이지만 아이들은 여기에 온갖 상상력을 발휘하기 시작한다. 예를 들면, 나뭇가지는 바다를 건너는 배가 되고, 물을 젓는 노가 되었다가, 적을 만나면 자신을 방어하는 무기가 되며, 적에게서 구해 낸 공주에게 선물하는 왕관이 된다. 이처럼 아이들은 나뭇가지를 보며 한 편의 이야기를 만들어 내고, 또래들이 합세해서 이야기를 점점 더 발전시켜 나가기도 한다. 이러한 상징 놀이(Piaget, 1962)는 몇 번이고 반복되면서 재미있게 진행되는데 아이들은 이 과정에 몰입하여 즐기고 환상을 경험하게 된다. 놀이를 통해 다양한 것을 실험해 보고 새롭고 신기한 것을 만들어 보면서 몰입의 즐거움을 느낄 수 있고, 상상력과 창의성이 길러진다.

유아는 자신의 흥미와 속도에 맞추어 주변 세상을 탐색하고 조사하면서 스스로 경험을 재구성하고 표현하기 때문에 놀이를 스스로 선택 · 결정할 수 있어야 하고 경험을 통합할 수 있어야 한다(곽노의, 2010). 숲에서의 놀이는 정해진 틀이 없고 무엇을 할 것인지도 주어지지 않는다. 아이들이 모여 있다가 공통의 흥미가 생기면 그 자리에서 놀이로 발전하는 경우가 대부분이다. 놀이로 발전하기 전까지 시간이 걸릴 때가 있는데 이때는 그대로 내버려 두는 것이 좋다. 그때가 아이들이 꿈꿀 시간이며 창조적이고 자발적이고 정해진 틀이 없는 놀이를 할 시간이기 때문이다(Large, 2006). 아이들은 각자의 관심사를 이야기하거나 주위를 살펴본다. 무엇인가를 찾아내면 놀이에 적용할 규칙을 정하거나 팀을 구성하고 놀기 시작한다. 이런 과정에서 아이들은 자발적으로 의견을 말하고, 양보하거나 타협하고, 자신의 주장을 관철하기 위해 다투기도 하고 경쟁도 하면서 타인의 존재를 인식하는 가운데 자기를 발견한다. 또래들과 상호 의사소통을 하며 사회적인 관계 맺기를 통해 사회성을 향상시킬 수도 있다.

그러나 현대 산업화된 사회가 발전할수록 유아들이 놀 수 있는 공간은 점점 줄어들고 유아들의 놀이하는 시간도 짧아져만 가고 있다. 반대로 비놀이적인 활동을 하면서 지내는 시간은 늘어 가고 있다. 예를 들면, 멀티미디어의 영향으로 유아들이 바깥 놀이공간에서 활동적인 놀이를 할수 있는 시간은 현저하게 줄어든 반면, 실내에서 텔레비전과 컴퓨터 앞에서 지내는 시간은 많아졌다.

'아동의 놀 권리 국제연합' 회장이자 '자연스러운 배움을 위한 단체'의 사무총장인 무어(Moore, 1997)는 아이들이 더 이상 밖에서 놀지 않게 된 원인으로 거칠고 나빠진 야외 공간, 1950년대 이후 급속하게 확대되고 있는 가정용 에어컨, 아이들을 집 근처에만 두려고 하는 부모들, 야외 학습을 허용하지 않는 정부의 수업방침, 대다수 가정에서 보이는 지나치게 통제된 생활양식 등을 꼽았다(Richard Louv, 2005).

특히 많은 부모들은 유아와 함께 놀아 주지 못하는 미안한 마음을 고가의 상품화된 놀잇감을 사 주는 것으로 부모 노릇을 잘못하는 것을 대신하려고 한다. 이렇게 사 모은 놀잇감이 쌓여 감에 따라 실내놀이 공간을 더욱 좁아지게 하고 있다.

유아들은 자신감을 가지고 놀이를 하는 과정에서 자신의 능력을 개화할 수 있도록 해야 한다. 놀이는 다른 활동과는 달리 그 활동 자체가 목적이다, 유아들은 놀이 속에서 모든 가능성을 찾고, 발견한다. 놀이는 유아들이 현실 생활 속으로 진출하는 하나의 기회이다. 이러한 놀이의 본질이 훼손되어 가는 현실의 상황 속에서 놀이, 놀잇감, 그리고 놀이공간에 대한 대안으로 숲유치원의 의미를 생각하여 보는 것은 의의가 있다고 본다.

2. 유아들은 왜 노는가?

유아들은 왜 노는가? 유아들에게 물으면 "나는 재미있기 때문에 놀아요."라고 말한다. 유아놀이의 근본적인 의미에 대하서 유아교육전문가들의 의견은 대체적으로 일치하고 있는데 그 내용은 다음과 같다.

유아들의 삶은 놀이이다. 다른 활동과 달리 놀이는 그 자체가 목적으로 무언가를 배운다는 생각 없이 스스로 할 것을 찾아 노는 것이다. 유아들은 놀이 속에서 여러 가지 가능성을 찾고 발견하며 생활 속으로 진출하게 된다. 그러므로 유아에게는 놀이를 할 권리가 있으며, 이 권리는 그들에게 확실히 보장되어야 하고 성인들이 해 주어야 할 최우선의 과제라는 것이다(곽노의, 1999).

플리트너(Flitner, 1996)는 인간에게 가장 중요한 문화현상은 노는 능력이라고 밝혔다. 하위징아(Huizinga, 1938)는 문화능력의 뿌리를 전적으로 놀이에서 보았다. "호모 루덴스(Homo Ludens, 인간은 노는 사람이다)"라고 하면서 일과 문화는 놀이하는 능력으로부터 발전한 것이라고 했다. 영국의 정신분석학자인 아이작(Isaacs, 1926: Cohen, 2018 재인용)은 놀이에 대하여 다음과 같이 말하고 있다. "포유류, 파충류,

어류 등에 있어서 순응성이 뛰어난 지적 동물과 그렇지 못한 동물을 비교해 보면 인간의 유아기에 대한 해명에 큰 도움이 되는 것을 알 수 있다. 그것은 무엇인가를 배울 수 있는 동물은 놀 수도 있다는 사실이다(임영균, 1997)". 인간과 제일 가까운 유인원은 유아들과 같이 성숙의 과정에서 놀이에 전념한다. 그러나 유아들만큼 창의적으로 계속해서 오랜 시간 놀 수 있는 동물은 없다는 것이다(곽노의, 1999).

이는 놀이에 대하여 옛부터 이어져 내려온 고정된 개념과는 전혀 다른 것이다. 본능적 행동에서 본다면 유아들은 처음부터 어른들과 같은 행동을 하고 그 종족의 지혜에 그 무엇인가를 부가하는 일은 없다. 그러나 노는 동물은 놀면 놀수록 각 가지의 지혜로서 무엇인가를 자기 것으로 한다. 유아들은 호기심이 강하고 실험을 좋아하는 존재인 것이다.

새끼 양은 뛰어 다니지만, 그것은 잠시 동안이고 곧 어미 양과 같이 주저앉아 버린다. 이에 비하면 새끼 고양이는 계속 놀이를 한다. 장난을 좋아하는 고양이는 발과 입으로 주위에 있는 것을 가지고 놀이를 해 본다. 결과적으로 동물이 어느 만큼 놀았는가에 따라 그 후의 균형이 바른 성숙을 기대할 수 있다.

인간들에게 제일 가까운 유인원은 유아들과 같이 성숙의 과정에서 놀이에 전념한다. 그러나 유아들만큼 창의적으로 계속해서 오랜 시간 놀 수 있는 동물은 없다는 것이다. 이러한 아이작(Isaac, 1972)의 관찰보고는 수년 후에 복잡한 생활을 하는 생물은 초기 성장기에 놀이가 중요하다고 한 그의 학설을 증명해 주고 있다.

그의 관찰보고는 야생의 상태에서 조사하기도 했고, 실험용으로 관리한 상태에서 주의 깊게 조사하기도 하여 얻어진 것이다. 영장류의 새끼는 어른의 도움 없이도 놀기 시작하고 그 놀이에 많은 시간과 에너지를 소비한다. 그리고 동료들이 그 놀이에 참가하도록 항상 자극한다.

영장류의 놀이는 다양하고 학습적으로도 의미가 많다. 대다수의 이런 놀이는 몇 번이고 반복되면서 재미있게 행해진다. 유아들이 놀 때에 느끼는 긴장은 즐거움과 같을 정도로 좋은 것이다. 놀이는 본질적으로 모든 것에 의의가 있으며 필요 없는 것은 한 가지도 없다. 생물학자들은 영장류에 있어서 놀이는 성인기 생활의 준비가 될 것이라는 것을 인정하고 있다.

해리 할로우(Harry Harlow)도 이것을 믿는 학자 중의 한 사람이다. 할로우(Harlow, 1969)는 원숭이를 놀 수 없는 상태로 놔두면 원숭이 세계를 어지럽히는 원숭이가 된다고 말하면서 유아도 사회의 일원으로서 역할을 다하기 위해서는 놀이 상대가 필요하다고 결론짓고 있다. 할로우(Harlow, 1969)는 또한 "놀이가 사회적 역할을 개시하고, 통합 · 완성하는 성인으로서의 활동을 위한 행동적 메커니즘을 제공한다."고 확신하고 있다.

3. 자연물 놀잇감과 창의성

상품화된 놀잇감들은 기능성을 가지고 있다. 여기에서 상품화된 놀잇감과 자연적 소재로 된 놀잇감의 양극화 현상이 나타난다. 기능성이 있는 것이 외부에서 주어진다면 유아의 내면에서는 그 대상에게 어떤 창의적 기능을 부여할 수가 없다. 유아에게 자동차를 준다면 유아가 이것을 가지고 자발적으로 창의적인 기능을 부여하여 우주선이나 기차라고 상상 놀이나 가작 놀이를 하게 할 수는 없다.

그런 식으로 기능성이 내면화되면 놀잇감에 대한 유아의 관심이 줄어든다. 새로운 불자동차 놀잇감을 선물받은 유아는 처음에는 그 조작 방법을 몰라서 관심을 보이고 조작을 숙지해 가는 가운데 즐거워한다. 그러나 완전히 그 기능이 숙지되어 내면화되면 불자동차에 대한 관심이 떨어진다.

유아의 자주성을 촉진하려면 기능성으로부터 자유로워야 한다고 한다. 기능성으로부터 자유로운 것이 바로 자연이다. 문화는 인간으로 하여금 기능화된 것을 말한다. 외부로부터 기능성이 없는 대상이 주어져야 내부에서 자주적이고 창의적으로 그 대상에게 기능을 부여할 수 있다. 이것이 바로 앞서 말한 양극화 현상이다.

유아 스스로 기능을 부여할 수 있는 환경을 가져야 한다. 그래서 숲유치원에서는 자연적인 소재의 놀잇감만 가지고 놀게 한다. 이러한 숲유치원 환경 속에서 유아는 스스로 문화를 창조하는 존재임을 경험하게 된다.

집에서도 항상 자연적인 것을 놀잇감이나 교구로 사용해야 하는가? 부모는 현재 기능이 있는 상품화된 놀잇감이 많이 있는데 어떻게 해야 하나 싶은 고민에 빠지게 된다. 이에 대하여 가능하면 자연적인 놀잇감을 가지고 놀게 하는 것이 좋다고 말하고 싶다. 모래놀이, 물놀이, 흙, 돌 등을 가지고 하는 놀이 등. 그렇다고 해서 집에 있는 모든 기능화된 놀잇감을 치울 필요는 없다.

다만 부모에게 자연적인 놀잇감의 좋은 점을 이해시킬 필요는 있다. 유아는 무능력한 존재가 아니라 능력이 뛰어난 존재이다. 유아는 세계를 구별할 수 있다. 자주적인 힘을 가지고 있다. 유아는 유아교육기관과 가정과는 다른 세계임을 이해하고 그곳에서 요구하는 활동을 자주적으로 한다. 우리가 유아에게 관심을 기울일 것은 자주적인 힘을 어떻게 북돋아 주느냐 하는 것이다. 자연적인 놀잇감을 주어야 하는 이유도 내면화된 자주적인 힘을 기르기 위한 것이다.

결국 숲유치원 교육은 유아의 놀이 본성을 충분히 충족시켜 주는 교육으로서, 그 가운데 유아가 스스로 뛰어난 능력(자주성, 자신감, 창조의 힘 등)을 성장시켜 나가는 교육이라 할 수 있다.

4. 숲 놀이를 통한 인성교육

지금까지 문명과 첨단과학기술이 가져온 영향으로 아이들의 놀이양상에 나타난 문제점과 인성교육의 필요성을 살펴보았고, 최근에 유아교육기관에서 도입 · 운영하고 있는 숲유치원의 목적과 역사, 숲에서의 체험과 놀이를 통해 달라지는 아이들의 변화를 인성과 관련하여 기술하였다. 숲유치원의 인성교육적 측면에서의 가치를 정리해 보면 다음과 같다.

첫째, 아이들의 감성 및 정서적 안정감이 발달한다. 숲에서 뛰어놀고 배우는 아이들은 가까이에서 일상적으로 자연을 접하게 된다. 새소리를 듣고, 흙길을 걷고, 낙엽 위에 누워 보고, 꽃향기를 맡는다. 끊임없이 변화하는 자연을 접하며 오감을 통해 온몸의 지각과 감각이 깨어난다. 숲에 가면 누가 이야기하지 않아도 설명하지 않아도 숲이 주는 생명의 충만함으로 인해 아름다움을 배우기 전에 '느끼게' 된다. 내적 · 외적인 변화에 대한 감수성이 길러지며 정서적 안정감을 얻게 되는 것이다.

둘째, 자기 인식과 자립심, 신뢰감을 갖는다. 숲에서는 자기 스스로 해결해야 하는 일이 대부분이다. 자유놀이를 할 때도 어떤 활동을 할 것인지를 결정하는 것은 스스로에게 달려 있다. 자신의 능력과 한계를 생각하고 도전과 모험을 시도하는 과정에서 자신이 행동을 결정하는 주체임을 인식하고 자기 자신에 대해 알아간다. 스스로 무언가를 해내고 배운다는 것은 아이들에게 무한한 기쁨과 자립심, 신뢰감을 가져다 준다. 놀이를 하는 과정에서도 자신의 생각과 의견을 말하고 규칙을 만들면서 또래들과의 관계 속에서 '나'를 발견하고, 즐겁게 놀이를 하면서 자신의 결정이나 능력에 대한 신뢰감이 생기게 된다.

셋째, 긍정적인 태도와 사회성이 발달한다. 공간적 제한이 없는 환경에서 억제되었던 욕구들, 부정적 감정 등을 마음껏 발산하고 자유롭게 활동하면 신체발달은 물론 내적인 평안과 긍정적인 태도를 갖게 되고, 긍정적인 태도는 또래들과의 관계에서 서로의 의견이나 생각들을 잘 받아들일 수 있게 한다. 놀이를 만들고 노는 과정에서 협조하고 양보하는 사회적 상호작용이 활발히 이루어지므로 언어적 표현력과 함께 사회성이 발달하게 된다.

넷째, 타인에 대한 배려와 존중을 배운다. 나무와 풀, 곤충과 새들이 살아가는 모습을 보면서 자연을 구성하는 생명체들이 고유한 존재이며 각자의 역할에 따른 유기적 관계를 맺고 있음을 이해하여 또래들을 존중하고 배려하는 마음과 태도를 배운다.

다섯째, 잠재능력, 상상력과 창의성이 발달한다. 숲에는 놀이방법이 정해져 있는 놀잇감이 거의 없다. 단순한 형태의 자연 놀잇감으로 아이들은 상상력을 발휘하여 잠재된 능력과 재주를 불어넣는다. 놀이의 가능성과 활동성을 최대화하면서 새로운 것을 만들어 낸다.

이외에도 사물이나 현상에 대한 호기심, 관심과 흥미를 지속하는 집중력, 경이로움, 몰입의 기쁨 등 긍정적인 정서를 느끼고 감동 받게 된다. 이러한 정서는 지적인 학습활동을 하거나 필요한 능력을 습득할 때 지적욕구의 동기로 작용한다.

유아기는 주변 세계에 호기심이 많고 탐험을 즐기며 오감을 활용하여 대상을 탐색하고 무엇인가를 알고자 하는 강한 욕구를 가지고 있기 때문에 자연에 대한 긍정적인 태도와 폭 넓은 개념을 형성해 나가는 적기이고(Cobb, 1977), 숲은 아이에게 있어 가장 큰 놀잇감이며 학습의 대상(Miller, 1972)이다.

아이들이 자유롭게 뛰어놀면서 내는 해맑은 웃음소리가 숲속에 울려 퍼질 때 그들의 마음이 활짝 피어나고 영혼도 충만해질 것이다.

CHAPTER 7.

유아숲교사의 자질과 역할

"교육의 질은 교사의 질을 넘을 수 없다"는 말은 바로 교육의 성패가 교사에게 달려 있으며, 교육의 질을 규정하는 많은 조건들 중 교사가 가장 중요한 요인이고 교육활동의 핵심이 된다는 것이다. 여기에서는 유아 숲교사의 자질과 역할에 관한 내용을 살펴보고자 한다.

1. 유아숲교사의 자질

어릴수록 성인의 영향을 크게 받는다는 점에서 다른 어느 학교 기관보다 유아숲교사의 자질 요건이 매우 중요하다. 특히 유아는 성인의 말과 행동을 모방하는 경향이 높고 의존도가 높기 때문에 교사가 지닌 품성과 전문적인 능력 수준에 따라 교육의 성과가 좌우된다고 할 수 있다. 교사가 어떤 자질을 가지고 있어야 하는가에 대해서는 많은 학자들이 관심을 보이며 그 견해를 표시하고 있다.

마오크(J. Maok, 1975)에 의하면, 교사는 감정적으로 성숙할 것, 어린이와 부모를 존중할 것, 자신감과 유연성을 가질 것, 교사로서 보다 성장하기 위한 학습을 계속할 것, 육체적으로 적합할 것, 논리적일 것, 적절하게 훈련되어 있을 것 등이 필요하다고 하였다. 또 리퍼, 스키퍼, 위더스푼(S. H. Leeper, D. S. Skipper & R. L. Witherspoon, 1979)은 교사가 지녀야 할 10가지의 자질로서, 온화한 성격, 개방적인 성격, 직무수행 능력, 창의성, 유머, 단정한 외모, 말씨, 음성, 자신감, 의사소통 능력을 꼽았다. 그리고 람지와 베이리스(M. E. Ramsey & K. M. Bayless, 1980)는 우수한 교사의 특성을 11가지로 보았다. 이들의 견해를 중심으로 유아숲교사의 자질을 정리해 보고자 한다.

① 산림분야에 바람직한 경험과 능력이 풍부하고 교사로서의 자격을 갖춘 자

② 이해심과 온화함, 인내심을 가지고 남을 돌볼 수 있는 자

③ 다른 환경에서 자란 어린이들의 문화, 풍습, 언어적 습관을 이해심과 친근함으로 수용할 수 있는 자

④ 어린이의 흥미, 요구, 능력 수준에 맞추어 교육내용을 선택·적용할 수 있는 자

⑤ 어린이의 성장발달 단계에 맞게 자연물을 활용한 교구를 창의적으로 만들어 사용할 수 있는 자

⑥ 어린이를 융통성과 일관성을 가지고 대하며 진정한 마음으로 사랑할 수 있는 자

⑦ 부모 및 동료직원들과 상호협력하여 의욕적으로 생활할 수 있는 자

⑧ 외모가 단정하고 유머 감각이 있으며 성에 대해 긍정적인 자세를 갖고 있는 자

⑨ 자신의 발전과 성장을 위해 끊임없이 노력하는 자세를 가진 자

⑩ 자연과 모든 생명체를 사랑하고 보호하려는 책임감이 강하고 그 역할을 실천할 수 있는 자

⑪ 개인적인 특성을 잘 파악하고 각 유아에 맞게 상호작용할 수 있는 자

위에서 살펴보았듯이 몇몇 학자들의 견해만 보더라도 실로 유아숲교사에게 요구되는 자질은 거의 완전한 인간으로서의 모습이다. 그러기에 남을 가르친다는 것이 어렵고 또 그와 같은 직분을 수행하는 동안에 자신도 모르게 인격과 능력이 다듬어지고 발전해 간다고 하겠다. 이와 같은 생각을 깊이 해 볼 때, 그것은 곧 교사 자신의 보람인 동시에 기쁨을 주는 일이 될 것이다. 교사라고 해서 완벽할 수 없기에, 가르침에 앞서 항상 즐겁게 배우는 자세가 교사에게 필요하다.

유아숲교사의 자질은 일반적으로 개인적인 자질과 전문적인 자질의 두 가지로 나누어 생각해 볼 수 있다. 이를 간략히 살펴보면 다음과 같다.

1.1 개인적인 자질

앞에서 살펴본 바와 같이 유아숲교사의 개인적 자질이 어떠해야 하는가에 대해서는 사람들마다 다양한 견해를 보일 수 있지만, 일반적으로 유아숲지도사의 개인적 자질을 몇 가지 기술해 보면 다음과 같다.

첫째, 신체적으로 건강해야 한다. 유아숲교사의 역할을 제대로 수행하기 위해서는 무엇보다 건강이 우선되어야 한다. 유아와 함께 숲에서 생활하는 데에는 많은 에너지가 필요하고, 경쾌함과 민첩함, 부지런함이 요구된다. 또한 유아숲교사는 다정한 음성과 명확한 발음, 정확한 시력과 청력 등을 가질 필요가 있다.

둘째, 정서적으로 성숙한 사람이어야 한다. 유아숲교사는 사고의 유연함과 개방된 마음을 지니고, 순수한 애정을 갖고 유아와 생활하기를 즐거워해야 한다. 또한 유아에게 자상한 태도를 보이고 때로는 유머 감각과 기지가 있어야 하며, 여유를

가지고 평소 바람직한 취미생활을 영위하는 태도도 필요하다.

셋째, 근면성과 책임감이 높고, 창의적인 태도를 갖추어야 한다.

넷째, 유아숲교사에 대한 사명 의식이 있어야 한다.

다섯째, 유아 및 동료, 학부모들과의 인간관계가 원만해야 한다.

1.2 전문적인 자질

유아숲교사에게 요구되는 전문적인 자질은 지적인 면과 기능적인 면으로 나눌 수 있다. 먼저 지적인 면을 세부적으로 살펴보면 다음과 같다.

첫째, 산림과 자연에 대한 지식과 정확한 이해를 하고 있어야 한다.

둘째, 유아의 발달단계에 따른 지식과 원리를 파악할 수 있어야 한다.

셋째, 각 아동의 개인차에 대한 심리학적인 이해가 있어야 한다.

넷째, 숲에서 발생 가능한 긴급사태 해결에 필요한 융통성과 상식을 갖추어야 한다.

다섯째, 특수아 및 허약아에 대한 지식과 이해가 있어야 한다.

여섯째, 유아 숲교육과정에 대한 이해가 있어야 한다.

일곱째, 최신의 숲 관련 연구 및 기타 관련 자연 생태에 관한 지식이 있어야 한다.

다음으로 기능적인 면을 세부적으로 살펴보면 아래와 같다.

첫째, 숲 관련 프로그램을 계획하는 능력 또는 상황에 맞추어 프로그램을 조절하고 진행할 수 있는 능력이 필요하다.

둘째, 자연물을 활용한 교재 교구를 숲체험 활동에 알맞게 배열하는 등의 학습 환경 조성 능력이 필요하다.

셋째, 자연학습자료나 교수매체를 적절하게 사용할 수 있는 세련된 교수 기술이 필요하다.

넷째, 유아의 동기 유발, 주의 환기, 또는 긴장을 해소시키는 능력 등이 필요하다.

다섯째, 유아의 발달 및 진보상태 등을 정확하게 측정하고 평가하는 능력이 필요하다.

여섯째, 숲에서 구현할 수 있는 음악, 미술, 공예, 과학, 문학, 연극 등 다양한 방면에 대한 교사 자신의 흥미와 재능이 필요하다.

2. 유아숲교사의 역할

유아들은 주위 환경과의 상호작용을 통해 발달해 나가므로, 유아의 인적 환경은 특히 어린 유아에게 주는 영향이 매우 지대하다. 따라서 유아숲교사가 갖는 위치나 비중은 더할 나위 없이 크다고 할 수밖에 없는데, 이러한 교사의 역할은 어린 유아를 보호하고 교육해야 하는 유아교육 자체의 특성에 비추어 보아도 어느 다른 학교급 교사에 비해 중요하다고 할 수 있다.

유아숲교사가 어떤 역할을 수행해야 하는가에 대해서는 학자들마다 다양한 견해를 보이고 있다. 캐츠(Katz, 1970)는 교사의 역할 모형을 모성적 모형(maternal model), 치료적 모형(therapeutic model), 교육적 모형(instructionnal model)의 세 가지로 정리하였고, 사라초(Saracho, 1988)는 교육과정 설계자, 교수조직자, 진단자, 상담자 및 조언자로서 교사 역할을 설명하고 있다. 그리고 이은화(1985)는 유아숲교사의 역할을 환경제공자, 관찰자, 프로그램 계획자, 연구자, 부모교육 담당자, 평가자 등으로 구분하였다. 이들을 종합하여 유아숲교사의 역할을 정리해 보면 다음과 같다.

2.1 보호 및 양육자로서의 교사

어린이들은 건강보호나 안전을 대체로 그들 주변의 성인에게 의존하고 있다. 그러므로 유아를 지도하는 데에는 유아 교사들의 보호 및 양육적 역할이 요구되는데, 이는 캐츠(Katz)가 분류한 모성적 역할에 해당된다.

어린이는 배가 고프다든지, 두려움에 싸여 있다든지, 혹은 어딘가 불편함을 느낄 때에는 어떠한 것에도 흥미를 보이기 어려워하기 때문에 학습도 이루어지지 않는다. 따라서 유아숲교사는 유아의 상태를 종합적으로 세심하게 배려해야 하는 역할을 수행해야 한다. 예를 들면, 어린이의 양육과 사랑의 욕구를 충족시켜 주는 부모 대리자로서의 역할, 어린이가 지니는 여러 가지 불안을 제거해 주는 역할, 안정된 생활을 위해 환경을 조정해 주는 역할 등이 필요하다. 간단히 말해 교사는 유아를 보호(care)하고 교육(education)하는 양쪽 측면 모두에 관심을 가져야 한다. 그런데 만일 교사가 유아끼리의 지나친 경쟁상태를 조성한다든가, 어린이의 능력 한계를 벗어나는 기대감을 갖거나, 일관성 없게 훈육한다든지 하는 경우에는 오히려 어린이에게 새로운 불안을 조성해 주는 해악을 끼칠 수 있을 것이다. 따라서 유아를 보호하고 양육하는 교사의 역할을 바르게 수행하는 일이 매우 중요하다.

2.2 학습촉진자로서의 교사

유아 학습 장면에서 교사는 단순히 지식의 전달자나 기술의 훈련자로서가 아니라 학습촉진자의 역할을 해야 한다. 아동이 주변 환경에 효율적으로 상호작용할 수 있는 풍부한 기회를 갖도록 다양한 종류의 학습자료와 학습경험을 제공해 주고, 어린이들이 좋아하는 각종 프로젝트 활동을 제공해 줄 수 있다. 교사는 진행 중인 어린이의 학습활동에 관심을 보이며 어린이의 현존 학습을 이해하고 언어화할 수 있도록 자극하기도 한다. 그리고 어린이의 계속적인 학습활동을 촉진시키기 위해 질문하며 이 질문에 대한 해답을 아동 스스로 발견할 수 있도록 학습자료를 마련해 주기도 한다.

2.3 상호작용자로서의 교사

유아교육에서는 교사와 유아의 상호작용을 중시하는 개별화된 학습방법을 중시한다. 교사가 유아와 끊임없이 행하는 상호작용은 수업의 실제에서 사용하는 어떠한 자료보다 더욱 중요할 수 있다. 예를 들면, 유아의 발달수준이나 흥미를 고려한 발문을 통해서 유아의 상상력이나 지적 호기심 등을 자극하기도 하며, 유아의 활동을 지속시키거나 심화시킬 수 있고, 때로는 다른 활동으로 전환시킬 수도 있다.

또한, 유아는 교사와의 상호작용을 통하여 사회의 가치와 규범, 생활양식을 습득하기도 하며, 교사와 자신을 동일시함으로써 유아 자신이 당면한 갈등이나 어려움을 해결해 나가기도 한다. 유아는 자신들에게 좋아 보이는 선생님의 온갖 행동이나 말씨, 태도 및 가치 등을 본받아 자기의 것으로 삼으려 하는 경향을 나타내기 때문이다. 그러므로 모든 교사는 나름대로의 긍정적인 가치관을 갖고 있어야 하며, 어린이에게 따뜻함을 주고 바람직한 모델링을 제공할 수 있도록 상호작용자로서의 역할을 충실히 수행해야 할 것이다.

2.4 의사결정자로서의 교사

교사는 유아를 지도하기 위한 계획을 수립하고 교수학습을 진행하는 과정에서, 또는 수시로 일어나는 크고 작은 일상적 상황에서 끊임없이 의사결정을 해야 하는 역할을 수행하고 있다. 교육의 방향이나 가치 및 내용을 선정하는 일, 구체적으로 지도방법을 계획하고 실천하는 일 등에서 교사의 의사결정 능력이 요구되는 것이다. 특히 유아교육에서는 유아의 흥미와 요구 등에 따라 융통성 있는 교육과정 운영을 통해 교육의 효과를 보다 높일 수 있으므로, 비록 사전에 계획된 지도안이나 정해진 규칙이 있다 하더라도 상황에 따라 수시로 변화시켜 적용할 필요가 있다. 따라서 교사가 내리게 되는 의사결정의 적합성 여부는 교육과정 전반에 걸쳐 중요한 영향을 미친다.

PART

2

숲과 자연주의 교육의 실제

CHAPTER 8.

봄

1 숲과 인사하기

시기 봄

놀이명 숲과 인사하기

놀이 자료 숲 놀이 천, 카메라

놀이 지원

놀이의 시작

유치원 나무에 초록색이 생겼어

봄이 되어 자연 환경의 변화가 생기면 창문 밖 풍경들을 보며 유아들은 자연스럽게 대화를 나누게 됩니다. "나뭇가지에 초록색 잎이 생겼어", "저 꽃은 무슨 꽃이지?", "왜 갑자기 꽃이 핀 걸까?" 일상생활에서 자연스럽게 봄의 풍경을 관찰하게 되고, 창문에 가까이 가 틈틈이 지켜보면서 직접 밖으로 나가고 싶다는 의사표현을 합니다.

C: 선생님! 바깥에 새로운 일들이 생기고 있어요. 밖으로 나가고 싶어요.

T: 아! 그렇구나. 너희들이 관찰한 바깥 세상에 어떤 변화가 생겼나요?

C: 나뭇잎이 생겼어요.

꽃이 핀 것도 있어요.

하늘 색깔도 예뻐진 것 같아요.

날씨가 따뜻해진 것 같아요.

T: 유치원에서 많은 것을 찾아냈네요. 여기서도 볼 수 있는데 왜 밖으로 나가고 싶었을까?

C: 밖으로 나가서 직접 보고 싶어요.

유치원보다 더 넓은 곳에 가서 자유롭게 찾아보고 싶어요.

나무랑 꽃을 많이 볼 수 있는 곳으로 우리 같이 가 봐요.

나비나 개미들이 뭐하고 있는지도 궁금해요.

봄이 왔으니까 반갑다고 인사하고 싶어요.

T: 너희들이 하고 싶은 일이 굉장히 많았구나. 그러면 우리가 봄과 인사 나눌 수 있는 곳을 함께 찾아보고, 어떻게 인사 나눌지 함께 계획해 보면 어떨까요?

C: 인터넷으로 찾아봐요.

친구들과 가 봤던 숲이 있어요.

엄마, 아빠랑 같이 가 본 곳이 있어요.

유치원이랑 가까운 곳으로 가요.

(유아들과 이야기를 나눠 근처 적절한 장소를 찾아보고, 숲 놀이를 진행하며 상황에 맞는 숲이나 공원을 선택할 수 있다 / 유치원 바깥놀이부터 놀이를 시작할 수 있다)

♣ 숲으로 가서 유아들과 함께 놀이장소로 이동한다.

C: 여기가 숲속 친구들의 집인가 봐. 무척 넓어.
누가 살고 있을까?
우리가 들어가도 괜찮을까?
우리 집에도 아무나 못 들어오는데… 비밀번호를 눌러야 들어올 수 있어.

T: 숲에 들어갈 때는 어떻게 하면 좋을까요? 너희들이 숲속 친구들이라면 어떻게 하면 좋을 것 같나요?

C: 그냥 들어가도 돼요. 여기는 누구나 올 수 있는 곳이에요.
안 돼! 숲속 친구들에게 우리가 들어가도 되는지 물어봐야 해.
친구네 집에 갈 때 초인종을 누르는 것처럼 숲에 갈 때도 들어간다는 신호를 주면 좋겠어요.

> 예시: 숲에게 하고 싶은 말이나 동작을 하면서 입장해 본다.
> (대문놀이 활용하기 / 차임벨을 이용해서 초인종 눌러 보기)

우리 함께 숲으로 가 볼까요?

똑똑똑! 들어가도 되나요?

똑똑똑! 들어가도 되나요?

♣ 숲과 친해질 수 있는 방법을 찾아보고, 자연환경의 변화를 느낀다.

C: 숲으로 들어오니 너무 좋아요.
여기는 나무가 더 많이 있구나.
꽃이 나무에 있었는데 여기는 발밑에 더 많이 있어.
여기서는 더 많은 봄을 찾을 수 있을 것 같아요.
좀 더 자유롭게 인사하고, 친해질 시간을 갖고 싶어요.

T: 친해지는 건 어떻게 하는 걸까요?

C: 엄마가 친구한테 인사를 먼저 하라고 했어요.
많이 웃어 주면 좋아할 거예요.
같이 놀자고 하면 친해지지 않을까요?
싫다고 거절하면 어떻게 하지?

T: 그러면 너희들이 생각한 방법으로 숲친구들에게 인사도 해 보고, 함께 놀이하면서 친해져 보도록 해요. 우리가 다시 모이는 방법은 어떻게 하면 좋을까요?

C: "친구들아! 모여라" 하고 외쳐 주세요.
선생님이 우리가 잘 들리게 노래를 틀어 주세요.

T: 우리가 하고 싶은 일은 숲과 인사를 나누고, 봄을 찾아보는 놀이였어요.
재밌는 놀이를 위해 지켜야 하는 것은 무엇일까요?

C: 너무 멀리가면 안 돼요.
우리가 갈 수 있는 곳이 어디인지 약속을 정하도록 해요.
친구가 멀리 가면 알려 줘요.
나뭇잎을 따거나 꽃을 꺾으면 안 돼요. 숲친구들이 싫어할 거예요.
개미를 괴롭히면 안 돼요.
그런데 친구들에게 소개해 주고 싶은 것이 있을 땐 어떻게 해요?
가져올 수 있는 것들은 한 곳에 모아 두고 함께 소개해 보고 싶어요.

T: 우리 친구들이 잘 알고 있으니 숲속 친구들이 우리랑 친해질 수 있을 것 같아요. 선생님이 숲 책상(광목천)을 마련해 둘 테니 그곳에 모아 두도록 해요.

귀여운 돌멩이야, 안녕?

이 작은 열매는 누구일까?

작은 풀들아! 손으로 인사하자

♣ 숲을 탐색한 후 자신이 발견한 것을 친구들에게 소개하고, 서로의 경험을 공유한다.

C: 친구들이 신기한 것을 많이 찾았어요.
나랑 똑같은 것을 찾은 친구들도 있어요.
꽃을 가져오고 싶었는데 따면 아플까봐 떨어져 있는 꽃잎을 가져왔어요.
개미도 데려오고 싶었는데 자꾸 도망가서 속상했어요.

T: 함께 찾은 봄 친구들이 참 다양했구나. 숲을 돌아보면서 인사도 해 보고, 함께 재미있게 놀아 보고 싶다고 했는데 어떻게 놀이했는지 소개해 줄 수 있나요?

C: 보이는 친구들마다 "안녕?"하고 손을 흔들었어요.
살짝 만지고 인사해 줬어요.
신기해서 뛰어다니느라 인사는 못했어요.

T: 그렇게 바라봐 주고 함께 있어 주는 것만으로도 충분히 친해졌을 거예요.

C: 인사를 못한 친구들이 있으니 다 함께 모였을 때 인사해 봐요.

♣ 숲에 대해 친숙함을 느낀 유아들과 함께 즐거운 신체놀이를 해 본다.

숲과 인사하기

1. 두 사람씩 짝을 짓는다.
2. 마주 잡은 손을 양쪽으로 흔들면서 노래하듯 한다.
3. 내용을 서로 주고받으면서 노래를 부른다. 〈친구야 뭐하니? 논다~/ 어디서? 숲에서/ 어떻게? 이렇게〉
4. '이렇게'라고 할 때 손을 잡은 상태에서 몸을 함께 돌린다.
5. 다음에는 팔목을 잡고 한다.
6. 마지막엔 어깨를 잡고 한다. 〈짝꿍을 바꾸어 놀이한다〉

숲과 인사하기 1

숲과 인사하기 2

숲과 인사하기 3

T: 숲과 인사도 해 보고, 함께 놀이해 보니 어땠나요?

C: 매일매일 오고 싶어요.

아직 꽃이 많이 안 펴서 더 많이 폈을 때 와 보고 싶어요.

신나게 뛰어놀았더니 기분이 좋아졌어요.

우리가 찾은 봄 친구들도 유치원에 데려가고 싶어요.

T: 유치원으로 돌아가서 다음 놀이도 계획해 보고, 자연 친구들도 가져가서 재미있는 놀이를 함께 생각해 보도록 해요.

확장놀이

▶ 숲 약속 정하기

우리들이 정한 숲 약속을 토의해 보고, 약속 내용을 적어 기록한다.

▶ 자연물을 이용해 숲 이름표 만들기

숲 약속 정하기

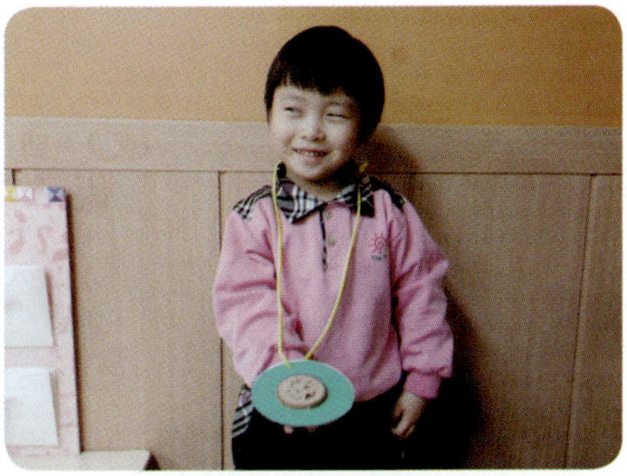

숲 이름표 만들기

놀이 속 인성 키우기

* 배려 – 다른 사람의 필요와 요구에 민감하게 반응하고 공감한다.
* 존중 – 자연환경과 자연물에 대해 관심을 갖고, 가치를 소중하게 여긴다.

선생님의 놀이 지원 Tip

- 가까운 숲이 없다면 공원을 활용한 놀이도 가능하다.
- 몸으로 하는 놀이에 두려움을 가질 수 있으니 유아들의 모습을 잘 관찰해서 신체 놀이를 즐길 수 있도록 한다.
- 자연물 수집에 대해 미리 기준을 제시하기보다는 유아들이 활동 후 스스로 판단해 볼 수 있도록 격려한다.

2 개나리 바람개비

시기 봄

놀이명 개나리 바람개비

놀이 자료 루페

놀이 지원

놀이의 시작

진달래 개나리

봄이 되어 제일 먼저 아이들을 반겨주는 것은 다양한 봄꽃들입니다. 겨울 동안 차분한 색으로 우리에게 쉼을 보여줬던 자연이 알록달록 저마다의 색을 뽐내게 되면 유아들은 자연에 대해 더 호기심을 가지고, 가까이 가고 싶어 합니다.

C: 선생님! 지난번에 왔을 때랑 숲이 달라졌어요.
여기는 노란 꽃이 피었어요.
분홍 꽃도 있어요.
선생님! 이 꽃들의 이름이 뭐예요?
이 나무는 무슨 나무예요?
T: (진달래를 보며) 이 꽃의 이름은 무엇일까요?
C: 이건 '진달래'라고 엄마가 얘기해 주셨어요.
음… 나는 '점박이 꽃' 같아. 여기 꽃에 점들이 있어.
나는 '분홍이' 같아. 색깔이 분홍색이잖아.
그런 이름은 처음 들어보는데….
T: 친구들이 참 재미있는 이름을 만들어 주었네요. 선생님도 알고 있는 꽃 이름이 있지만 모르는 것들도 있어요. (개나리를 보며) 이 꽃의 이름은 무엇일까요?

C: '별꽃' 같아요. 모양이 별 모양 같아요.
나는 '병아리 꽃'이라고 할래요. 노래에서 '병아리 꽃'이라 한 걸 들어 봤어요.
바람개비랑도 닮았어요. '바람개비 꽃'이라고 할래요.
선생님! 우리 숲에 있는 꽃들을 찾아서 재미있는 이름을 만들어 주면 어떨까요?
이름도 지어 주고, 꽃이랑 재미있게 놀고 싶어요.

꽃을 만나러 나왔어요

내가 찾은 꽃은 소중해

♣ 유아들과 숲에 있는 꽃들을 찾아보고, 자유롭게 관찰해 본다.

C: 선생님! 여기 작은 꽃들이 있는데 더 자세히 보고 싶어요.
자세히 보려면 어떻게 해야 하나요?

T: (루페를 제시하며) 이것은 어떻게 사용하는 걸까요?

C: 안경처럼 생겼어요.
여기 동그란 곳으로 보는 거 아닐까요?
네모 상자에 꽃을 넣는 것 같아요.

작은 꽃이 커졌어요

T: 먼저 내 손등을 보세요. 무엇이 보이나요?

C: 손등에 구멍이 있어요.

작은 털들도 보여요.

선생님 저는 자세히 안 보이는 것 같아요.

T: 루페는 우리가 궁금해 하는 자연물을 실제 보는 것보다 매우 자세히 볼 수 있는 도구예요. 하지만 작은 것을 크게 볼 수 있도록 도와주는 도구이기 때문에 보고 싶은 것을 루페가 잘 보여 줄 수 있도록 가까이에 놓아 주어야 해요.

C: 꽃을 가까이에 쑥 밀어 넣었더니 잘 보여요.

너무 큰 꽃은 보기가 어렵기도 해요. 떨어진 것을 봐야 할 것 같아요.

이렇게 보니 더 재미있게 볼 수 있어요.

♣ 친구들이 찾은 봄꽃이 있는 곳으로 이동하여 함께 관찰하며 이야기를 나눈다.

C: 바람이 부니까 꽃잎이 떨어진다.

꽃비가 내리는 것 같아요. 이 꽃은 '꽃비'라고 불러 줄래요.

꽃이 뱅글뱅글 돌면서 떨어지기도 해요. 신기해.

꽃 장난감 같아요.

아까 노란 꽃은 바람개비 모양이었어요.

바람개비로 만들어 볼 수 있을까? 꽃으로 재미있게 놀아보고 싶어요.

루페로 보면 다 신기해

개나리꽃도 보고 싶어요

개나리 바람개비

꽃을 모았어요

1. 개나리꽃의 꽃받침을 떼어 내고 얇은 솔잎을 꽂아 입으로 불어 보고, 도는 모습을 관찰한다.
   C: 두꺼운 나뭇가지에 해 보니 잘 안 돼요.
   개나리꽃은 꽃잎이 다 붙어 있어요.
   꽃받침도 별모양, 꽃도 별 같아요.
   내가 뛰어가도 뱅글뱅글 돌아갈까요?
2. 바닥에 떨어진 개나리꽃을 위에서 아래로 던져 본다.
3. 개나리가 빙글빙글 돌며 떨어지는 모습을 관찰한다.
   T: 개나리꽃은 왜 바람개비처럼 돌며 떨어질까요?
   C: 꽃잎이 뾰족한 게 바람개비랑 비슷하게 생겼어요.
   꽃이 가벼워서 그런 것 같아요.
   바람이 개나리꽃을 밀어 줬어요.
4. 어떻게 하면 더 많이 돌며 떨어질지 예측해 본다.
5. 개나리처럼 바람개비 모양으로 돌 수 있는 꽃을 찾아본다.

네가 불어 봐~

T: 여러 가지 꽃들과 즐거운 시간을 보냈나요? 어떤 것이 기억에 남았나요?

C: 숲에 다양한 꽃이 진짜 많아요.
꽃 모양이나 색깔도 달랐어요.

T: 무슨 색깔이었나요? 크기는 어땠나요?

C: 큰 것도 있고, 작은 것도 있었어요.
같은 꽃도 색깔이 조금씩 달랐어요.
어떤 것은 아직 꽃이 피지 않은 것들도 있어요.
나무에 핀 꽃도 있고, 땅에 있는 것도 있었어요.
작은 꽃들은 모여서 다 같이 모여 있었어요.

T: 많은 것을 발견했네요. 왜 꽃마다 색깔, 크기, 피는 곳이 다를까요?

C: 우리도 생긴 게 다른 것처럼 꽃들도 그런 것 같아요.
제일 예쁜 꽃이 되기 위해 노력했어요.
자기가 피고 싶은 곳에 피어서 그렇게 됐어요.
햇빛을 많이 받기 위해 그래요.
엄마 꽃이 거기 있어서 그런 것 같아요.

T: 신기한 꽃들은 어떤 것이 있었나요?

C: 개나리꽃으로 놀이할 때 새로운 것을 알게 되었어요.
개나리꽃에는 잎이 없었어요. 뾰족한 초록색 발톱 같은 게 있어요.

T: 잎은 왜 없을까요?

C: 꽃이니까 나뭇잎은 필요하지 않아서요.
바람개비처럼 돌아서 나뭇잎이 다 날아가 버렸어요.
뾰족한 것 속에 들어 있을 것 같아요.

T: 또 발견한 것이 있었나요?

C: 꽃잎이 따로따로 있는 줄 알았는데 꽃이 하나였어요.
(개나리꽃은 통꽃이라 보기에는 잎이 4장이지만 실제로는 1장임)
개나리는 나무에 열리는데 나무가 무척 얇았어요.

나뭇가지에 구멍이 뚫려 있었어요. 빨대 같아요.

T: 아! 꽃잎이 붙어 있는 꽃이라는 것을 알게 되었고, 이렇게 얇고 키가 작은 나무에서 핀다는 것도 알게 되었구나. 잠깐 놀이를 했는데 꽃에 대해 찾아낸 것이 너무 많았어요.

C: 친구들이랑 같이 찾아봤어요.

신기해서 다른 꽃들은 어떻게 다른지 알아보고 싶어요.

우리 교실에서도 꽃을 볼 수 있었으면 좋겠어요.

T: 꽃에 대해 궁금한 점을 생각해 두었다가 같이 알아보도록 해요.

확장놀이

▶ 봄꽃 책 만들기

사진으로 찍어온 봄꽃에 대해 알아보고, 내가 좋아하는 꽃을 소개한다.

▶ 봄꽃 목걸이

나무틀에 수집해 온 꽃을 붙여 목걸이를 만들어 본다.

봄꽃은 향기로워

꽃목걸이

꽃목걸이

꽃목걸이

놀이 속 인성 키우기

* 배려 – 다른 사람의 필요와 요구에 민감하게 반응하고 공감한다.
* 존중 – 자연환경과 자연물에 대해 관심을 갖고, 가치를 소중하게 여긴다.

선생님의 놀이 지원 Tip

- 루페는 관찰용 도구이기 때문에 장난감처럼 사용하지 않도록 사전에 유치원에서 탐색활동을 진행하면 자연스럽게 루페로 보는 방법을 익히고, 규칙도 인지할 수 있게 된다.
- 이름 짓기나 놀이를 통해 꽃에 대해 관찰한 후 유아들이 궁금해 할 때 식물도감을 제시해 궁금증을 해소할 수 있도록 지원한다.
- 자연물로 놀이하는 것에 대해 죄책감을 가지는 유아들이 있다. 자연물을 함부로 대하는 것이 아니라 함께 놀이함을 느끼게 하고, 자연스럽게 자연을 존중하는 태도를 기를 수 있게 한다.

숲 놀이 Tip

봄에는 여러 예쁜 꽃들이 많이 피기 때문에 작은 꽃들은 화려한 꽃들이 피기 전에 이른 봄에 먼저 꽃을 피운다. 여러 꽃들이 피면 잘 보이지 않게 되니까 작은 꽃들은 잘 보일 수 있도록 모여서 피고, 시기를 달리하여 저마다의 생존 전략을 가지고 있다.

3 올챙이를 찾아라

시기 봄

놀이명 올챙이를 찾아라!

놀이 자료 관찰통

놀이 지원

놀이의 시작

숲에 다녀오면서 가져온 자연물들을 관찰할 수 있는 과학 영역에 도롱뇽 한 마리가 살고 있습니다. 유아들은 매일 도롱뇽과 인사를 나누고, 자신의 이야기도 들려주고, 도롱뇽의 작은 움직임 하나에도 관심을 기울입니다. 도롱뇽이 해초 사이에 숨어 움직이지 않자 아이들의 이야기가 쏟아집니다.

C: 선생님! 도롱뇽이 움직이지 않아요.
어디가 아픈 거 아닐까요?
밖에 나가고 싶은데 통 안에 있으니까 슬퍼서 그래.
겨울잠을 자고 있는 게 아닐까?
아니야. 지금은 봄이라 다 깨어났지.
T: 도롱뇽이 움직이지 않아서 걱정이 되나요?
우리가 무엇을 해 줄 수 있을까요?
C: 도롱뇽을 교실에서 놀게 해 줘요.
잠에서 깨어날 수 있게 신나는 음악을 들려줘요.
친구가 없어서 그래요. 도롱뇽이 친구들을 만날 수 있게 숲으로 데려가 봐요.
T: 친구가 없어서 외로운 것일 수 있겠어요. 그럼 도롱뇽의 친구들은 누가 있죠?
C: 도롱뇽이요.
도롱뇽은 알에서 태어나고 점차 변하는 개구리랑 비슷해요.
개구리나 도롱뇽을 찾아서 같이 놀게 해 줘요.
T: 도롱뇽이나 개구리를 만나려면 어디로 가야할까요?
C: 우리 도롱뇽도 물에 사니까 물이 있는 곳으로 가야해요.
공원에 가면 분수 나오는 곳에 있어요.
개구리는 물속에만 있지 않고 점프를 해야 하니까 물이 얕은 곳일 것 같아요.

우리 반 도롱뇽

도롱뇽을 찾아보자

♣ 숲속이나 공원의 물가로 가서 물속 생태를 관찰한다.

왜 없는 걸까?

T: 이 속에는 누가 살고 있을까요?

C: 물고기들이 있을 것 같아요.

물이 어두운 색이라 잘 보이지 않아요.

먹이를 던져 주면 먹으려고 올라오니까 누가 있는지 알 수 있을 것 같아요.

가까이에서 보면 더 잘 보일 것 같아요.

T: 주변에는 어떤 것들이 보이나요?

C: 물 위에 나뭇잎들이 떨어져 있어요.

저기로 개구리가 점프하는 것 같아요.

돌이 아주 많아요.

소금쟁이도 있어요.

작은 벌레들도 날아다녀요.
물속에 뭐가 있는지 살펴보고 싶어요.
돌 사이에도 꽃이 폈어요.
T: 관찰할 때 어떤 것을 조심해야 할까요?
C: 물에 빠지지 않도록 친구들을 밀면 안 돼요.
돌을 던지지 않아요.
신기한 것을 발견해서 친구들에게 말해 주면 좋을 것 같아요.
혼자서 살펴보지 않고 친구들과 짝을 이뤄서 살펴보고 싶어요.
선생님과 멀리 떨어지지 않아야 해요.

수중 환경 탐색

알을 찾아 주세요

♣ 숲의 다양한 장소를 다니면서 수중생물을 찾아본다.

올챙이들아! 건강해

뒷다리가 나오려 해요

올챙이 관찰

C: 선생님! 여기 보세요. 여기 무언가가 살아 움직이고 있어요.
올챙이인 것 같아요.
꼬리만 있는 애들이 있고, 다리가 나온 올챙이도 있어요.
색깔이 검정색이에요.
그런데 이 올챙이들도 우리 도롱뇽처럼 물에 살지 않고 통에 살고 있죠?

T: 물속에 있을 거라고 생각했는데 왜 여기에 있는 걸까요?

C: 사람들이 찾기 힘들까봐 볼 수 있게 해 준 것 같아요.
애기들이니까 물고기들이 먹어 버릴까 봐요.
선생님! 여기 설명이 있어요. 이게 뭐예요?

T: 봄에 겨울잠에서 깨어난 개구리들은 물가 안전한 곳에 알을 낳는데 물이 부족해지고, 개구리의 친구들이 없어지면서 알을 낳을 수 있는 개구리가 적어지고 있어요. 그래서 개구리를 보호하기 위해 개구리나 알 등을 가져갈 수 없게 하고, 궁금해하는 사람들을 위해 같이 관찰할 수 있는 것을 마련해 준 거라고 되어 있어요.

C: 아! 그래서 우리가 찾아봐도 물 근처에서는 개구리나 올챙이를 찾을 수 없었구나.
누가 개구리를 괴롭힌 거죠?
지금부터 잘 지켜 주면 되죠. 우리가 같이 돌봐 줘요.
관찰해 보고 싶어요.

♣ 관찰통에 개구리 알과 올챙이를 담아 관찰한다.

T: 알은 어떻게 생겼나요?

C: 개구리 색깔이랑 알 색깔이 달라요. 초록색이 아니에요.
알 속에 검은 점이 있어요.
알이 꼭 젤리같이 생겼어요.
알이 엄청 많이 모여 있어요.
알이 부드러워 보여서 물에다 놓으면 다 사라질 것 같아서 걱정돼요.

T: 그래서 개구리가 알을 낳을 때 하나씩이 아니라 알집의 형태로 모여서 낳는 것이에요.

C: 저 알들이 다 태어나면 개구리가 엄청 많아질 텐데 왜 개구리가 없어진 거죠?

T: 개구리는 봄의 동물 중 가장 빨리 깨어나는 동물인데 기후 변화로 겨울에도 날씨가 따뜻해지니까 개구리들이 봄이 온 줄 알고 깨어나서 미리 알을 낳아요. 그런데 아직 봄이 온 것이 아니라서 그 알들은 꽁꽁 얼어 태어나지 못하기도 해요. 올챙이도 관찰해 보았나요?

C: 올챙이들이 커서 개구리가 된다는 것이 너무 신기해요.
올챙이들은 무엇을 먹고 사나요?
올챙이와 개구리 노래처럼 뒷다리부터 나오나 봐요. 앞 다리만 있는 올챙이는 없어요.
도롱뇽이랑 알은 다르게 생겼는데 올챙이는 비슷해요.
다음에 올 때는 개구리와 올챙이에 대해 더 자세히 알아 와서 우리가 올챙이한테 해 줄 수 있는 일을 찾아보고 싶어요.

확장놀이

▶ 개구리에 대한 이야기 짓기

– 개구리를 만들어 개구리에 대한 이야기를 만들어 보고, 개구리의 변화를 동극으로 표현해 본다.

▶ 개구리가 사는 연못 꾸미기

– 모둠활동으로 다양한 놀이자료를 활용해 개구리가 살 수 있는 환경에 연못을 만들어 보고, 개구리가 되어 놀이한다.

개구리에 대한 이야기 짓기

개구리가 되어 봤어요

놀이 속 인성 키우기

* 존중 – 자연환경과 자연물에 대해 관심을 갖고, 가치를 소중하게 여긴다.
* 협력 – 다른 사람과 함께 힘을 합하여 서로 돕는다.

선생님의 놀이 지원 Tip

- 개구리의 성장과정을 배우는 것이 아니라 자발적으로 호기심을 해결하는 과정을 즐길 수 있도록 지원한다.
- 유아들이 탐구하는 과정을 영상으로 찍어 교실에서 공유하고, 다양한 질문들을 기록해서 함께 조사해 보는 자료로 활용한다.
- 올챙이를 발견하지 못하더라도 숲 놀이 시 꾸준히 관심을 가지도록 격려한다.

4 로제트 식물 관찰하기

시기 봄

놀이명 로제트 식물 관찰하기

놀이 자료 교사 지원 자료(액자틀, 이름표, 색 끈 등)

놀이 지원

놀이의 시작

봄이 되어 숲에 나가면 유아들은 자신에게 의미 있는 것을 찾아보는데 나무를 올려다보는 아이, 하늘에 있는 구름을 열심히 좇는 아이, 개미를 따라다니거나 예쁜 꽃을 찾는 아이 등 다양한 호기심을 품고 저마다의 방식으로 숲과 어울리는 모습입니다. 하지만 유독 자기보다 작은 풀이나 꽃 등을 안타까워하며 밟지도 못하고 소중히 다루는 아이들이 있습니다.

C: 우와! 이 나무는 엄청 커!
나무는 다 나무인가? 키가 큰 것도 있고, 작은 것도 있어.
개미야! 어디 가니? 우리도 개미 따라가 보자.
이건 풀이야? 잔디는 아주 많은데 이건 꽃이 없는 잎 같아.
누가 꽃을 떼어 간 것 아닐까?
T: 무엇을 보고 있는 건가요?
C: 여기 신기한 풀이 있어요. 풀이 뾰족뾰족한데 꽃은 없어요.
선생님! 여기 보세요. 꽃이 있는 게 있어요.
노란색 꽃이 피어 있어요.
이건 민들레인데… 이거 후~ 하고 불면 씨앗이 날아가는 꽃이야!
우와! 재밌겠다. 우리 민들레를 함께 찾아봐요.

꽃이 없는 로제트 관찰

같은 것을 찾아봐

♣ 민들레의 특징에 대해 이야기를 나누고, 찾은 민들레를 표시할 방법을 생각해 본다.

C: 선생님 뒤에 바로 우리가 찾던 민들레가 있어요!

T: 민들레인지 어떻게 알 수 있었나요?

C: 노란색 꽃이어서 민들레라는 것을 알 수 있었어요.
잎이 뾰족뾰족했어요.
동그랗게 씨앗이 남아 있는 게 민들레예요.

T: 꽃잎은 어떤 모양인가요?
줄기도 만져 볼까요? 잎도 살펴볼까요?

C: 꽃잎은 엄청 많아요. 아주 작고요. 손으로 뜯어보고 싶어요.
줄기도 얇고 색깔이 귀여워요. 꽃이 아직 피지 않은 것들도 있어요.
선생님, 그런데 민들레는 없고 풀만 있는 것들이 더 많아요!
다 비슷하게 생겨서 꽃이 없으면 어떤 게 민들레인지 찾을 수가 없어요.
우리가 찾은 것들을 표시할 수 있었으면 좋겠어요.

T: 그러면 너희들이 찾은 민들레에 어떤 표시를 하면 좋을까요?

C: 찾은 친구가 그 앞에 가서 서 있어요.
주변에다가 우리 이름표를 놓아요.
돌을 주워서 울타리를 만들어요.
눈에 잘 보이게 색깔 액자로 표시하면 좋을 것 같아요.
친구들의 의견 중에 좋은 것을 뽑아요.

T: 그러면 함께 민들레를 찾아보고, 내가 찾은 민들레에 내가 생각한 방법대로 표시를 해 볼까요?

너는 민들레니?

♣ 자신이 생각한 방법대로 찾은 민들레에 표시를 해 두고, 로제트 식물에 대해 관심을 가진다.

〈자유롭게 숲을 둘러보고, 민들레에 표시를 할 수 있도록 적당한 시간을 제공한다〉

C: 여기 찾았다. 나는 나뭇가지로 내 이름을 써 놓을 거야.
나는 찾는 팀과 지키는 팀을 나눠 찾은 것을 표시할래.
나도 찾았어! 어? 이건 뾰족뾰족하지 않고 끝이 동글동글해.
자세히 보니 비슷한 것들이 또 있어.
왜 이 풀들은 이렇게 바닥에 펼쳐져 있을까?

T: 왜 잎을 이렇게 펼치고 있는 것 같나요?

C: 펼쳐야 넓은 땅을 가질 수 있어서요.
잎이 자꾸 커지니까 그런 것 같아요.
빛이 뜨거우니까 시원한 땅에 누워 있는 것 같아요.
우리도 이것처럼 땅에 누워 보면 알 수 있지 않을까요?

T: 우리도 이 식물처럼 누워 볼까요?
누워 있으니 기분이 어떤가요?

C: 땅에 누우니 하늘이 더 잘 보여요.
햇빛 때문에 눈이 부시지만 따뜻해요.
땅이 차가워서 일어나고 싶어요.
개미가 지나다닐까 봐 무서워요.
왜 이렇게 있는지 궁금해요.

로제트 식물처럼 누워 보자

♣ 로제트 식물에 대한 궁금증을 이야기를 통해 해결해 본다.

이야기 내용

T: 봄 해님과 바람은 서로 자기가 봄을 데려왔다고 다투었어요. 그래서 작은 풀잎을 먼저 일으켜 세우면 이기는 시합을 하기로 했지요. 먼저 바람이 휘잉~ 휘잉~ 불었어요. 어떻게 됐을까요?
C: 풀잎이 추워서 울었을 것 같아요.
풀잎끼리 꼭 껴안았을 것 같아요.
뽑히지 않으려고 바닥에 딱 붙었을 것 같아요.
선생님이 바람 역할을 해 봐요. 우리가 풀이 되어 볼게요.
(유아들과 역할을 정해 로제트 식물의 생존 전략을 신체놀이로 표현해 본다)

T: 작은 풀들이 바람을 피해 더욱더 바닥에 붙어 버렸어요. 바람은 무척 실망했죠. 이번에는 해님 차례예요. 어떻게 되었을까요?

C: 추웠다가 따뜻해졌으니 빛을 받으려고 높게 일어났을 것 같아요.

기분이 좋아서 꽃을 확 피웠을 것 같아요.

덥다고 그늘로 피해 가고 싶을 것 같아요.

이번에는 해님 역할을 해 주세요.

T: 해님이 따스하게 비추어 주니 작은 풀들이 따뜻한 햇볕을 받느라 조금씩 잎을 위로 세우는 것이 아니겠어요? 그런 다음 작은 꽃대를 올려 꽃을 피웠답니다.

바람이 분다~ 로제트야 더 낮게!

이제 해님이야! 활짝 피우렴

♣ 우리가 찾은 로제트 식물의 특징을 이해하고 소개할 수 있다.

T: 이야기를 신체로 표현해 보니 어땠나요?

C: 아까 찾은 친구들이 실제로 그런지 궁금했어요.

바람이 무서워서 두근두근했어요.

따뜻한 해님만 만나고 싶었어요.

추운 겨울에는 어떨지 걱정됐어요.

로제트 식물을 그려 볼까요?

친구들의 작품 모음

우리가 표시한 식물들이 진짜로 그런 모습인지 찾아보러 가요.

T: 우리가 찾은 식물들은 어떤 모습이었나요?

C: 꽃도 없고 튼튼한 줄기도 없는 것이 더 많았어요.

햇빛이 없는 곳에 있어서 잘 자라지 못한 것들도 있어요.

잎이 아주 많고 큰 것들도 있어요.

해가 잘 드는 곳에 있는 것들은 진짜로 잎이 위로 조금 올라와 있어요.

잎 모양이 다른 것들이 꽤 많아요.

T: 비슷한 것들이 많으니 어떻게 부르면 좋을까요?

C: 초록 그릇이요.

엎드린 잎이요.

해님 찾기요.

T: 신기한 이름이에요. 이 식물들은 추운 겨울을 나기 위해 자세를 낮추고 햇빛을 잘 받기 위해 잎을 옆으로 넓게 펼쳐요. 잎을 펼친 모양이 방석 같다고 해서 '방석식물'이라고 부른답니다. 겨울을 잘 견디고 봄에 꽃을 피우는데, 꽃들이 많이 피기 전 먼저 꽃을 피우려 노력하는 아주 똑똑한 친구예요. 앞으로 작은 방석식물들을 숲에서 만났을 때 어떻게 해야 할까요?

C: 반갑게 인사해 줘요.

햇빛을 잘 받을 수 있게 도와 줘요.

어떤 게 방석식물인지 알아 뒀다가 밟지 않고 잘 지켜 줘요.

확장놀이

▶ 화전 만들기

먹을 수 있는 식물을 채집하여 깨끗이 세척한 후 화전을 만든다.

화전 만들기

놀이 속 인성 키우기

* 소통 – 다른 사람의 생각을 듣고 반응해 주며 자신의 생각을 이야기하여 서로 의견을 조율해 본다.
* 존중 – 사람이나 사물은 기본적으로 그들의 존재만으로 존중할 가치가 있음을 인식하고, 그 가치에 대하여 소중히 여긴다.

선생님의 놀이 지원 Tip

- 유아들이 자신이 찾은 것을 표시하기 위해 다양한 재료를 요구하기도 합니다. 자연물 활용도 가능하지만 교사 지원 자료를 다양하게 준비하고, 요구에 민감하게 반응하여 대처해 주는 것이 필요합니다.
- 로제트 식물은 추운 겨울을 나기 위해 자세를 낮추고, 햇빛을 잘 받기 위해 옆으로 퍼집니다. 살기 위한 전략을 상황에 맞게 구사하여 식물의 끈기와 지혜를 배울 수 있습니다.

5 허니 가이드를 찾아라!

시기 봄

놀이명 허니 가이드를 찾아라!

놀이 자료 꽃모양 종이, 꾸미기 재료(뿅뿅이, 스티커, 색종이, 빨대, 실 등), 이야기 그림자료(나무, 꿀벌, 나비)

놀이 지원

놀이의 시작

진달래꽃

화려한 꽃들이 꽃을 피우면 유아들은 놀이가 끝날 때까지 꽃 주변을 맴돌곤 합니다. 꽃의 색깔, 향기, 꽃 주변의 곤충이나 새들을 관찰하며 꽃과 주변 관계에 대해 호기심을 가집니다.

C: 우와! 이 꽃 너무 예쁘다. 이 꽃은 이름이 뭐지?
나 공원에서도 이 꽃 봤어.
T: 이 꽃은 철쭉이에요.
C: 아닌데… 이거 진달래예요. 나 책에서 봤어요.
T: 이 꽃은 진달래와 생김새가 매우 비슷한 철쭉이에요.
우리 진달래를 찾아볼까요?
(주변에 진달래를 찾아보거나 실물자원이 없다면 매체를 활용해도 됩니다)
진달래와 철쭉은 어떤 점이 다른가요?

C: 색깔은 비슷한데 철쭉꽃이 더 커요.
분홍색이 더 진해요.
철쭉은 색깔이 여러 가지 있어요.
진달래는 시들시들하고 철쭉은 싱싱해요.
T: 향기는 어떤가요?
C: 둘 다 향은 강하지 않아요.
냄새가 잘 안 나요.
T: 또 다른 점은 없나요?
C: 콩나물처럼 생긴 것이 있어요(암술, 수술).
철쭉꽃 속에는 점들이 많이 있어요.
T: 이건 왜 있는 걸까요?
C: 예쁘게 보이려고요.
태어날 때부터 이렇게 태어났어요.
진달래랑 닮아서 헷갈릴까 봐요.
다른 꽃들도 이런 것이 있는지 궁금해요.

진달래와 철쭉 관찰

진달래와 철쭉 관찰

♣ 자유롭게 꽃과 벌을 관찰해 본다.

C: 꽃 주변에서 좋은 향기가 나. 왜 나는 걸까?
그런데 벌이 있어서 자세히는 못 봤어.
벌들은 꽃을 좋아하나봐.
선생님! 여기 벌이 있어요. 벌 좀 쫓아 주세요.

T: 꽃이 있는 곳에 벌들이 많이 있네요.
왜 벌들이 왔을까요?

C: 벌들은 꿀을 좋아해요.
벌은 꿀을 모으기 위해 와요.
좋은 향기가 나서 그래요.
벌들이 왜 왔는지 조용히 살펴봐요.

T: 벌들이 무엇을 하고 있었나요?

C: 꽃에 자꾸 뽀뽀하는 것 같아요.
꽃 주변을 빙글빙글 돌아요.
힘들어서 꽃 위에 앉아 있어요.
벌들은 왜 이렇게 하는 걸까요?
벌이 예쁜 꽃을 괴롭히는 건 아닐까요?
아까 그 점 있는 곳에다가 벌이 머리를 집어넣었어요.
왜 저렇게 행동하는 거죠?

♣ 꽃과 꿀벌의 이야기를 듣고, 그들의 관계에 대해 상상해 본다.

꿀과 꿀벌 이야기

따뜻한 봄날 귀여운 아기 꿀벌 한 마리가 달콤한 꿀을 찾아 숲속을 날아다니고 있었어요. 아기 꿀벌은 꿀을 찾다가 너무 힘들어서 예쁜 꽃에 앉아 잠깐 쉬고 있었어요.

꿀벌: 어휴… 너무 힘들다! 도대체 꿀은 어디에 있는 거야?
(나무에 앉으며) 똑똑! 안녕하세요? 여기 달콤한 꿀이 있나요?

나무: 이 조그만 꿀벌은 뭐야! 왜 여기서 꿀을 찾니?
꿀은 저기 꽃에 가야 있지. 나는 소나무라서 달콤한 꿀이 없단다.

꿀벌: 아! 죄송해요. 안녕히 계세요.
(잔디 위에 앉으며) 똑똑! 안녕하세요? 여기 달콤한 꿀이 있나요?

잔디: 없다! 없어~

꿀벌: 아! 죄송해요. 안녕히 계세요. 휴… 도대체 달콤한 꿀은 어디에 있는 거야?

그때였어요. 나비 한 마리가 꿀벌에게 날아와 이렇게 말했어요.

나비: 아기 꿀벌아! 넌 꿀이 어디 있는지도 모르니? 날 따라와.

꿀벌은 나비를 따라갔어요. 어디선가 향긋한 냄새가 꿀벌의 코를 간질였고, 꿀벌은 나비를 따라 열심히 날아갔지요.

꿀벌: 우와! 이건 무슨 향기지?

나비: 내가 꿀이 있는 곳을 알려줬으니 지금부터 열심히 찾아봐. 나도 이제 꿀 찾으러 간다! 안녕~

꿀벌: 나비야! 고마워~ 우리 또 만나자.

꿀벌은 이리저리 날아다니며 꿀을 찾아 헤맸어요.

꿀벌: 똑똑! 안녕하세요? 여기 달콤한 꿀이 있나요?

하지만 꽃들은 아무 말도 해 주지 않았지요.

꿀벌: 킁킁 여기서 좋은 향기가 나는데… 여기에 있나?

꿀벌이 입을 가까이에 대려고 하자 바람이 휭~불어 꿀벌은 꽃에서 떨어지고 말았지요.

꿀벌: 도대체 꿀은 어디에 있는 거야? 나는 왜 꿀을 못 찾겠지? 친구들아 도와줘!

어떻게 만들면 좋을까?

C: 꿀벌이 꿀을 못 찾았어.
꽃 속에 있는 것 아니야?
잘 좀 찾아보지. 왜 금세 포기하는 거야.
우리가 벌들이 꿀을 잘 찾을 수 있게 해 주면 좋겠어요.

T: 어떻게 하면 벌들이 쉽게 꿀을 찾을 수 있을까요?

C: 꿀이 많은 꽃을 찾아서 알려 줘요.
우리 집에 꿀이 많아요. 벌들에게 가져다 줘요.
꽃에다가 어디에 꿀이 있는지 표시하면 좋겠어요.

T: 그런데 꿀은 어디에 있는지 알고 있나요?

C: 꽃 속에 있어요. 책에서 봤어요.
벌들이 계속 가까이에 있는 것을 보면 꽃에 있는 것이 분명해요.
우리가 꿀이 있다고 생각한 곳에 표시를 해요.

♣ 우리가 생각한 허니 가이드를 꽃에 표현해 본다.

허니 가이드(꿀샘)를 찾아라

1. 모둠을 나눠 허니 가이드를 만들 재료와 방법을 토의한다.
2. 커다란 꽃 모양을 만든다.
3. 관찰했던 꽃 모양(암술, 수술)을 구성한다.
4. 허니 가이드를 표현하고, 상상한 이유를 발표해 본다.

허니 가이드 만들기

꿀을 찾으러 들어오는 길

T: 친구들의 생각을 들어보니 어땠나요?

C: 이제 우리가 생각한 방법을 꿀벌에게 소개해 주면 좋겠어요.

이렇게 하면 꿀을 잘 찾을 수 있을 것 같아요.

그런데 진짜 이런 게 있어요?

아까 철쭉에도 까만 점들이 있었는데 그게 표시인가?

선생님 철쭉 꽃 하나만 뜯어서 관찰해 보고 싶어요.

♣ 유아들과 철쭉꽃을 분해해서 관찰해 보고, 허니 가이드에 대해 소개한다.

확장놀이

- 꿀벌, 나비게임 : 꿀벌이나 나비의 날개를 함께 꾸며 본 후 날개를 달고 날아가 꿀(주스)을 먹고 돌아오는 놀이(식물의 수정과정)
- 다른 식물의 허니 가이드(꿀샘)에 대해 조사해 보고, 식물의 수정과정에 대해 알아본다.

꿀벌, 나비 게임

꿀벌, 나비 게임

놀이 속 인성 키우기

* 질서 – 나와 다른 사람이 함께하는 활동 속에서 나누는 약속을 책임감을 갖고 지킨다.
* 존중 – 자연환경과 자연물에 대해 관심을 갖고, 가치를 소중하게 여긴다.

선생님의 놀이 지원 Tip

- 꿀샘은 꽃에서 당을 포함한 점액을 분비하는 기관이다. 곤충이나 새를 유인하여 꽃가루의 매개 역할을 하고, 밀선(蜜腺)이라고도 한다.
- 유아들이 궁금해하는 것을 지식적으로 설명하기보다는 스토리텔링으로 이야기를 구성하여 들려주는 것이 효과적이다.

6 벚나무와 개미

시기 봄

놀이명 벚나무와 개미

놀이 자료 관찰통, 종이, 그리기 도구, 광목천

놀이 지원

놀이의 시작

우리가 가는 숲에 가장 많은 수종 중 하나는 벚나무입니다. 벚나무는 계절 마다 화려함을 뽐내는 나무이기도 하고, 꽃이 화려하며 열매가 맺히면 곤충이나 새들이 많이 모여 가장 눈에 띄기 때문에 유아들에게 가장 좋은 놀이터가 되기도 합니다.

C: 벚나무는 엄청 크다. 내가 안으면 한 번에 안을 수가 없어.
나무껍질도 거칠거칠해. 나무에 점이 아주 많아. 루페로 관찰해 볼래.
꽃잎을 모아서 뿌리기 놀이도 해 보자.
나는 나무 위에 올라가 보고 싶어. 나뭇잎은 왜 많지 않은 걸까?
벚나무에는 새들이 자주 놀러와.
나무 주변에 개미도 엄청 많아. 개미들은 왜 자꾸 높은 나무에 올라가는 걸까?
선생님! 개미가 나무 위에 계속 올라가요. 왜 그러는 거예요?
T: 벚나무 주변에 개미가 많은가요?
C: 네~개미들이 벚나무 주변에 많아요.
올라가는 친구들도 있고, 나무 밑에도 많이 있어요
T: 개미들은 무엇을 하는 걸까요?
C: 벚나무에서 달콤한 향기가 나서 올라가는 것 같아요.
벚나무에 자기들 집이 있나 봐요.
아니야. 개미는 땅속에 집을 짓는다고 했어.
벚나무 위에 개미들이 좋아하는 게 있나 봐요.
개미가 벚나무에 왜 올라가는지 궁금해요.

하얀 꽃비가 내려요.

나무에 있는 이 점은 뭘까?

♣ 벚나무와 개미의 관계를 상상해 보고, '사이좋은 벚나무와 개미'의 이야기를 감상한다.

T: 벚나무와 개미는 어떤 관계일까요? 벚나무는 개미와 친구일까요?

C: 벚나무는 개미를 싫어할 것 같아요. 개미가 나무에 오르면 간지러우니까요.
벚나무는 개미를 좋아할 것 같아요. 왜냐면 개미가 오르면 재미있으니까요.
벚나무는 크니까 개미를 지켜 주는 거 아닐까요?
벚나무와 개미로 이야기를 만들어 보면 어때요?

T: 그러면 우리 같이 이야기를 만들어 볼까요?

사이좋은 벚나무와 개미

따뜻한 봄날 벚나무가 예쁜 꽃을 활짝 피우고 곤충 친구들을 기다리고 있어요. 진한 고동색 가지에 흰 꽃잎이 나풀거리는 모습은 누가 봐도 반할 정도로 멋있었고, 벚나무는 특히 예쁜 꽃이 자랑스러웠어요. 사실 이 꽃을 피우기 위해 벚나무는 지난 여름부터 열심히 노력했거든요. 꽃을 예쁘게 피우고 열매를 많이 맺어서 튼튼한 아기 벚나무를 많이 키우는 것이 벚나무의 꿈이지만 멋진 벚나무에게도 고민거리가 있어요. 무엇이냐고요? 날이 따뜻해지자 애벌레나 작은 벌레들이 모여들어 자꾸 벚나무 몸에 상처를 내는 거예요. 꽃을 많이 피우고 열매도 많이 맺으려니 상처를 치료할 힘이 부족해요. 고민하던 벚나무는 곤충들에게 도움을 요청하기로 했어요. 벚나무는 어떻게 했을까요?

T: 벚나무는 어떤 꿈을 가지고 있었나요?

C: 아기나무를 키우는 것이요.

T: 그런데 왜 고민에 빠졌나요?

C: 애벌레나 작은 벌레들이 벚나무를 자꾸 괴롭혔대요.

T: 벚나무는 누구에게 도움을 요청했을까요?

C: 개미요, 사마귀요, 새들이요.

벚나무 주변에 가 보면 누가 괴롭히는지 알 수 있지 않을까요?

뒷이야기는 어떻게 됐어요. 궁금해요.

우리가 벚나무 주변에 누가 오는지 지켜보고, 뒷이야기도 만들어요.

♣ 유아들과 팀을 나눠 벚나무를 관찰해 보고, '사이좋은 벚나무와 개미' 이야기를 완성한다.

T: 이야기를 만들어 보고 싶어 했는데 어떻게 하면 좋을까요?

C: 친구들과 팀을 나눠 해 보고 싶어요.

T: 팀은 어떻게 나누면 좋을까요?

(팀 나누기 예시 - 자연물 뽑기, 가위바위보, 같은 색깔을 가진 유아 등 / 유아들과 팀을 나누어 이야기 짓기 활동을 진행한다)

C: 우리 벚나무 주변에 누가 오는지 잘 지켜보도록 하자.
이야기는 어떻게 만들지?
개미가 벚나무를 도와주는 게 아닐까?
개미가 다 함께 작은 나뭇잎을 들고 가는 것을 봤어. 나뭇잎은 왜 가져가는 거지?
어떤 곤충이 올지 생각해 보자.
이야기를 만들면 어떻게 하지? 그냥 기억해 두면 될까?
선생님, 이야기를 그릴 수 있는 종이가 있으면 좋겠어요.

(유아들에게 자신들의 이야기를 표현할 수 있는 종이와 그리기 도구를 제공한다)

♣ 모둠별로 완성된 이야기를 숲에 전시해서 발표해 보고, 새롭게 발견한 것에 대해 이야기를 나눈다.

벚나무와 개미 놀이

T: 이야기가 잘 완성되었나요?

C: 벚나무에 나비랑 개미, 새들도 오고 사람들도 있어서 그걸로 이야기를 만들었어요.
우리 이야기는 만들었는데 친구들 이야기도 궁금해요.
서로 만든 이야기를 벚나무에게 들려주고 싶어요.
우리가 만든 이야기를 숲에 전시해서 궁금해하는 사람들에게 보여 주고 싶어요.

T: 이야기를 전시하고, 서로의 이야기를 감상하는 시간을 갖도록 해요.
(이야기 감상을 마친 후) 친구들의 이야기를 들어 보니 어땠나요?

C: 친구들의 이야기도 너무 재밌었어요.
이야기가 다 달라서 신기해요.

우리 이야기도 들어봤으니까 선생님이 들려준 마지막 이야기도 궁금해요.

T: 고민하던 벚나무는 힘센 곤충들에게 도움을 청하기도 했지만 해결이 되지 않았어요. 그래서 벚나무는 나뭇잎에 털을 만들었어요. 그러면 벌레들이 괴롭히기가 힘들 거라고 생각했거든요. 하지만 그걸로는 벌레들을 막기 힘들었어요. 그러던 어느 날 고민하던 벚나무 앞에 부지런한 개미가 나타나 벚나무와 힘을 합치기로 했는데요. 개미는 자신의 친구들을 데려와 벚나무를 괴롭히는 벌레들을 쫓아주고, 벚나무는 개미에게 필요한 달콤한 먹이를 나뭇잎 끝에 꿀주머니를 만들어 놓아주기로 했어요. 개미는 먹이가 생겼고, 벚나무는 괴롭히는 벌레들을 쫓을 수 있어서 서로 도움이 됐어요. 친구가 생긴 벚나무는 아주 행복하게 되었답니다.

내가 지켜줄게!

C: 개미가 어떻게 벌레들을 쫓아주죠?

개미가 콱 깨무는 것 아닐까? 병정개미들이 있으니 싸워 주는 거야.

나뭇잎 끝에 꿀주머니가 있다니 너무 신기하다.

나도 나뭇잎에 털이 있는 것을 봤는데 그게 벌레를 쫓는 거라니 나무가 엄청 똑똑해.

벌레들을 쫓아주는 개미들

♣ 벚나무와 개미는 어떻게 서로 도움을 주고받는지 생각해 본다.

T: 벚나무는 작은 개미가 도움을 준다고 했을 때 어땠을까요?

C: 벚나무는 개미가 도와준다는 것을 안 믿었을 것 같아요.
둘이 어떻게 말을 하는지 궁금해요.

T: 개미가 도와주지 않았다면 벚나무는 어떻게 되었을까요?

C: 벚나무는 아파서 쓰러졌을 것 같아요.
아무도 오지 못하게 해서 벚나무가 외로웠을 것 같아요.
지구에 있는 벚나무들이 모두 사라졌을 것 같아요.
다른 친구들도 서로 도움을 주고받나요?

T: 벚나무 주변에는 여러 가지 곤충들과 벌레, 새들이 모여들어요.
이렇게 자연에서는 혼자 살아가는 것이 아니라 서로 도움을 주고받으면서 살아가는 공생관계라는 것이 있답니다.

C: 벚나무 잎에 꿀주머니가 있는지 궁금해요.
나는 꿀주머니를 찾아볼 거야.
진짜 서로 도움을 주고받는지 알아보고 싶어요.
개미랑 벚나무 놀이도 해 봐요.

벚나무와 개미 놀이

1. 유아를 나누어 한 팀은 벚나무가 되고, 나머지는 개미들이 된다.
2. 벚나무 팀 한 명과 개미 팀 한 명이 나와 가위바위보를 한다.
3. 벚나무 팀이 이기면 개미가 벚나무 팀이 되어 벚나무를 지켜준다.
(개미: 나뭇가지로 벚나무 지키기)
개미 팀이 이기면 벚나무가 개미 팀이 되어 맛있는 먹이를 준다.
(벚나무: 꿀주머니가 있는 나뭇잎 들고 개미 팀으로 가기)
4. 자기 팀이 더 많아지면 이기게 된다.

확장놀이

▶ 벚나무 잎 반쪽 그림 그리기

벚나무의 꿀주머니를 찾아보고, 나뭇잎 반쪽 그림을 완성한다.

▶ 봄 나무 꾸미기

물감을 찍어 봄 나무의 모습을 다양하게 표현해 본다.

벚나무 이름 짓기

봄 나무 꾸미기

놀이 속 인성 키우기

* 존중 – 살아 있는 모든 생물들은 존중할 가치가 있음을 인식하고, 소중히 여긴다.
* 배려 – 자연의 필요와 요구에 민감하게 반응하고 공감한다.

선생님의 놀이 지원 Tip

- 벚나무 주변에 벌이 많으므로 관찰 시 벌에 대한 놀이를 진행해 유아들 스스로 조심할 수 있도록 지도하는 것이 필요하다.
- 벚나무는 높이가 높아 유아들 스스로 관찰이 어려우므로 관찰하는 장소에 놀이터가 있어서 올라가서 볼 수 있는 장소를 택하면 더 자세한 관찰을 할 수 있다.
- 꿀주머니에 대한 관심이 생기면 진짜 꿀이 있는지 궁금해해서 나뭇잎을 루페로 관찰해 보고, 직접 혀를 대어 먹어 본 후 꿀주머니에 대한 자연 다큐멘터리를 활용해 자세히 볼 수 있도록 한다.

7 목련 꽃놀이

시기 봄

놀이명 목련 꽃놀이

놀이 자료 관찰통, 나뭇가지, 숲 책상(광목천)

놀이 지원

놀이의 시작

자연에 눈뜨기 시작한 유아들은 등원하면서 만난 자연물들을 소중히 가져와 친구들과 공유하고 싶어 합니다. 길가에 떨어진 신기한 나뭇잎, 형형색색 아름다운 꽃들, 궁금증이 생기는 자연물이 생기면 소중히 챙겨 와 선생님, 친구들에게 보여 주고 자연물이 어디에 있었는지, 왜 이것을 보여 주고 싶었는지 도란도란 대화를 나누곤 합니다.

C: 유치원 차를 기다리는데 벚꽃이 예쁘게 떨어져 있어서 가방에 넣어 왔어요.
이걸로 미술영역에서 꽃 편지지를 만들고 싶어요.
나는 예쁜 꽃이 많았는데 따면 아플까 봐 인사해 주고 왔어.
T: 친구들 덕분에 교실에 봄꽃들이 놀러 오게 되었네요.
C: (목련 겨울눈 껍질을 보여 주며) 저는 꽃이 아니라 신기한 것이 있어서 가져왔어요. 눈 감고 손을 내밀어 봐.
으악! 느낌이 이상해~ 간질간질한데?
우와! 신기하다.
나는 좀 징그러운 것 같아.
이거 우리 집 앞에도 떨어져 있었는데….
T: 주변에 무엇이 있었는지 기억하나요?
C: 커다란 나무가 있었고, 하얀 꽃이 피어 있었어요.
이게 어디에 있는지 우리 같이 찾으러 가 봐요.

T: 숲을 돌아보고, 우리가 궁금해했던 나무를 찾아볼게요.

C: 친구들과 함께 찾아보고, 찾은 친구는 큰 소리로 외치기로 해요.

♣ 유아들과 숲으로 이동해서, 목련 나무를 관찰한다.

C: 털을 찾아보자.

콧수염 같기도 하고 껍질 같기도 했어.

나무는 얼마만큼 컸어?

나무는 굉장히 컸어. 아파트만큼 큰 것 같아.

그러면 아주 큰 나무를 찾아보자.

나뭇잎이 있었어? 뾰족한 나뭇잎이었어?

나뭇잎은 기억이 안 나. 하얀 꽃이 있었던 것 같기도 해.

여기다! 찾았다~

T: 왜 이 나무라고 생각했나요?

C: 나무가 아주 커요.

하얀 꽃이 있어요.

아까 봤던 털은 없는데….

선생님, 여기 나무 밑에 털이 있어요.

T: 아까 봤었던 것과 같은 것인지 비교해 봐요.

C: 만져 본 느낌은 비슷해요.

색깔이나 모양도 같은 것 같아요.

저기 나무 위에도 있어요. 아마 나무에서 떨어진 것 같아요.

왜 털이 있었을까?

털 모양을 오므리면 이런 모양이 되는데 안에 무언가가 들어 있었던 것 같아요.

T: 무엇이 들어 있었을까요?

목련 나무 밑을 볼까요?

털이 여기에도 있어요.

그 나무에 이 꽃잎이 있었어!

C: 밤처럼 맛있는 열매가 있었을 것 같아요.
곤충들의 집이 아닐까요?
털이 있는 것 보면 따뜻하게 해 주려고 한 것 같아요.

T: 맞아요. 이 나무의 이름은 목련인데 봄을 알려 주는 꽃이기도 해요. 추운 겨울 동안 봄을 준비한 목련 나무의 겨울눈은 동물처럼 털로 덮여 있어서 안에 있는 꽃이 얼지 않도록 도와줘요. 봄이 되어 날씨가 따뜻해지면서 꽃이 피기 때문에 털옷은 벗게 되는 것이죠.

C: 아~ 나무도 털옷을 입는다니 너무 신기해요.
이건 어떻게 만들지? 나무는 나뭇잎이랑 꽃만 있는 거라고 생각했어요.
이것 덕분에 예쁜 꽃을 피울 수 있었구나! 고마워~
꽃을 도와준 겨울눈에게 선물을 해 주고 싶어요.

T: 어떤 선물을 해 주면 좋을까요?

C: 겨울눈이 꽃을 안아 주고 있었으니 이번에는 꽃이 겨울눈을 안아 주면 좋겠어요.
가만히 있으려면 힘들었을 테니까 멀리 날려 보내 줘요.
배가 고플 것 같아요. 맛있는 밥상을 만들어 줘요.
꽃잎이 크니까 편지를 써서 겨울눈에게 선물해 줘요.

♣ 계획한 놀이를 준비하여 즐겁게 놀이한다.

- 신체놀이 – 꽃잎과 겨울눈의 역할을 정해 겨울눈이 꽃을 안아 주는 과정과 꽃이 피어나는 과정을 자유롭게 표현해 본다.
- 눈 날리기 시합 – 겨울눈을 수집해 크기에 따라 분류해 보고, 멀리 날릴 수 있는 방법을 다양하게 시도해 본다.
- 밥상 차리기 – 목련 꽃잎을 이용해 그릇을 만들고 자연물로 밥상을 차린다.
- 편지 쓰기 – 떨어진 목련 꽃잎에 나뭇가지를 이용해 그림이나 글로 고마운 마음을 표현한다.

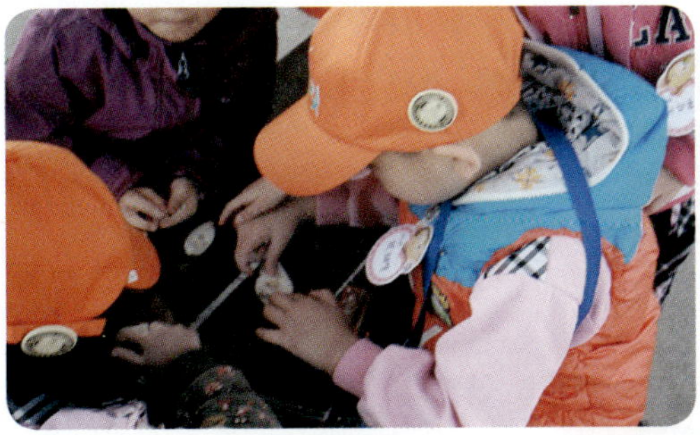

목련꽃에 손으로 쓱쓱~

짠~ 예쁜 토끼로 변신

목련꽃 그림 그리기

맛있는 꽃 밥상

맛있는 꽃 밥상!

맛있는 꽃 밥상

T: 목련과의 놀이는 어땠나요?

C: 하늘에서 내리는 눈이 아니라 겨울눈이 있다는 것이 신기했어요.

콧수염처럼 생겨서 유치원에 가져가고 싶어요.

목련 꽃잎이 촉촉했는데 자꾸 만지니까 갈색으로 변했어요.

글씨를 쓰니 천천히 나타났어요.

목련꽃이 봄꽃 중 제일 큰 것 같아요. 안에도 신기하게 생겼어요.

더 자세히 살펴보고 싶어요.

확장놀이

▶ 목련 꽃잎 수 세어 보기 – 목련 꽃잎을 떼어 준거에 맞춰 놓아 보는 놀이

(수 세기, 큰 것부터 작은 것, 가장 하얀 것부터 어두운 것 등)

▶ 목련 꽃잎 차 마시기 – 떨어진 목련 꽃잎을 주워 흐르는 물에 깨끗이 씻은 후 물기를 제거하고 끓여 놓은 찻물을 부어 3~5분가량 우려 낸 후 마셔 본다. 아무 맛도 나지 않으나 목련꽃의 향을 느낄 수 있다.

놀이 속 인성 키우기

* 존중 – 살아 있는 모든 생물들은 존중할 가치가 있음을 인식하고, 소중히 여긴다.
* 배려 – 자연의 필요와 요구에 민감하게 반응하며 공감한다.

선생님의 놀이 지원 Tip

- 목련꽃이 피었을 때 주변을 살펴보면 겨울눈이 벗겨진 것을 쉽게 발견할 수 있다.
- 목련꽃에 나뭇가지로 그림을 그리면 꽃 속 수분이 공기와 만나면서 갈색으로 변하게 된다. 비밀 그림처럼 서서히 생기는 변화를 관찰해 보고, 유아들의 작품을 전시할 수 있다.

8 민들레 홀씨 날리기

시기 봄

놀이명 민들레 홀씨 날리기

놀이 자료 자연관찰도서(민들레), 루페

놀이 지원

놀이의 시작

숲에 다녀오면 그날 본 자연물에 대한 호기심이 커져 좀 더 자세히 알고 싶어하는데, 자신들이 궁금해하는 것이 무엇인지 전달하기 어려워 답답해 할 때가 있습니다. 이럴 때 관심이 있는 주제의 동화를 함께 읽어 보고, 이야기를 정리하다 보면 지적 호기심이 풍부해지고, 알아보고 싶은 주제나 내용이 명확해집니다.『강아지 똥』동화를 읽던 중 마지막에 '강아지 똥'이 민들레를 안아 주어 꽃을 피우는 장면이 나옵니다. 여기에서부터 유아들의 호기심이 시작됩니다.

C: 선생님! 민들레가 필 때 '강아지 똥'이 필요한가요?
우리가 봤던 민들레에는 똥이 없었는데요.
'거름'이 뭐예요?
T: 거름이란 무엇일까요?
C: 민들레꽃에게 필요한 것일 것 같아요.
강아지 똥이 거름이 되어 주었다고 했어요.
처음에 꽃이 없었는데 강아지 똥이 안아 주니까 꽃이 생겼어요.
T: 민들레꽃이 피려면 무엇이 필요할까요?

C: 햇빛이요.
물이요.
바람이요.
흙이요.
씨앗이 있어야 해요.
강아지 똥이요.
우리 민들레꽃을 찾으러 가 봐요.
T: 민들레를 찾으려면 어디로 가야할까요?
C: 숲에도 있었어요.
유치원 앞에 있어요.
공원에도 많이 있던데!
햇빛이 잘 드는 곳에 있었어요.
우리 같이 민들레를 찾으러 가요.

어? 꽃이 피었다!

강아지 똥이 민들레를 안아 주었어

♣ 자연에서 볼 수 있는 민들레를 충분히 관찰해 본다.

C: 민들레가 피어난 곳이 많아요.
이 민들레는 곧 꽃을 피울 건가 봐요. 꽃봉오리가 생겼어요.
민들레는 꽃잎이 왜 이렇게 많지? 이게 전부 꽃일까?
이 동그란 건 뭐야? 이것도 민들레인가?

T: (민들레 씨앗을 보며) 이것은 무엇일까요?

C: 이거 공원에서 해 봤어요.

솜사탕같이 생겼어요.

T: 이건 민들레일까요? 왜 그렇게 생각했어요?

C: 민들레가 피었던 자리에 생겼어요.

민들레랑 잎이 똑같아요.

모양이 동그란 게 비슷한 것 같아요.

할머니가 민들레라고 설명해 주셨어요.

그런데 이건 꽃이 아니잖아.

아까 하늘 위로 날아가는 것을 봤어.

날아간다고? 어디로 가는 거지?

우리도 날아가는지 직접 해보고 싶어요.

T: 그런데 멀리 날아가는지 보려면 어떻게 해야 할까요?

C: 우리가 엎드려서 해 봐요.

선풍기를 틀어서 날아가게 해 봐요.

민들레를 꺾어야 할 것 같아요.

살아 있는데 꺾으면 안 돼. 꽃은 꺾는 게 아니야.

해도 되는지 민들레에게 물어보자.

민들레야, 너를 꺾어서 해 봐도 되니?

T: 민들레가 어떻게 대답할 것 같나요?

C: 안 된다고 할 것 같아요.

멀리 가고 싶다고 할 것 같아요.

아프지 않게 살살 해 달라고 할 것 같아요.

같이 놀자고 할 것 같아요.

T: 그러면 민들레에게 같이 놀자고 말하고, 조심히 다뤄서 민들레를 후~하고 보내 줄까요? 이 놀이에서 조심해야 하는 것은 무엇일까요?

민들레야! 반가워~

꽃잎이 도대체 몇 개야?

C: 친구랑 같이 해요.
친구 얼굴로 불면 안돼요.
어디로 날아가는지 잘 살펴봐요.

민들레 찾으러 가자~

♣ 민들레 홀씨 날리기 놀이를 해 본다.

후~ 멋진 꽃을 피우렴

T: (민들레 홀씨를 찾아보고) 자~ 하나, 둘, 셋! 하면 날려볼까요?
민들레 홀씨가 어디로 날아가고 있나요?

C: 민들레는 어디로 날아가는 거지?
후~하고 부니까 갑자기 여러 개로 변신했어.
하나만 뜯어서 관찰해 보자.
엄청 가벼워서 둥둥 떠다녀,
모기가 날아가는 것 같아.
꽃이 어떻게 저런 모습으로 변한 거지?
누가 더 멀리 날아가게 하나 시합해 보자.

선생님, 이것 보세요.

민들레 줄기는 구멍이 뻥 뚫려 있어요.

꼭 빨대같이 생겼어요.

개나리도 나뭇가지가 구멍이 뚫려 있었는데 식물들은 다 구멍이 뚫려 있나 봐요.

T: 민들레로 놀이해 보니 궁금증이 더 많아졌네요.

C: 네~ 민들레가 더 궁금해요.

민들레에 대한 책이 있으면 보고 싶어요.

T: 민들레에게 궁금한 점은 무엇인가요?

C: 민들레로 할 수 있는 놀이는 또 어떤 것이 있나요?

민들레는 먹을 수 있나요?

민들레는 씨앗을 어떻게 만들어요?

민들레에도 꿀이 있나요?

민들레는 꽃잎이 왜 이렇게 많아요?

민들레는 멀리 날아가서 어디로 가나요?

내가 멀리 보내 줄게~

♣ 민들레에 대한 자연도서를 읽어 보고, 민들레에 대한 궁금증을 해결한다.

확장놀이

- 민들레와 같은 번식방법을 가진 식물 찾아 분류하기
- 민들레 줄기를 이용한 비눗방울 불기 놀이

  민들레 줄기 끝을 十모양으로 자른 다음 비눗물에 넣어 비눗방울을 만들 수 있다.
- 민들레 이야기 꾸미기

  민들레 접기를 해 보고, 날아간 씨앗이 어떻게 되었을지 상상하여 이야기를 만들어 본다.
- 민들레꽃으로 친구에게 사랑 표현하기

  민들레꽃을 물 위에 띄우고, 친구에게 사랑의 말(사랑해, 고마워, 축복해 등)을 전한다.

놀이 속 인성 키우기

* 소통 – 다른 사람의 생각을 듣고 반응해 주며 자신의 생각을 이야기하여 서로 의견을 조율하여 본다.
* 나눔 – 남을 도우려는 마음이 스스로 우러나와 아무런 대가를 바라지 않고 친구에게 도움을 준다.

선생님의 놀이 지원 Tip

- 자연에 있는 식물들은 살아 있다. 하지만 꽃이나 나뭇잎, 열매 등은 일정한 시간이 지나면 자신의 역할을 다하고 흙으로 돌아가게 된다. 숲에서의 놀이는 유아들이 자연물로 놀이하는 것에 대해 즐거움을 느끼면서도 존중하는 태도를 자연스럽게 가질 수 있다. 우리가 함부로 꽃을 꺾거나 곤충들을 괴롭히는 등 자연을 소중하게 대하지 않는 것은 바르지 않은 행동이지만 놀이를 하거나 꼭 필요한 경우에는 채집을 할 수 있도록 한다. 다만 독이 있거나 위험한 자연물도 있으니 주변 환경을 살피고, 선생님이나 부모님과 함께 놀이하도록 한다.

9 똑똑한 애벌레

시기 봄

놀이명 똑똑한 애벌레

놀이 자료 광목천 2개, 신호악기, 지끈 애벌레, 클레이 또는 찰흙

놀이 지원

놀이의 시작

숲으로 가면서 유아들의 많은 눈과 귀는 쉬지 않고 움직입니다. 숲에 도착하기 전에 자신이 찾은 것을 살펴보고 인사하느라 숲으로 들어가는 일은 쉽지 않을 때가 종종 있습니다. 자연에서 놀이하는 우리는 화려한 장난감보다 작은 돌멩이, 지나가는 개미 한 마리도 지나치지 못할 때가 있어서 친구들과 손을 잡고 걷다 보면 어느새 삼삼오오 앉아 이야기꽃이 펼쳐집니다.

C: 이 돌멩이 색깔 좀 봐~ 보석처럼 반짝거려.
여긴 구멍이 왜 있는 걸까? 이 구멍 속에는 뭐가 있지?
엇! 무당벌레다. 무당벌레에 날개가 있어.
선생님! 이것 보세요. 초록색 나뭇잎 위에 벌레가 있어요.
T: 그러네~ 이 작은 벌레는 누구지?
C: 애벌레 같아요. 몸이 초록색이고 꿈틀꿈틀해.
나뭇잎을 갉아먹고 있어요.
초록색 나뭇잎을 먹어서 몸이 초록색인가?
얘는 누구의 애벌레지?
주변에 다른 애벌레가 있는지 찾아보자.

여기 애벌레들이 살고 있다고
써 있어요

내가 애벌레가 되어 볼래,
눈이 잘 안 보인다고 했어

♣ 애벌레를 찾을 수 있는 환경을 생각해 보고, 놀이에 대한 계획을 세운다.

T: 오늘 애벌레를 찾아보고 싶다고 했는데 애벌레는 어디에 있을까요?

C: 아까 우리가 찾은 것처럼 나뭇잎 위에 있지 않을까요?

벌레니까 흙 속에 있을 수도 있어.

나뭇잎을 갉아먹은 흔적을 찾으면 될 것 같아.

나는 나무껍질에 붙어 있을 것 같아.

엄마 벌레랑 같이 있을 테니까 나비나 무당벌레를 찾으면 되지 않을까?

선생님, 애벌레를 찾으면 어떻게 해요? 손으로 잡아 오나요?

T: 어떻게 하면 좋을까요?

C: 선생님을 불러요.

나뭇잎을 좋아하니까 나뭇잎을 대 주면 그 위로 올라올 것 같아.

그냥 손으로 잡으면 안 되나? 난 잡을 수 있을 것 같아.

나뭇가지로 집으면 될 것 같아.

T: 애벌레는 살아 있는 생명이니까 애벌레가 다치지 않는 방법으로 조심히 데려오거나 친구들을 부르도록 하면 어떨까요?

C: 네, 좋아요.

우리가 데려온 애벌레가 좋아하는 먹이들을 준비해 주면 좋겠어요.

애벌레를 데려오는 팀과 애벌레가 좋아할 만한 곳을 만드는 팀으로 나눠요.

각자 하고 싶은 팀을 하면 좋겠어요.

T: 하고 싶은 팀을 이야기해 볼까요?

♣ 숲을 탐색하며 애벌레를 찾아본다.

(애벌레 찾는 팀과 애벌레의 집 꾸미기 팀으로 나눠 진행)

C: 애벌레가 어디 있을까?

새들이 애벌레를 먹는다고 했어. 새들이 있는 곳에 애벌레가 있을 거야.

우리 같이 애벌레를 찾아보자.

난 땅을 파 볼 거야. 여기 애벌레가 있을 것 같아.

선생님 애벌레가 왜 이렇게 꽁꽁 숨어 있는 거예요? 잘 안 보여요.

우리랑 숨바꼭질을 하는 걸까요?

T: 천천히 봤는데도 찾을 수 없었어요? 왜 안 보이는 걸까?

C: 우리가 새가 아니라서 그래. 새들은 높은 곳에서 보니까 잘 찾는 거 아닐까?

우리가 새가 되어 봐요. 그럼 애벌레는 잘 찾을 수 있을 것 같아요.

♣ 애벌레 잡기 놀이를 해 본다.

애벌레 잡기 놀이

1. 팀을 두 팀으로 나누어 좋아하는 새 이름으로 팀명을 정한다.
2. 새에 대한 이야기를 들려주고, 놀이 방법을 함께 정한다.
(숲속에 귀여운 직박구리 엄마 새와 딱따구리 엄마 새가 살고 있었어요. 두 새에게는 귀여운 아기 새들이 있었는데 태어난 지 얼마 안 된 아기 새들은 아직 날기 연습을 하는 중이라 먹이를 찾을 수가 없어요. 엄마 새가 둥지로 애벌레를 잡아다가 줘야 하는데 엄마 새는 애벌레를 잘 찾을 수 있을까요?)
3. 신호에 맞춰 출발한 새들은 애벌레를 찾아 돌아온다.
4. 먼저 애벌레를 찾아 돌아온 팀이 이기게 된다.

애벌레 잡기 놀이

애벌레 잡기 놀이

애벌레 잡기 놀이

T: 놀이는 즐거웠나요? 직접 새가 되어 보니 어땠어요?

C: 신나게 달려 보니 기분이 좋았어요.
새들은 진짜 날 수 있으니 좋을 것 같아요.

T: 애벌레는 잘 찾을 수 있었나요?

C: 역시 새가 되니 애벌레 찾기가 너무 쉬웠어요.
진짜 애벌레가 아니니까 잘 찾은 거야.

T: 그럼 우리가 찾은 애벌레를 살펴볼까요?

C: 우리가 찾은 애벌레 엄청 많아요.

T: 애벌레의 색깔은 어때요?

C: 빨간색, 노란색, 보라색 알록달록해요.

T: 이번에는 우리가 데려오지 않은 애벌레를 살펴볼까요?

C: 갈색이요. 초록색이요.

T: 왜 이 색깔들만 남았을까요?

C: 난 빨강색이 잘 보였어.
그냥 제일 먼저 보이는 것을 가져왔는데….
난 갈색이 싫어서 그랬어요.
아, 잘 안 보이게 하려고 저 색을 한 거 아니예요? 잡아먹히기 싫어서요.

애벌레 만들기

초록 잎을 먹으니까 초록색 애벌레도 있어

T: 맞아요. 새들은 애벌레나 나무 열매 등을 먹고 사는데 봄에는 나무 열매들이 많지 않아서 애벌레를 먹고 살아요. 하지만 애벌레는 새들한테 잡아 먹히고 싶을까요?

C: 아니요. 무서울 것 같아요.
새 부리로 찍으면 너무 아플 것 같아요.
새들은 몸집이 크고 애벌레는 작아요. 날개도 있어서 엄청 빠르잖아요.
하지만 새들도 애벌레를 못 먹으면 죽어요.

T: 맞아요. 새들에게 애벌레나 열매가 먹이이듯 애벌레들은 식물의 잎을 아주 좋아해요. 그래서 맛있는 잎들을 먹고 살기 때문에 연두색이나 나뭇잎의 색을 가진 애벌레들이 많아요. 만약에 식물의 잎을 먹고 있는데 노란색이나 빨간색이면 어떻게 될까요?

C: 새들이 잘 잡아먹을 거예요.
예뻐서 데려갈 것 같아요.

애벌레 만들기

T: 너희 생각대로 새들이 애벌레를 보고 잘 잡아먹을 거예요. 그런데 나뭇잎과 비슷한 색깔이면 새들이 잘 모르게 숨어서 잎들을 먹을 수 있겠지요. 새들은 애벌레를 잘 잡기 위해 뾰족한 부리와 발톱, 잘 보이는 눈을 가지고 있고 애벌레는 안 잡아 먹히기 위해 자신을 보호하는 보호색으로 태어나는 경우가 많아요.

C: 아, 그래서 우리도 애벌레를 못 찾은 거구나.
애벌레들도 참 똑똑해.

T: 애벌레는 어떻게 태어나는지 알고 있나요?

C: 나비나 벌, 곤충들이 알을 낳는 거라고 했어요.

T: 맞아요. 그래서 엄마가 알을 낳을 때 잡아먹히지 않도록 안전한 곳에서 자라게 하기 위해 여러 가지 방법을 사용한대요. 너희가 엄마라면 애벌레를 어디서 어떻게 키울까요?

C: 아주 작게 낳아서 눈에 안 보이게 할래요.
나뭇잎이랑 똑같은 색깔을 할 거예요.
나무에 구멍을 뚫어 거기다 안전하게 두고 매일 맛있는 나뭇잎을 주고 싶어요.
저는 매일 등에 업고 데리고 다닐래요.
나뭇잎에 돌돌 말아 숨겨 놓을래요.
우리가 애벌레를 만들어 잡아먹히지 않도록 숨겨 놓고 싶어요.

T: 그러면 무엇으로 애벌레를 만들까요?

C: 클레이나 찰흙이요. 나뭇잎이랑 열매도 사용하고 싶어요.

♣ 유아들과 애벌레를 만들어 자신이 안전한 장소라고 생각한 곳에 놓아 본다.

확장놀이

▶ 알에서 성충으로 자라는 곤충의 성장과정 알아보기

▶ 새들의 애벌레 잡기 놀이

새 모형에 실과 자석을 달아 먹이를 잡아 보는 놀이

▶ 자연물 애벌레 도장 찍기

– 관찰한 애벌레를 그려 보고, 식물의 즙을 이용해 애벌레를 채색한다.

자연물 애벌레 도장 찍기

자연물 애벌레 도장 찍기

새들의 애벌레 잡기

새들의 애벌레 잡기

놀이 속 인성 키우기

* 질서 – 놀이를 안전하게 할 수 있도록 질서를 지키며 놀이할 수 있다.
* 존중 – 생명과 환경에 대해 관심을 갖고 소중하게 생각하며 존중하는 마음을 갖는다.

선생님의 놀이 지원 Tip

- 애벌레를 찾을 때 유아들이 다양한 벌레들을 찾게 된다. 애벌레가 아니더라도 자연을 천천히 들여다보고, 발 맞춰 어울리는 것에 흥미를 느끼게 될 것이다.
- 애벌레는 지끈을 이용해 만들거나, 유아들과 직접 만들어 놀이에 활용할 수 있다.
- 나뭇잎이나 나뭇가지 등으로 애벌레가 있는 공간을 꾸며 볼 수 있다.

10 자연물 달팽이 만들기

시기 봄

놀이명 자연물 달팽이 만들기

놀이 자료 달걀판 2개, 광목천, 가위, 관찰 도구

놀이 지원

놀이의 시작

처음 숲에 갔을 때 어떻게 놀이할지 몰라서 고민하던 아이들도 이제는 선생님에게 의지하지 않아도 자유롭게 놀이하는 게 익숙해질 즈음 숲에 가면 채집, 수집부터 시작하는 아이들이 있습니다. 숲 책상(광목천)을 펼쳐 두면 숲을 돌아다니며 여러 가지 색이 있는 자연물, 신기한 모양의 돌, 솔방울, 나뭇가지, 도토리 깍정이 등을 한가득 모아 우리만의 놀이가 시작됩니다.

C: 여기 솔방울이 아주 많아. 솔방울 많이 주워야지.
나는 신기한 열매를 찾았어. 색깔이 주황색인데 바닥에 떨어져 있어서 이걸 가져갈 거야.
나는 신기한 나무를 찾았어. 이걸로 집을 지을 거야.
여기 꽃이 많이 있는데 색깔이 너무 예쁘다. 조금만 가져가도 될까?
T: 이렇게 많은 자연물을 어디서 찾았나요?
C: 저쪽 나무에서 찾았어요.
숲에는 놀 게 아주 많아요.
나는 친구들이 안 찾은 것을 찾아보고 싶어요.
우리 누가 더 신기한 것을 많이 찾는지 대결해 보도록 하자.

자연물 찾기

대결

♣ 숲을 탐색하며 새로운 자연물을 찾아 수집해 본다.

T: 주변에 있는 자연물 중에서 가장 마음에 드는 것을 가져와서 어떻게 할까요?

C: 자기가 잘 가지고 있어요.

팀별로 가져온 것을 모아 두면 좋겠어요. 들고 다니기 힘들어요.

우리 것을 다른 친구들이 보지 않게 지키는 사람도 필요해요.

그런데 너무 많이 가져오면 안 될 것 같아요.

T: 개수를 정하도록 할까요? 한 팀당 몇 개면 좋을까요?

C: 10개요. 100개요.

100개는 너무 많아. 그건 선생님이 정해 주세요.

얼마만큼 필요한지 잘 모르겠어요.

T: 대결을 할 시간도 필요하니까 한 사람당 2개씩 가져와서 30개를 뽑도록 해요.

선생님이 계란판을 놓아 줄 테니 이곳에 놓는 것으로 할게요.

그런데 모아 왔을 때 비슷한 것이 있으면 어떻게 할까요?

C: 대결을 해야 하니까 다시 찾아오도록 해요.

T: 숲에서의 약속을 기억해 볼까요?

C: 선생님이 보이지 않는 곳까지 가지 않고, 버섯은 만지지 않아요.
너무 큰 것도 가져오지 않아요.
살아 있는 동물이나 곤충도 안 될 것 같아요.
선생님이 "모여라!"라고 외치면 모두 모이는 것으로 해요.

♣ 유아들과 '자연물 달팽이 만들기' 놀이를 한다.

자연물 달팽이 만들기

T: 선생님은 너희들이 자연물을 찾아오는 동안 귀여운 달팽이 한 마리를 만났는데 달팽이를 데려올 수는 없어서 먼저 귀여운 달팽이 몸을 만들고 있었어. 그런데 혼자하려니 다 채울 수가 없었어요. 어떻게 하면 좋을까요?

C: 우리가 집을 만들어 줘요.
찾아온 자연물로 집을 만들어요.

T: 대결을 한다고 했는데 어떻게 집을 만들죠?

C: 한 명씩 우리가 찾은 자연물을 집 모양으로 놓아요.
재밌겠다. 한번 해 봐요.

1. 가위바위보로 먼저 시작할 팀을 정한다.
2. 달팽이 몸 위에 자연물로 시작점을 찾는다.
3. 팀에서 한 명이 나와 자연물을 놓고, 찾은 자연물의 특별한 점(크기, 모양, 색깔, 닮은 것, 새로운 점 등)을 이야기하고 집 모양으로 줄 지어 놓는다.
   예) 내가 찾은 것은 돌멩이인데 하트 모양이라 너무 귀여웠어.
   난 바늘처럼 생긴 나뭇잎을 찾았어.
   나는 솔방울을 찾았는데 모양이 우리 코 같아.
   (같은 자연물을 놓더라도 자신이 찾은 이유나 자연물의 특별한 점을 다양하게 표현하도록 격려한다)
4. 자연물 놓기를 반복하고, 우리가 만든 것을 함께 감상한다.

자연물 달팽이 만들기

달팽이를 찾았어요

자연물 달팽이 만들기

T: 친구들과 함께 한 놀이가 어땠나요?
C: 같은 나뭇잎도 비슷하지만 다른 점이 있었어요.
나는 못 봤는데 다 함께 찾으니 신기한 것이 많았어요.
대결이었는데 둘 다 잘해서 더 좋았어요.
특별한 점을 찾아보니까 더 자세히 볼 수 있었어요.
커다란 달팽이로 모양을 완성하니 더 재밌었어요.
T: 숲에 다양한 자연물들이 서로 모습도 다르고, 저마다의 특별한 점이 있어서 선생님도 신기했던 것 같아요. 우리가 찾은 자연물들은 어떻게 할까요?
C: 우리가 함께 한 놀이니까 사진으로 찍어 주세요.
그대로 놓고 다른 사람들도 보게 하고 싶어요.
숲속 친구들이 놀 곳이 없어지니까 제자리에 돌려주고 싶어요.
우리도 놀고 싶은데 특별한 것은 교실로 가져가면 안 될까요?

♣ 계란판에 우리가 찾은 자연물들 중 가져갈 것을 정해 넣고, 나머지는 제자리에 돌려 놓는다.

확장놀이

▶ 자연물 얼굴 꾸미기

동그라미가 그려진 종이에 자연물을 활용하여 나의 눈, 코, 입, 머리카락 등을 꾸며 본다.

▶ 자연물 찾기 놀이

계란판에 작은 자연물을 6~7개 숨겨 놓고 고깔로 가린 다음 숨겨진 자연물을 찾는다.

자연물 얼굴 만들기

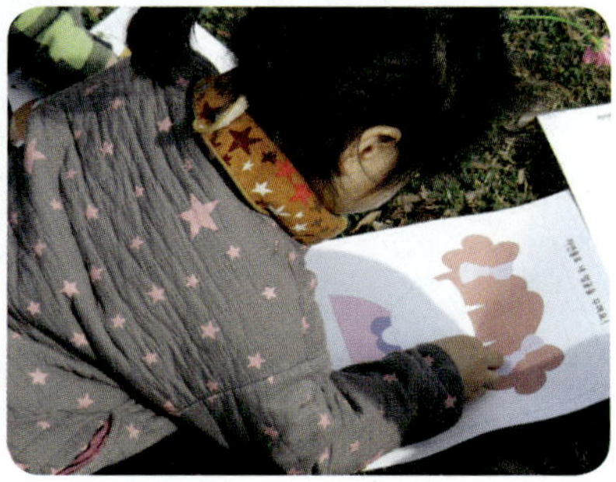

자연물 얼굴 만들기

놀이 속 인성 키우기

* 존중 – 자연환경과 자연물에 대해 관심을 갖고, 가치를 소중하게 여긴다.
* 협력 – 다른 사람과 함께 힘을 합하여 서로 돕는다.

선생님의 놀이 지원 Tip

- 주변의 식물이나 자연물의 모양이나 색깔 등 가지고 있는 특징에 집중하여 관찰할 수 있도록 하고, 자신만의 의미를 부여해 봄으로써 새로운 탐구 방법에 흥미를 가질 수 있다.
- 함께 작품을 만들어 완성한 후 땅에 그림을 자유롭게 그려 보고, 거기에 자연물을 넣어 완성하는 놀이로도 연계할 수 있다.

CHAPTER 9.

여름

1 메타세쿼이아 열매 소탕 작전

시기 여름

놀이명 메타세쿼이아 열매 소탕 작전

놀이 자료 광목천, 루페

놀이 지원

놀이의 시작

여름이 되어 숲이 울창한 나무들로 가득 차면 나뭇잎이 만들어 준 그늘에 앉아 놀이하는 아이들이 가장 큰 관심을 보이는 것은 솔방울입니다. 유아들이 솔방울이라고 부르는 것의 실제는 소나무의 열매도 있지만 잣나무 열매나 공원에서 가장 많이 접하는 스트로브잣나무 열매, 또는 메타세쿼이아 열매입니다. 크기나 모양이 조금씩 달라서 나름대로 별칭을 지어 부르기도 하고, 놀이에 활용도가 매우 높습니다.

C: 나는 솔방울이 좋아. 공 같기도 하고, 멀리 던져 보고 싶어.
나는 기다란 솔방울을 찾았어. 네가 찾은 솔방울보다 크지?
나는 솔방울을 정말 많이 주웠어. 이걸로 높이 쌓기 놀이를 할 거야.
우리는 소꿉놀이 할 때 맛있는 요리를 만드는 재료로 쓸 거야.
나는 아주 작은 솔방울을 찾았어! 이거 너무 귀엽지?
어? 이건 솔방울이 아니야. 너무 작아.
선생님, 이건 솔방울이 아니죠?

T: 왜 솔방울이 아니라고 생각했어요?

C: (솔방울을 보여 주며) 다르잖아요. 너무 작아요.
색깔은 비슷한데 크기도 다르고, 이 열매 어디에서 찾았어?
거기로 가 보면 이게 솔방울인지 아닌지 알 수 있지 않을까?
거기로 같이 가 보자.

♣ 메타세쿼이아 나무와 열매를 찾아보고, 그 특징을 파악해 본다.

내가 더 많이 찾을 거야

C: 여기에 작은 솔방울이 있다.
아까 찾은 열매와 똑같은지 봐요.
이 나무는 엄청 크다.

T: 이 나무를 본 적이 있나요?
이 나무는 어떤 특징을 가지고 있나요?

C: 키가 커요.
너무 높아서 잘 안 보여요.

T: 맞아요. 이 나무는 키가 아주 크죠? 공룡이 살았던 시대부터 살았던 아주 오래된 나무이고, 그래서 사람들은 공룡나무라고 하기도 해요. 진짜 이름은 메타세쿼이아 나무예요. 이름이 아주 어렵지요.

너는 누구니?

C: 공룡들은 키가 크니까 나무도 키가 크구나.
브라키오사우루스가 이 나뭇잎을 먹었을 것 같아요.

T: 또 어떤 점을 찾았나요?

C: 같은 나무들이 모여 있어요.
나무에 기다란 줄(수피 무늬)이 있어요.

T: 어떤 모양의 잎이 있나요?

C: 작은 잎들이 여러 개 나 있어요.
잎이 연두색이에요.
바닷속 물풀하고 비슷하게 생겼어요.
(바닥에 떨어져 있는 나뭇잎이 있는지 살펴본다)

공룡 나무야! 너는 공룡을 봤겠네, 부러워~

T: 소나무 잎은 어떻게 생겼나요?

C: 소나무는 뾰족했어요. 바늘 같이 생겼어요.
소나무는 잎이 초록색이에요.
키가 이렇게 크지 않았어요.

T: 열매도 찾아볼까요?

C: 동그래요. 작은 축구공 같아요.
입술 모양 같기도 해요.
우리 메타세쿼이아 열매를 주워서 재미있게 놀아요.

♣ 메타세쿼이아 열매를 수집해서 놀이에 활용한다.

메타세쿼이아 열매 소탕 작전

우리가 찾은 열매를 모으자

1. 놀이(메타세쿼이아 열매 소탕작전)를 소개한다.

T: 우리가 다 함께 모은 열매를 한 곳에 모아 볼까요? 너희들이 모은 열매를 선생님이 모두 가져서 너희는 하나도 없게 되었어요. 선생님의 열매를 다시 가져가려면 어떻게 할까요?
오늘의 놀이는 가위바위보를 사용할 거예요!
친구들이 알고 있는 가위바위보는 어떻게 하는 게임인가요?
C: 주먹, 가위, 보를 내는 거죠.
T: 우리는 손이 아닌 온 몸을 이용하여 가위바위보를 해 볼 거예요.
바위는 손으로 주먹을 쥐는 것으로 표현했어요.
몸으로 할 때는 어떤 동작으로 하면 좋을까요?
(가위바위보를 몸동작으로 바꾸고 여러 번 연습해 본다)

2. 팀을 결정한다.
- 두 명씩 짝을 지어 가위바위보 중에서 보자기와 주먹만 내서 보자기 팀과 주먹 팀으로 나눈다.

3. 팀에서 한 명씩 나와 몸으로 하는 가위바위보를 한다.
T: 이제 바위 팀과 보자기 팀에서 한 명씩 나와서 서로 온몸 가위바위보를 해서 이긴 팀이 열매를 가져가는 거예요.
〈가위로 이긴 경우 – 2개, 바위로 이긴 경우 – 3개, 주먹으로 이긴 경우 – 5개 〉

4. 직접 놀이를 해 본다.

5. 게임이 끝나면 팀별로 대표가 나와 열매를 한 개씩 세어 본다.

6. 어떤 팀이 열매를 많이 모았는지 이야기해 본다.

내가 이길 거야

몸으로 하는 가위바위보 만들기

T: 오늘은 메타세쿼이아 열매로 했는데 또 어떤 열매로 가위바위보를 해 보면 좋을까요?

C: 솔방울이요. 돌이요. 나뭇잎이요.
엄마, 아빠랑 집에서 해 보고 싶어요.
유치원에서도 해 보면 재밌을 것 같아요. 가져가서 놀이하고 싶어요.
재미있는 만들기도 소개해 주세요.

확장놀이

▶ 메타세쿼이아 반지, 팔찌 만들기

메타세쿼이아 열매로 조형 활동을 준비하여 열매에 끈을 매달아 팔찌를 만들거나 빵 끈을 이용하여 반지를 만들어 본다.

▶ 메타세쿼이아 열매 꾸미기

열매를 이용하여 자신이 표현하고 싶은 것을 자유롭게 표현할 수 있다.

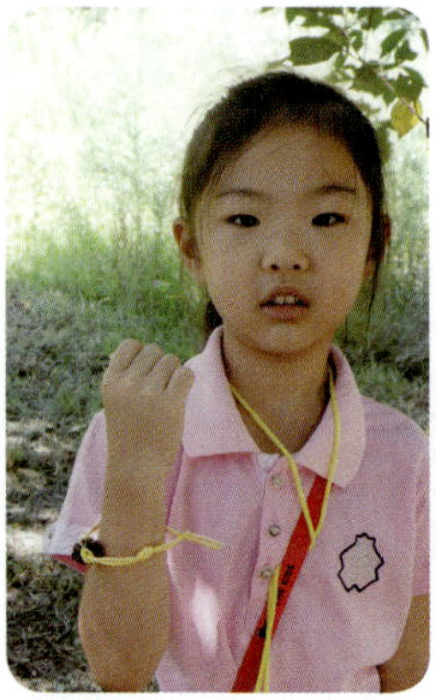

메타세쿼이아 팔찌 만들기

메타세쿼이아 열매 꾸미기

놀이 속 인성 키우기

* 존중 – 자연환경과 자연물에 대해 관심을 갖고, 가치를 소중하게 여긴다.
* 협력 – 다른 사람과 함께 힘을 합하고 서로 돕는다

선생님의 놀이 지원 Tip

- 연령별로 활동의 수준을 고려하여 열매 개수를 달리하여 활동하여도 좋고, 어린 연령은 일반적인 가위바위보로 해도 좋다.
- 대그룹 놀이를 진행한 후 소그룹으로 할 수 있는 놀이를 소개해 주면 놀이를 점차 발전시켜 더 다양한 놀이를 할 수 있다.
- 놀이가 익숙해지면 열매를 서로 빼어올 수 있는 미션을 더하여 놀이에 대한 몰입을 높이고, 다양한 수학적인 접근이 가능하다.
- 4월~5월 사이에 메타세쿼이아 나무 근처에서는 열매를 많이 볼 수 있다. 아이들과 메타세쿼이아 열매를 많이 주워 놓았다가 일 년 내내 만들기나 꾸미기 활동을 할 때 활용하면 좋다. 메타세쿼이아 열매를 주워 와서 전자렌지에 30초가량 돌려 안에 있는 미생물이나 작은 벌레들을 없애야 오랜 기간 보관할 수 있다.

2 숲 음식점에 놀러 오세요

시기 여름

놀이명 숲 음식점에 놀러 오세요

놀이 자료 자연물, 광목천, 그릇, 식기, 간판, 나무 조각

놀이 지원

놀이의 시작

유치원 작은 텃밭에 아이들이 직접 키우는 농작물들도 여름이 되어 열매를 맺게 됩니다. 작은 모종부터 시작하여 매일 올라가 물도 주고, 잡초도 뽑아 주며 아끼던 상추, 고추, 방울토마토, 가지 등을 수확할 즈음 유치원에서는 우리들의 그린 판매 놀이가 열립니다. 직접 키운 농작물을 사고파는 경험을 위해 가게를 만들고, 가게의 물건을 진열했던 기억을 되살려 숲에서도 자연스럽게 가게 놀이를 재현해 보았습니다.

C: 그린 판매 놀이 진짜 재밌었지?
나는 상추를 엄청 많이 팔았어.
마트에서 본 것처럼 1+1으로 파니까 친구들이 많이 사가더라고~
나는 콩을 샀는데 콩이 너무 많아서 바구니가 무거웠어.
그런데 채소 파는 곳만 있어서 아쉬웠어.
맞아. 옥수수 파는 가게처럼 음식을 먹을 수 있는 가게도 있으면 좋을 것 같아.
T: 그린판매가 기억에 남았었구나.
새로운 가게를 만든다면 어떤 가게를 하고 싶나요?
C: 음식점을 만들고 싶어요.
우리가 직접 요리를 해 보면 좋겠어요.

T: 어디에서 하면 좋을까요?
그리고 필요한 것들은 어떻게 구할까요?
C: 교실에서도 할 수 있어요.
교실에서는 많이 해 봤잖아.
숲에 가서 해요. 숲은 넓고 큰 소리로 이야기해도 되고, 우리가 필요한 것을 만들 수도 있을 것 같아요.
우리 숲으로 가요.

♣ 유아들과 음식점 놀이를 계획하고, 준비할 것을 생각해 본다.

〈사전 활동 - 모둠 조원, 숲에서 하고 싶은 가게, 만들기 방법, 필요한 재료, 교환방법(화폐나 카드), 놀이 순서(손님, 가게 주인 역할) 등은 교실에서 토의를 통해 결정한다.〉

- 우리가 음식점을 만들려면 어떤 것이 있어야 할까요?
- 우리가 할 수 있는 일은 무엇일까요?
- 자연물로 만들 수 있는 요리는 어떤 것이 있을까요?
- 어떤 재료를 사용할까요? / 미리 준비할 것은 무엇이 있을까요?

우리들의 가게 간판도 만들었어요

재미있는 동전 만들기

♣ 숲으로 이동해 조별 활동영역을 정하고, 유아와 함께 숲 주변을 돌아보면서 놀이에 쓸 수 있는 재료를 수집해 본다.

C: 그릇은 어떻게 하면 좋을까?

나뭇잎 큰 것을 접시로 하는 건 어때?

음식을 만들어 어디에 놓을까요?

우리는 이 통나무를 식탁으로 하기로 하자.

손님이 오면 어떻게 말하지?

어떤 음식을 만들까?

〈나뭇잎 꼬치, 흙 도너츠 등 실제 요리와 비슷한 요리를 만들어 볼 수 있다〉

어디에서 음식점을 열까?

나는 음식 재료를 찾을게

여기에 불을 피워 음식을 하자

♣ 음식점 놀이를 준비해서 즐겁게 놀이한다.

〈유아들과 만들고 싶은 음식을 선택하여 2~4명 정도의 모둠을 구성한다〉

계산도 척척

맛있는 음식을 준비 하는 중

어서오세요!
어떤 음식을 드릴까요?

즐거운 음식점 놀이

참 맛있겠죠?

우리들의 자연 밥상

확장놀이

▶ 진흙공 만들기

흙을 체에 걸러 고운 흙을 얻은 후 물을 섞어 다양한 음식 재료로 활용할 수 있다.

▶ 가게 만들기

나뭇가지를 모아 숲에서 할 수 있는 가게를 구상해 본다.

▶ 자연물 간판 만들기

우리가 해 본 가게의 이름을 정하고 자연물로 간판을 만들어 놀이에 활용한다.

*음식을 만들 수 있는 조리도구나 그릇, 자연물 등을 사전에 준비해도 좋다.

참 맛있겠죠?

숲에 올 때마다
음식을 만들 거야

놀이 속 인성 키우기

* 협동 – 친구들과 함께 가게를 구성하면서 공동의 목표를 설정하고 이를 달성하기 위한 책임을 다한다.
* 존중 – 숲에서 살고 있는 동물들이 우리와 함께 살아가는 존재임을 알고 생명과 환경에 대해 존중하는 마음을 갖는다.

선생님의 놀이 지원 Tip

- 놀이를 위한 사전 준비를 하더라도 유아들이 주도적으로 놀이를 하려면 놀이 시간을 충분히 주고, 조원들과 협의해 나가는 과정을 도와주는 것이 중요하다. 평소에도 주기적으로 가는 숲이 있다면 가게 놀이를 하는 영역을 고정적으로 넣어 주면 놀이가 다양하게 이루어질 수 있다.

3 숲은 왜 시원할까요

시기 여름

놀이명 숲은 왜 시원할까요

놀이 자료 루페, 청진기, 비닐봉투, 고무줄 끈, 광목천

놀이 지원

놀이의 시작

햇살이 쏟아지고 나뭇잎이 초록을 더해 짙어지는 여름이 되면 숲으로 가는 발걸음은 더욱 가벼워집니다. 답답한 실내를 벗어나 밖으로 나가는 것이 좋기도 하지만 뜨거운 날씨 때문에 숲으로 향하는 것이 염려스러운 어른들과는 다르게 아이들은 계절에 맞는 새로운 놀이를 찾으러 숲에 가고 싶어 합니다.

C: 여름이 되니 숲이 더 초록색이 됐어.
나뭇잎도 커지고 더 많아진 것 같아.
하늘 좀 봐. 너무 눈부셔서 올려다 볼 수가 없을 정도야.
벌레들도 많아져서 벌레퇴치 팔찌도 했어. 나한테 오지 마라.
난 땀이 많이 났어. 물을 좀 마셔야겠어.
T: 그러면 좀 쉴까요?
어디에서 쉬면 좋을까?
C: 선생님, 여기가 시원해요. 나무 그늘 밑에서 쉬어요.
난 의자에 앉아서 쉴래.
그래도 숲은 좀 시원한 것 같아.
나도 그래. 왜 숲은 시원한 걸까? 에어컨도 없는데….
T: 숲이 더 시원하다고 생각했나요? 왜 그렇게 생각했어요?
C: 나무가 그늘을 만들어 주니까요.
나무가 많아서요. 햇빛을 가려 줘요.
그냥 숲이니까 시원한 게 아닐까요?
왜 그런지 궁금해요. 숲은 왜 시원해요?

♣ 숲은 왜 시원한지에 대해 예상해 보고, 알아볼 수 있는 방법을 찾아본다.

T: 숲과 우리가 살고 있는 곳은 무엇이 다를까요?

C: 우리가 사는 곳은 집과 차가 많아요.
숲에는 나무와 풀, 식물들이 많아요.
둘 다 사람이 많은 것은 같아요.

T: 왜 사람들은 숲에 올까요?

C: 운동하러 와요. 공기가 좋아서요.
시원해서요. 꽃을 보려고요.

T: 숲에 오면 왜 공기가 좋을까요?

C: 나무가 많아서요.
나무가 나쁜 것은 빨아들이고, 좋은 공기를 준다고 했어요.
나무가 시원한 공기를 주는 것 같아요.

T: 나무가 어떻게 공기를 만들까요?

C: 나무는 물을 마시니까 물로 공기를 만들 것 같아요.
저절로 공기를 만들게 되는 것 아닐까요?
잘 모르겠어요. 눈에 보이지 않아요.

T: 눈에 잘 보이지 않으니 공기를 만들 수 있다는 것을 알 수 있는 방법이 없네요.
어떻게 하면 알 수 있을까요?

C: 나무에 가까이 가서 느껴 봐요.
청진기로 소리를 들어봐요. 나무 속에 공기 만드는 기계가 있을 것 같아요.
풍선에는 공기가 가득 들어 있으니 풍선을 놓으면 공기가 있는지 알 수 있을 것 같아요.

T: 그럼 우리가 이야기한 대로 실험을 해 볼게요.

여기가 공기가 나오는 구멍 아닐까?

나무에다가 청진기를 대 보자

풍선을 만들어서 나무에다 매달았어요

♣ '나무야, 나무야' 놀이를 함께한다.

C: 선생님, 아직은 아무 변화도 없어요.
나무가 공기를 만드는 중인가 봐요.

T: 그럼 기다리는 동안 나무에 대해 좀 더 알아볼까요?

나무야, 나무야

1. 숲으로 이동하여 둥글게 모여 앉는다.
2. 뽑기 통에서 아이스크림 막대를 뽑고 뽑은 막대에 쓰인 대로 자연물 수집 활동을 한다.
〈막대에 나무를 구성하는 그림(나뭇잎, 꽃, 나뭇가지)과 개수를 적는다〉
3. 광목천을 펼쳐 놓고 모아온 자연물을 올려놓도록 한다.
4. 자연물을 이용해서 나무를 꾸며 본 후 이야기를 나눈다.
5. 실제 나무와 우리가 구성한 나무를 비교해 본다.

찾으러 떠나 볼까요?

나는 어떤 것이 나올까?

나무를 만들어 볼게요

저는 나뭇가지를 놓아 봤어요

♣ 우리가 꾸민 나무를 보며 나무의 부위별 이름과 하는 일에 대해 알아본다.

T: 나무의 뿌리는 어디에 있을까요? 왜 안 보이죠?

C: 뿌리는 땅속에 있어요.

아니야. 밖에 나와 있는 것도 본 적이 있어요.

T: 뿌리가 하는 일은 무엇일까요?

C: 나무를 서 있게 해 줘요. 물을 빨아들여요.

T: 나무는 뿌리에서 물을 흡수하고 흙에 있는 영양분을 먹기도 하지만 나무가 자라고 열매를 맺기 위해서는 나뭇잎들이 나무 밥을 만드는 일을 해야 한대요.

C: 나무가 어떻게 밥을 먹어요? 나뭇잎이 밥을 만들어요?

T: 우리가 밥을 먹고 키도 자라고 신나게 움직일 수 있는 것처럼 나무도 밥이 필요해요. 그 나무의 밥을 만들어 주는 것이 바로 나뭇잎인데 나뭇잎이 밥을 만들려면 초록색 나뭇잎(엽록소)과 햇빛, 그리고 이산화탄소(나쁜 공기)가 필요해요.

C: 아, 그래서 나무가 많으면 공기가 깨끗해진다는 거구나.

나무 밥을 만들 때 나쁜 공기가 필요하니까요.

T: 나무가 밥을 만드는 과정에서 나쁜 공기를 깨끗한 공기로 바꾸어 주고, 물도 만든다고 해요.

C: 그럼 아까 우리가 만들어 놓은 비닐봉투 풍선에도 물이 있을까요?

같이 가 봐요.

♣ 나무의 변화(증산작용)에 대해 살펴보고, 증산작용에 대해 이해한다.

어떻게 되었을까?

C: 우와, 진짜 물이 생겼어요. 우리가 신나게 노는 동안 나무도 열심히 햇살을 받으며 나무 밥을 만들었나 봐요.

T: 나뭇잎을 묶은 봉투가 어떻게 되었나요?

C: 물방울이 생겼어요.

아무것도 없는 비닐봉지를 묶어 놓았는데 진짜로 물이 생겼어요.

하지만 궁금한 게 있어요. 물방울이 생겼다고 숲이 시원해지진 않는 것 같아요. 왜 그런 거죠?

물이 나오니까 시원해지는 거지. 더울 때 시원한 물이 있으면 시원해지잖아.

진짜 물방울이 생겼어

T: 나뭇잎에서 나오는 물이 공기와 닿으며 주변을 시원하게 만들어 주기 때문이죠. 뜨거운 태양에서 나오는 에너지를 물방울들이 차갑게 식혀 주는 역할을 한대요.

C: 아하, 그렇구나. 나무는 정말 대단해요.

그런데 이렇게 묶어 두면 좋은 공기도 밖으로 나갈 수 없는 거죠? 봉투를 다시 빼 줘요.

나무가 밥 만드는 소리도 다시 들어보고 싶어요.

나무야, 밥 만드는 소리 들려줘

확장놀이

▶ 나무 만들기

'나무야, 나무야'로 1차 만들기를 하고, 나무의 각 부분과 하는 일에 대해 이야기를 나눈 후 2차로 표현하기를 하면 새롭게 알게 된 것들을 자세하게 표현할 수 있다.

▶ 식물의 구조와 역할 알기

우리가 만든 나무의 모습

놀이 속 인성 키우기

* 배려 – 다른 사람의 필요와 요구에 민감하게 반응하고 공감한다.
* 협력 – 자연물을 이용해 함께 자유롭게 표현해 보며 친구들과 협력할 수 있다.

선생님의 놀이 지원 Tip

- 주전자나 물병에 물을 챙겨 가 나무에 물을 주고 실험을 하면 실험결과를 더 확실히 관찰할 수 있다(오전 11시~12시경: 광합성이 제일 활발하게 이루어진다).
- 놀이 시 유아들의 질문 범위가 광범위해지면 한 번에 다 알아보는 것이 아니라 다음 놀이로 준비해서 함께 알아보기로 계획해 보는 것이 필요하다.

4 곤충이 궁금해요

시기 여름

놀이명 곤충이 궁금해요

놀이 자료 루페, 관찰통, 광목천, 호루라기, 개미 머리띠, 개미 사진, 『곤충도감』, 찰흙

놀이 지원

놀이의 시작

『곤충도감』에 있는 곤충들이 숲에도 있을까요?

유치원에서 아이들이 가장 활발한 시간은 자유선택놀이 시간입니다. 각자의 흥미에 따라 놀이하고 싶은 곳을 정하고, 또래 집단 간의 상호작용이 가장 활발하게 이루어집니다. 저마다의 놀이로 시끌벅적한 교실에 한 번 보기 시작한 책을 놓지 못하는 아이들이 있습니다. 『곤충도감』에 빠져서 이야기꽃을 피우고 있는 아이들인데요. 어른들 눈에는 모두 비슷한 모습 같은데 고도의 집중력과 관찰력을 뽐내며 알고 있는 이야기들을 풀어놓느라 시간 가는 줄 모릅니다.

C: 나비도 종류가 엄청 많아.
왜 이름이 다 다르지?
이름은 누가 지은거야?
얘는 이름이 뭐야? / 장수풍뎅이야.
장수풍뎅이랑 사슴벌레랑 닮았어. 둘은 뭐가 달라?
잘 봐봐. 장수풍뎅이는 뿔이 있고, 사슴벌레는 집게발처럼 생긴 턱이 있어.

근데 사슴벌레는 벌레인데 『곤충도감』에 있어?
곤충이랑 벌레랑 같은 거야.
아니야. 곤충은 좋은 것이고, 벌레는 나쁜 것 아니야?
그럼 무당벌레도 나빠? 무당벌레도 『곤충도감』에 있어.
선생님, 곤충은 뭐예요? 왜 『곤충도감』 안에 벌레가 있어요?

♣ 유아들과 숲 주변의 곤충을 찾아보고 관찰통이나 루페로 자세히 탐색해 본다.

(관찰 시간을 여유롭게 제공한다)

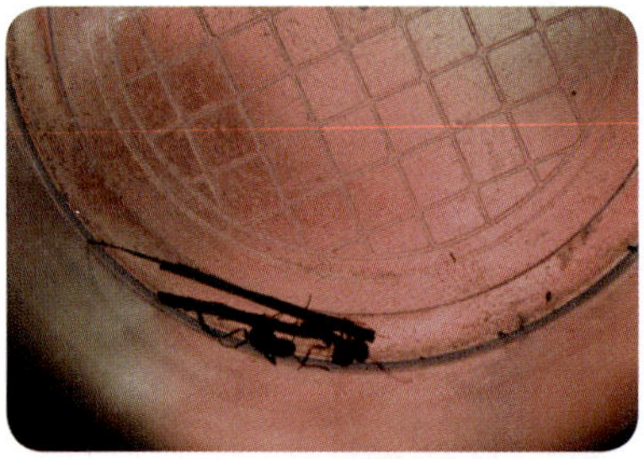

개미가 이렇게 생겼구나

T: 숲에서 제일 쉽게 볼 수 있는 곤충은 누구일까요?

C: 개미요. 나비요. 무당벌레요.
개미가 찾기 제일 쉬워요. 우선 개미부터 보고 싶어요.

T: 개미들은 무엇을 하고 있을까요?

C: 다들 바쁘게 움직여요.
너무 빨라서 어떻게 생겼는지 보기 힘들어요.
다리가 많고, 앞으로도 가고, 우리 발 위를 넘어서 가기도 해요.
여기 여럿이서 무언가를 들고 가는데 팔이 있나요?
관찰통에 잠시 담아서 관찰해야겠어요.

T: 몸이 어떻게 생겼나요?

C: 동그라미가 모여 있어요.
다리는 몇 개인지 모르겠어요.
다리가 생각보다 길었어요.
『곤충도감』 책이랑 비교해 봤더니 더듬이는 잘 안 보였어요.
개미한테 물어봐요. 어떻게 생겼는지… 곤충이 맞다면 왜 곤충이에요?

♣ 여왕개미의 이야기를 듣고, '일개미야, 달려!' 놀이를 해 본다.

▲ 이야기 내용: 얘들아! 안녕~ 나는 이 숲속에 살고 있는 개미들의 대장 여왕개미야.너희가 곤충에 대해 궁금한 것이 많다고? 곤충에 대해서는 내가 제일 많이 알고 있지.하지만 그냥 알려 줄 순 없어. 지금 우리는 먹을 것을 모으느라 너무 바쁘거든. 너희들이 우리 일개미들을 도와준다면 내가 곤충에 대해 알려 줄게. 하지만 너희는 사람이기 때문에 개미들이 놀랄 수 있어. 너희가 개미의 모습으로 변신해서 우리를 도와줄래?

T: 여왕개미는 어떤 부탁을 했나요?

C: 일개미들을 도와주래요. 맛있는 먹이를 찾아오랬어요.
우리 보고 개미로 변신하래요.
개미 사진을 크게 보고 싶어요.

T: (개미 사진자료를 제시하며) 개미의 다리는 몇 개인가요?
몸이 어떻게 나누어져 있나요? /
더듬이는 어떤 역할을 할까요?
우리는 다리가 2개인데 개미 다리 수만큼 되려면 몇 명이 모이면 될까요?

나는 개미의 머리를 맡았어요

■ 놀이의 규칙을 정해 본다.

– 어디까지 가서 먹이를 구해 오는 것으로 할까요?
친구 세 명이 안 다치고 달리려면 어떻게 달리면 좋을까요?
만약 머리랑 가슴, 배가 떨어지면 어떻게 할까요? –> 처음부터 다시 달리기, 떨어진 곳에서부터 다시 달리기, 뒤로 두 발자국 가기

일개미야, 달려!

1. 팀을 나누고, 게임 규칙과 유의점을 이야기한다.
2. 유아 세 명이 허리를 잡아 개미의 머리, 가슴, 배를 표현하고 더듬이 머리띠를 한다.
3. 출발점에 선 후 여왕개미의 지령을 듣고, 출발신호에 맞춰서 세 명이 협동하여 먹이를 구하러 목표지점까지 달려간다.
〈그림 또는 글자로 지령 카드를 준비할 수 있다.〉
4. 구한 먹이를 여왕개미에게 주고, 지령대로 잘 가져왔는지 확인한다.

우리 절대로 떨어지면 안 돼

일개미야, 달려!

T(여왕개미): 우리를 도와줘서 고마워. 덕분에 맛있는 먹이를 많이 얻게 되었어.
이걸로 우리 개미들은 여름을 잘 보낼 수 있겠어.

C: 우리도 재밌었어. 이제 곤충에 대해 알려줘. 우리가 도와줬잖아.

T(여왕개미): 내가 안 알려 줘도 이미 다 알고 있을텐데….
내가 곤충에 대해 노래로 불러 줄 테니 잘 들어 봐.

곤충송('열 꼬마 인디언' 노래 개사)

머리, 가슴, 배/ 다리는 3쌍(6개)/ 더듬이는 1쌍(2개)/

겹눈, 홑눈/ 단단한 등껍질/ 2쌍의 날개/ 나는 곤충입니다.

확장놀이

▸ 곤충마을 꾸미기

곤충 노래를 통해 곤충에 대해 알아본 후 찰흙과 자연물을 이용해서 내가 만들고 싶은 곤충을 만들고, 숲에 곤충마을을 꾸며 본다.

▸ 곤충 퍼즐놀이

관찰해 본 곤충의 특징을 찾아보고, 각각의 곤충이 가로, 세로 겹치지 않도록 놓아 퍼즐을 완성한다.

우리가 만든 곤충들

나는 나비를 만들어 볼 거야

이제 숲으로 가서
마을을 꾸며 보자

내 꿀벌은 나무 위에
붙여 줄 거야

놀이 속 인성 키우기

* 존중 – 자연환경과 자연물에 대해 관심을 갖고, 가치를 소중하게 여긴다.
* 배려 – 다른 사람의 필요와 요구에 민감하게 반응하며 공감한다.

선생님의 놀이 지원 Tip

- 개미 달리기는 빨리 달리는 것이 중요한 것이 아니고 협동해서 열심히 먹이를 구해 오는 것이 중요하다는 것을 인지하고, 안전에 유의하여 놀이한다.
- 개미 머리띠를 쓰는 유아들을 정하는 방법을 미리 선정해 본다.
- 만들기 재료로 클레이보다는 찰흙이 자연에 가까운 재료로 적합하고, 유아들과 직접 진흙을 만들어 활용하면 더 재미있는 놀이가 될 수 있다.

5 어떤 향기일까요

시기 여름
놀이명 어떤 향기일까요
놀이 자료 광목천, 안대, 향기통
놀이 지원

놀이의 시작

숲으로 가면 자연이 먼저 꼬마 친구들을 반기며 인사를 건넵니다. 따스한 햇살이 감싸 안아 포근함을 주고, 파란 하늘과 싱그러움을 담고 있는 초록빛 세상이 마음을 편안하게 해 줍니다. 그리고 살랑살랑 부는 바람결에 숲이 주는 향기로움은 기분 좋은 행복감을 느끼게 하며 우리를 자꾸 그곳으로 향하게 합니다.

C: 이건 무슨 향기지? 풀 냄새가 나는 것 같아.
아니야. 꽃향기 아닐까? 어디에 꽃이 있지?
흙냄새 같기도 해. 모래 놀이할 때 이런 냄새 맡아 봤어.
유치원 앞에서도 이런 향기가 났었나?
아냐. 거기에선 맛있는 향기가 났어.
나는 아무 냄새도 안 나는데!
가만히 맡아 봐.
선생님! 바람이 불 때 좋은 향기가 나요.
이 향기는 어디서 나는 거죠?

♣ 여러 가지 풀이나 꽃, 나무가 있는 장소를 선택해서 동그랗게 모여 앉는다.

이 안에 무엇이 있는지 맞춰 보세요

T: (비밀 주머니를 보여 주며) 여기 비밀 주머니에 무엇이 들어 있을까요?
이 안에 무엇이 들어 있는지 어떻게 하면 알 수 있을까요?

C: 만져 봐요. 냄새가 나는지 맡아 봐요. 흔들어 봐요.

(유아들이 원하는 방법으로 직접 해 보고 안에 있는 것이 무엇인지 맞추어 본다)

♣ 향기 나는 식물을 찾아본다.

T: 숲에서 나는 향기가 궁금하다고 했으니까 식물, 꽃, 열매 등 주변에 어떤 것이든 주변을 돌아보면서 향기가 나는 것을 2개씩 찾아오세요.

C: 나는 진짜 좋은 향기를 찾을 거야.

♣ 유아들이 가져온 자연물을 펼쳐 놓는다.

(다른 유아들이 자연물을 찾아오는 동안 먼저 온 유아들은 서로 가져온 자연물의 향기를 맡아 본다.)

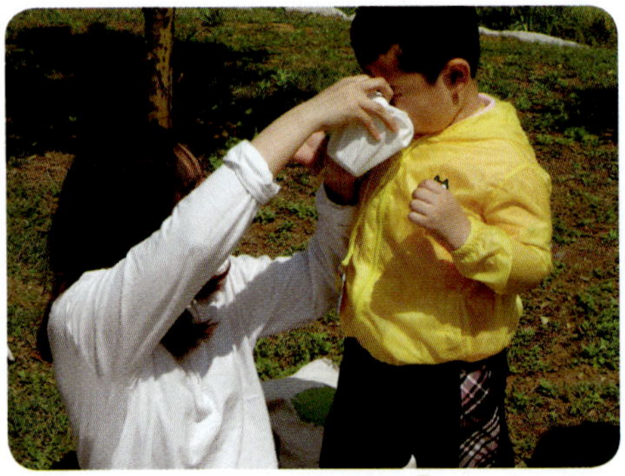

어떤 향기일까요?

T: 모두 자연물을 찾아 왔나요?

C: (친구들이 여러 가지 자연물을 가져왔는데 같은 것도 있고 서로 다른 것들도 있어요.
헷갈리니까 같은 것끼리 모아 놓아요.

T: 친구들이 가장 많이 가져온 향기 나는 것은 무엇인가요?

C: 꽃이요. 꽃을 제일 많이 찾았어요.

♣ 향기 맞추기 놀이를 해 본다.

(유아들이 향기를 잘 맡을 수 있도록 컵에 같은 자연물을 모아서 놓는다)

C: 우리가 모아 온 것으로 향기를 찾을 수 있는지 놀이해 봐요.
저는 자신 있어요.

T: 눈으로 다 보이는데 너무 쉬울 것 같아요.

C: 눈을 가리고 냄새로만 알아내기로 해요.
나는 감기 걸려서 냄새가 잘 안 나.
그럼 우리가 도와줄게.

T: 어떤 향이 나는지 향기를 맡아 볼까요?
**가 나와서 안대를 해 주세요.

숲 속 최고 향기 모여라

킁킁 이건 무슨 향기지?

같은 것끼리 모았어요

어떤 향기일까요

1. 유아 한 명이 나와 안대를 착용한다.
(어린 연령은 안대 착용 전 미리 향기를 맡아 보게 하거나 향기통 개수를 줄여 놀이하고, 차차 개수를 늘린다)
2. 4개 컵의 자연물 중에 한 가지를 골라 향기를 맡아 보게 한다.
3. 향기를 맡아 본 컵을 다시 내려놓고 안대를 풀은 후 향기를 맡아 보았던 자연물을 찾아본다.

T: 어떤 식물이 향기가 가장 많이 났나요?

C: 눈을 가리고 맡으니 향기는 더 잘 났어요.
저는 더 어려웠어요.
향기가 다 비슷비슷했어요.

T: 향기로 자연물을 분류하는 것이 어려웠나요?
어떻게 하면 향기가 더 잘 날까요?

C: 그런데 같은 꽃인데도 향기가 잘 안 나는 것도 있었어요.
아까 나뭇잎을 딴 손의 냄새를 맡으니 향기가 많이 났어요.

T: 왜 그럴까요?

C: 따면 안 되는데 따서 그런 것 같아요.
향기 주머니가 터진 거 아닐까요?

T: 식물들은 위험을 느낄 때 더 향이 진하게 난다고 해요. 애벌레들이 나뭇잎을 먹거나 사람들이 잎을 건드리면 향을 더 진하게 내기도 하고요.

C: 스컹크가 방귀 끼는 것처럼? 신기하다.

T: 그런 이유가 있기도 하고, 좋은 향기로 벌이나 나비 등을 부르기 위해서 그러기도 해요. 그리고 나무에 상처가 나면 그것을 치료하기 위해 피톤치드라는 약을 내뿜는데 그것의 향기도 숲에서 많이 난대요.

C: 우리 숲의 향기를 더 찾아서 제일 좋은 향기를 뽑아 봐요.

확장놀이

▶ 향기 주머니 만들기

숲에서 수집한 자연물을 주머니에 넣어 향기 주머니를 만들 수 있다.

(향이 짙은 식물을 사전에 준비하여 다양한 향을 맡도록 제공한다)

향기 주머니 만들기

놀이 속 인성 키우기

* 협동 – 공동의 목표를 설정하고, 이를 달성하기 위하여 도움을 준다.
* 존중 – 꽃의 향기를 통하여 생명의 존재를 깨닫고 나무와 식물의 생명을 존중하는 마음을 갖는다

선생님의 놀이 지원 Tip

- 놀이 후 나뭇잎이나 자연물은 서로 비비거나 만지면 향이 더 잘 난다는 것을 아이들에게 알려 주면 향이 나는 식물을 좀 더 쉽게 찾을 수 있다.
- 식물의 향을 맡기 위해 피부에 너무 가까이에 대거나 식물을 손에 만져서 피부 트러블이 생기는 유아들이 있을 수 있다. 활동 전 가정에 알리고 유의해야 할 부분을 미리 파악하는 것이 필요하다.

6 아카시아 파마

시기 여름

놀이명 아카시아 파마

놀이 자료 아까시(아카시아) 나뭇잎, 아까시 꽃, 비밀 주머니

놀이 지원

놀이의 시작

숲에서 놀이 후 귀가하면 아이들은 부모님을 만나자마자 그날의 사건들을 이야기합니다. "엄마! 오늘 숲에서 무당벌레 애벌레를 봤어. 무당벌레랑 완전 다르게 생겨서 신기했어.", "이거 제가 만든 꽃반지예요. 향기가 너무 좋아서 가져왔는데 할머니한테 선물해 줄게요. 예쁘죠?" "아빠! 저건 부엉이나무야! 저기에 부엉이 열매가 숨어 있어. 아빠도 알아요?" 부모님들은 함께 하지 못했지만 아이들의 행복한 표정과 한껏 신난 목소리만으로도 함께 다녀온 것처럼 소중한 추억을 듣게 됩니다.

T: 숲에 다녀온 이야기를 가족들과 재미있게 나누었나요?

C: 엄마, 아빠는 곤충이 뭔지 잘 몰랐어요. 제가 알려 드렸어요.
우리 숲에서 향기 찾기 놀이를 해 봐서 우리 집에 있는 화분도 향기 맡아 봤어요.
토마토 나무의 잎을 만지니 토마토 향이 났어요.
선생님! 우리 할머니는 향기가 잘 나는 나무를 아신대요. 옛날에는 그 꽃으로 요리도 해 먹고, 꿀도 만들고, 따서 줄기로 파마도 했었대요.
에이, 말도 안 돼! 파마는 미용실에서 해야 하고, 냄새나는 약도 뿌려야 해.
진짜 그런 게 있어요?

♣『아카시아 파마』 동화를 보고, 아까시나무에 대해 관심을 가진다.

T: 할머니가 말씀하신 나무가 무슨 나무인 것 같아요? 그 나무의 이름은 '아까시나무'라고 해요.

C: 처음 들어봤어요. 이름이 이상하다.
우리도 본 적이 있어요?

T: 우리가 잘 모를 수 있어서 『아카시아 파마』라는 동화책을 가져왔어요.

C: 같이 읽어 봐요. 너무 궁금해요.

『아카시아 파마』 동화 내용

영남이는 혼자서 집을 보고 있었습니다. 심심한 영남이 눈에 엄마의 분통이 들어옵니다. 엄마의 화장품으로 토닥토닥 멋을 내던 영남이는, 엄마처럼 쇠젓가락을 이용해 파마를 하려 하지만 머리카락만 탈 뿐 파마는 되지 않습니다. 그때 옆집 미희가 놀러 와 아카시아 파마를 해 주겠다고 한다. 아카시아로 멋진 파마를 완성한 영남이와 미희. 그러나 갑자기 내린 소나기로 파마는 다 풀어지고 말았습니다.

C: 너무 재밌겠어요. 저 나무가 어디에 있는지 아세요?
저희도 같이 가요.
남자 친구들도 파마를 해야 하나요? 싫은데….
요즘 남자 친구들도 파마하잖아. 다른 놀이도 해 보면 되지!
그런데 나무의 모습이 자세히 안 나오니 우리가 찾을 수 있게 사진으로 보여주세요.

♣ 아까시나무가 있는 곳으로 이동해서 꽃, 줄기(잎)를 살펴본다.

나랑 짝꿍하자

가위바위보

어떤 잎을 떼지?

T: 이 꽃이나 나뭇잎을 본 적이 있나요? 잎은 어떤 모양인가요?

C: 사진으로 봤던 것과 비슷해요. 하얀 꽃이 피고, 좋은 향기가 나고, 잎도 특이해요. 개구리 발 같기도 하고, 물방울 같기도 해요. 우리 집 화분에도 이런 모양 나뭇잎이 있어요. 나뭇잎 모양도 다 다르네.

T: 맞아요. 바로 이 나무가 아까시나무예요.

C: 그런데 책에서는 아카시아 나무라고 했는데 왜 아까시나무죠?

T: 왜 그럴까요? 나무를 자세히 보면 알 수 있어요.

C: 여기 가시가 있어요. 이것 때문인가요?

T: 사람들이 아카시아 나무라고 알고 있는 이 나무의 원래 이름은 아까시나무랍니다.

C: 가시가 있는 나무라고 기억해야지.
이제 나무로 파마 놀이해요. 책에서 보니 나뭇잎을 다 떼야 한다고 했어요.
그냥 떼지 말고 재미있게 떼고 싶어요.
친구들하고 가위바위보를 해요. 엄마가 나뭇잎 떼기 놀이를 알려 주셨어요.

♣ 아까시 잎 떼기 놀이와 아까시 파마를 해 본다.

T: 아카시아 잎을 보면 몇 개일까요? 함께 세어 볼까요?
이제 잎을 하나씩 나누어 줄 거예요.

C: 선생님, 저는 잎이 더 많아요. 제가 불리해요.

T: 그러면 친구와 같은 개수로 만들어서 놀이하는 게 어떨까요?
친구와 내가 가진 잎의 수가 똑같아야 하니까 함께 세어 보세요.
나뭇잎이 모두 똑같나요?
이제 서로 마주보고 가위바위보를 해서 이긴 친구가 잎을 하나씩 떼어서 먼저 잎을 다 떼는 친구가 이기는 거예요.

C: 우리 지는 사람이 떼는 것으로 하자.
더 많이 남는 사람이 이기는 거야.

T: 놀이를 마쳤나요? 줄기가 어떻게 되었나요? 이 줄기로 파마를 해 볼 거예요. 파마가 뭘까요?

아까시 파마는 이렇게 해요

아까시 파마는 이렇게 해요

C: 머리가 꼬불꼬불한 거예요. 나도 해 본 적이 있어요.
우리 아까시 줄기로 머리 파마하는 방법을 알아봐요.

아까시 파마

1. 긴 줄기를 반으로 접어 줄기 사이에 머리카락을 넣는다.
2. 머리카락 끝부터 줄기와 머리를 함께 말아서 위로 올린 후 줄기가 막힌 쪽으로 반대쪽 뚫린 줄기를 끼운다.
3. 다른 활동을 하다가 한참 후에 머리를 풀어 확인한다.

어렵지만 신기해요

T: 아까시 파마를 하고 난 자신의 모습이 어떤가요?

C: 신기하게 파마한 것처럼 됐어요.

엄마가 머리를 따 주면 저렇게 돼요.

그러네. 머리 따는 것과 비슷한 것 같아.

T: 아까시 파마를 누구에게 해 주고 싶은가요?

C: 더 연습해서 친구들에게 해 주고 싶어요.

엄마랑도 해 보고 싶어요.

미용실에 가서도 알려 줄래요.

T: 아까시 잎과 줄기로 또 무엇을 해 보고 싶은가요?

C: 꽃을 먹을 수도 있다고 했으니 꽃을 먹어 보고 싶어요.

T: 꽃을 가져가서 교실에서 활용하도록 해요.

확장놀이

▶ 아까시 청 만들기

아까시 꽃을 깨끗이 세척하여 유리병에 담고 설탕을 1:1로 넣어 아까시 청을 만든다

놀이 속 인성 키우기

* 존중 – 자연물을 이용한 옛 놀이의 즐거움을 경험하고, 옛놀이(전통문화놀이)에 대한 존중감을 키운다.
* 배려 – 다른 사람의 필요와 요구에 민감하게 반응하고 공감하며 소통한다.

선생님의 놀이 지원 Tip

- 아까시 꽃은 일주일에서 열흘 정도 사이에 피고 진다. 아까시 꽃이 피는 곳을 미리 파악했다가 꽃이 만개한 시점에 숲활동을 나가는 것이 중요하다.
- 아까시 파마는 시간이 조금 걸리기 때문에 유아들이 파마를 한 후 시간이 좀 지나고 나면 풀리고, 습한 날씨에는 잘 되지 않을 수 있다.

7 씨앗이 날아가요

시기 여름

놀이명 씨앗이 날아가요

놀이 자료 OHP 필름, 풍선, 테이프, 열매

놀이 지원

놀이의 시작

여름 숲에서 신나게 놀다 보면 우리 눈에 보이는 자연들을 그대로 느끼고 어울리지만, 보이지 않는 것들에 대해서도 관심을 가질 때가 있습니다. 가만히 앉아서 숲의 소리를 듣거나 향기를 맡고, 바람의 세기와 방향을 유아들은 여유롭고 평화롭게 이 순간을 즐길 수 있습니다.

바람을 느낄 수 있는 곳을 찾자

C: 오늘은 햇살이 무척 따사롭다.
숲에서는 나무 그늘 덕분에 빛이 따뜻하게 느껴져.
나무가 만들어 준 공기 덕분에 깨끗한 공기를 마셔서 기분이 너무 좋아.
숲에서 나는 향기 많이 맡고 가야지.
아~ 시원해! 바람은 어디에서 오는 걸까?
어? 저기 좀 봐! 바람에 민들레 씨앗이 날아가고 있어.
숲에 바람은 왜 필요해? 바람은 무슨 일을 하지?
우리 눈에 보이지 않지만 숲에 있는 것들을 찾아보러 가자.

♣ 자신이 생각한 각각의 장소에서 다양한 방법으로 바람을 느껴 본다.

여기에 누워 봐. 바람이 느껴져

T: 숲에서 볼 수 없지만 함께 있는 것을 느끼고 있네요.
무엇을 찾아보았나요?
C: 바람이요, 공기요, 소리요, 향기요.
그런데 공기가 움직이면 바람이야.
T: 바람을 어떻게 느껴 봤나요?
C: 나뭇잎 날리기, 팔 벌려 바람 느끼기, 나뭇가지의 흔들림 살펴보기요.
바람이 부니까 신기한 소리도 들렸어요.
좋은 향기도 났어요.
T: 바람이 어떤 일을 하는지 알고 있나요?
C: 더울 때 시원하게 해 줘요.
비눗방울을 멀리 보내 줘요.
아빠가 세차할 때 바람이 더러운 것을 보내 줬어요.
비행기도 바람 때문에 나는 것 아닌가요?
민들레 씨앗도 바람에 날아가요.
T: 바람이 참 많은 일을 하네요.
외부의 영향으로 생기는 움직임을 바람이라고 해요. 사람이나 기계 또는 공기의 흐름 변화로 바람이 생기죠. 이런 바람 덕분에 사람들이 많은 도움을 받아요.
숲에서도 바람이 필요한가요?
C: 나무들이 나무 밥을 만들 때도 도와줄 것 같아요.
새들도 쉽게 날아가게 도와줘요.
민들레 씨앗을 날려 준다 했어요.
솔 씨도 날아가요.
날아가는 씨앗이 너무 신기해요.

열매나 씨앗들은 다 바람이 날려 주나요? 날개가 있는 씨앗이나 열매를 찾아 보고 싶어요.

♣ 숲에서 여러 가지 씨앗이나 열매를 찾아본다.

T: 다른 씨앗이나 열매들도 모두 날개가 있었나요?
C: 어떤 게 날개인가요? 나비처럼 날개가 있는 건가요?
날개가 있는지 날려 봤는데 잘 날아갔어요.
날개 있는 것이 없어요. 민들레도 날개가 없잖아요. 깃털 같은 건데, 날개는 2장이어야 해요.
T: 그럼 날개가 없는 씨앗들은 어떻게 할까요?
우리가 씨앗을 위해 도와줄 수 있는 일은 무엇일까요?
C: 날개를 만들어 줘요.
바람을 크게 일으켜요.
날개가 있어도 무거우면 못 날아.
비행기는 무거워도 나는데..
그러면 우리가 바람 대신 멀리 보내 주는 건 어떨까요?

나는 씨앗이 되어 날아갈 거야

빨간 열매는 어디 있지?

우리가 모은 열매들, 기다려!

♣ 자연물 로켓을 소개하고, 즐겁게 놀이한다.

씨앗이 날아가요

1. OHP필름을 원통 모양으로 말아 준다.
2. 원통 모양 끝에 풍선을 끼운다.
3. 풍선을 테이프로 붙여 마감한다.
4. 유아들이 찾은 씨앗이나 열매를 넣고 위를 향한 다음 풍선을 잡아당겨 씨앗을 멀리 날려 보낸다.
   〈돌이나 흙, 나뭇가지 등 위험한 자연물 넣지 않기, 사람을 향해 날리지 않기, 넓은 공간에서 놀이하기 등〉

♣ 여러 가지 씨앗을 날려본 후 가장 멀리 날아간 것부터 순서를 지어보고, 이유를 찾아본다.

T: 어떤 씨앗이 멀리 날아갔나요? / 왜 그럴까요?

C: 작은 열매는 잘 날아갔어요. 가벼워서 그런 것 같아요.
그런데 나뭇잎은 잘 안 날아갔어요. 가벼운데 왜 그렇지?
너무 많이 넣어도 안 날아가요.
풍선을 세게 잡아당기면 멀리 날아갔어요.

너무 많이 넣었나? 안 날아가

준비하시고~

쏘세요!

♣ 씨앗의 이동방법에 대해 알아본다.

T: 우리가 도움을 줘서 씨앗들이 멀리 날아갈 수 있었어요.
그런데 도움을 주지 못하는 씨앗들은 어떻게 할까요?

C: 맞아요. 우리가 다 도와줄 수 없어요.
숲속 요정이 우리가 자는 사이에 도와주는 거 아닐까요?
그러면 어떻게 해요?
어떻게 다 자라났지요?

T: 식물들은 스스로 움직일 수가 없기 때문에 자신만의 방법으로 씨앗을 멀리 퍼뜨려요. 새의 도움을 받는 것도 있고, 동물의 털에 붙어 이동하기도 하며 바람의 도움을 받기도 해요.

C: 숲에서는 서로 도와주는 친구들이 많구나.
너무 신기해요. 어떻게 도와주는지 궁금해요. 자세히 알아보고 싶어요.

확장놀이

▶ 열매의 씨앗이 번식하는 다양한 방법에 대해 알아본다.

▶ 슈퍼 씨앗 표상하기
바람의 도움을 받지 않더라도 스스로 움직일 수 있는 씨앗을 상상하여 글과 그림으로 표상한다.

놀이 속 인성 키우기

* 배려 – 다른 사람의 필요와 요구에 민감하게 반응하고 공감할 수 있다.
* 존중 – 자연환경과 자연물에 대해 관심을 갖고, 가치를 소중하게 여긴다.

선생님의 놀이 지원 Tip

- 숲활동 시 다양한 종류의 씨앗을 수집하여 놓는다.
- 무게가 많이 나가는 자연물은 날아가지 않으므로 되도록 가벼운 씨앗을 활용하고 로켓의 입구를 위로 향하게 해야 멀리 쏘아 올릴 수 있다.
- 식물의 번식방법은 생김새와 환경에 따라 씨앗을 퍼뜨리는 전략과 성공 거리가 모두 다르다. 모든 식물은 가능한 한 씨앗을 멀리 보내기 위한 전략을 펼치지만 대상을 잘 만나야 자신의 꿈을 이룰 수 있다. 숲에서는 이처럼 혼자서는 살 수 없고 서로 도움을 주고받아야 살아갈 수 있다는 점을 배울 수 있다.

8 자연물 다트 놀이

시기 여름

놀이명 자연물 다트 놀이

놀이 자료 글자 카드, 쓰기 도구

놀이 지원

놀이의 시작

네가 찾은 건 뭐야?

유아들에게 '보물'이라는 단어는 듣기만 해도 궁금하고 설레며 갖고 싶어지는 대상입니다. '보물'은 다양한 의미로 해석될 수 있지만 아이들에게는 아주 작은 것도 자신만의 보물이 될 수 있습니다. 모든 것이 풍족하고 다양한 놀잇감을 경험한 유아들이지만 자연에서는 아주 작은 돌멩이, 나뭇잎, 열매 등에 감탄하고 발견한 것을 자신의 보물이라 칭하며 소중히 옷 주머니에 넣는 모습은 정말 사랑스럽습니다.

C: 꽃 색깔이 너무 예쁘다. 어떻게 이런 색깔이 나오지?
나는 하트 모양 나뭇잎을 찾았어. 엄마한테 선물해 주고 싶어.
나는 총 모양 나뭇가지를 찾았다고! 나랑 대결놀이 할 사람~
선생님! 숲에서 찾은 것 집에 가져가도 되나요?
T: 어떤 것을 찾았나요?
C: 저한테 소중한 보물이에요.
가져가서 자랑하고 싶어요.
보물이 더 많을 것 같아요. 우리 같이 찾아봐요.

♣ 보물찾기 놀이에 대해 계획하고, 다양한 보물들을 수집해 본다.

T: 보물찾기 놀이를 해 본 적이 있나요?
보물이라는 말은 무슨 뜻일까요?
우리 친구들이 생각하는 보물은 무엇일까요?

C: 보물은 소중한 거예요.
가장 반짝거리고 예쁜 것이 보물이에요.
보물은 꼭꼭 숨겨져 있대요. 지도를 보기도 해요.

T: 친구들이 말한 대로 보물은 예쁘고, 반짝이기도 하고 소중한 것이기도 해요. 보물을 나타내는 단어들을 써 보았는데, 이것을 보면서 다양한 보물을 함께 찾아볼까요?

내가 찾은 보물 너무 특별하죠?

♣ 유아들이 찾은 보물을 소개하고, 그것이 보물이라고 생각하는 이유를 이야기 해 본다.

T: 어떤 보물을 찾았나요?

C: 저는 '귀여워요' 카드를 보고 아주 작고 귀여운 빨간 열매를 찾았어요.
깃털이 너무 가벼워서 들고 오는데 간질간질했어요.
큰 나무가 너무 예쁜데 가져올 수가 없어서 '예뻐요' 카드를 올려놓고 왔어요.
아! 그런 방법이 있구나. 똑똑하다!
선생님, 저희도 카드를 주세요. 직접 써 보고 싶어요.

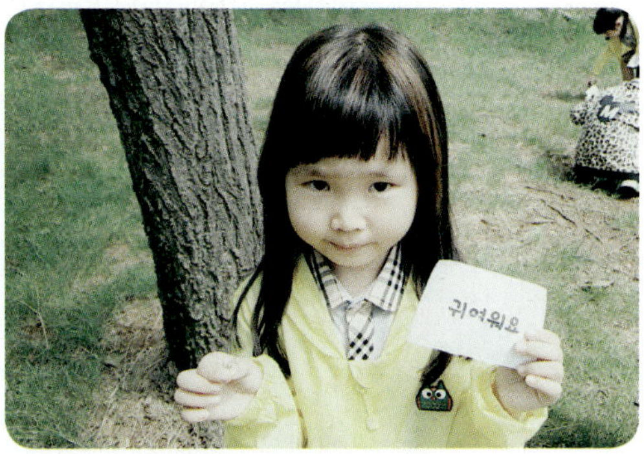

귀여운 보물을 찾아볼 테야!

T: 그래요. 너희가 생각한 보물의 특징을 직접 써 봐도 좋아요.

♣ 자연물 다트 놀이를 계획해 보고, 자신들의 보물을 이용해 즐겁게 놀이한다.

C: 선생님! 친구들이 찾아 온 보물 중 제일 좋은 보물은 뭐예요?
1등을 뽑고 싶어요.
우리 최고의 보물을 찾아봐요.

T: 어떻게 뽑으면 좋을까요?

C: 우리 지난번에 열매를 날려 본 것처럼 내 보물을 날려서 대결을 해 봐요.
난 무거워서 못 가져왔는데?
다시 찾으러 가면 되지!

T: 최고의 보물을 뽑기 위해 필요한 것은 무엇일까요?

C: 던진 곳을 표시하는 것이 있어야 해요.
출발선도 필요해요.
점수판이 있어야 하는 것이 아닐까?
동그라미를 그려 놓고 거기다 던지자!
아! 유치원에서 다트 놀이 해 봤잖아요. 그것처럼 만들어 봐요.

T: 좋은 생각이에요. 그러면 던질 수 있는 보물이 있는 친구들은 선생님과 다트 놀이판을 만들고, 다시 찾아야 하는 친구들은 보물을 찾아오도록 해요.

나뭇가지를 이용해 모양을 만들어 볼까?

자! 던진다. 제발 들어가!

자연물 다트 놀이

유아들과 함께 자연물 다트판을 만들어 보고, 여러 가지 자연물로 연습해 본 후 가장 마음에 드는 자연물(3개)을 선택한다.

T: 놀이에 점수는 정해야 하는데 던진 자연물이 동그라미 안쪽에 들어가는 것이 좋을까요? 아니면 바깥쪽으로 들어가는 것이 좋을까요?
C: 안쪽이요.
T: 그럼 나뭇잎 안쪽으로 들어가면 3점, 나뭇가지로 만든 동그라미 안쪽으로 들어가면 2점, 바깥쪽에 떨어지면 1점으로 세도록 해요.

〈놀이 순서〉

1. 중앙에 있는 과녁에 차례로 자연물을 던져본다.
2. 중앙부터 3점, 2점, 1점 점수를 매긴다.
3. 3개의 자연물 중에 하나를 던지고 친구들이 한 번씩 다 던진 후 다시 시작해서 던지는 활동을 반복한다.
4. 모두 던지면 점수를 다 같이 헤아려 본다.

♣ 자연물 다트 놀이를 평가하고, 보물에 대한 다른 활동을 계획해 본다.

T: 자연물을 던져 동그라미 안에 들어갔을 때 기분이 어땠나요?
C: 원하는 곳에 들어갈 때 너무 기뻤어요. 친구들이 응원해 줘서 더 잘 된 것 같아요.
더 많이 연습을 해야겠어요. 잘 안 되서 더 해 보고 싶었어요.
너무 가벼운 것은 잘 안 돼요. 너무 커도 던지기 힘들었어요.
이제 어떤 것을 가져와야 할지 알게 되었어요.
내가 몇 점인지 알 수 있는 점수판이 있었으면 좋았을 것 같아요.

와~ 나 2점을 얻었어!
내 보물 대단해~

내 보물도 너무 멋졌는데 던지는 것으로 대결을 하니 아쉬움도 있었어요.
보물을 더 자랑해 보고 싶어요.

확장놀이

▶ 자연물 저울 만들기
자연물의 무게를 측정해 볼 수 있는 저울을 만들어 보고, 다양한 자연물의 무게를 측정한다.

▶ 자연물을 이용하여 자유롭게 만들기
자신이 찾은 보물을 이용해 생각한 것을 자유롭게 표현해 보도록 한다.

우리들이 만든 자연 저울

내 보물을 넣었더니 내려간다!

내 보물로 자유롭게 만들어 볼래

놀이 속 인성 키우기

* 배려 – 다른 사람의 필요와 요구에 민감하게 반응하고 공감한다.
* 존중 – 자연환경과 자연물에 대해 관심을 갖고, 가치를 소중하게 여긴다.

선생님의 놀이 지원 Tip

- 연령에 따라 팀별로 나누어 덧셈을 통해 점수를 함께 산정해 보아도 좋다.
- 꽃이나 나뭇잎 등 원하는 자연물로 먼저 놀이를 해 보고, 자기가 던질 말을 스스로 결정하면 점수가 나는 것에 대해 속상해하거나 하는 것이 적다.
- 숲에서 놀이한 것은 자연에 두고 가는 것을 원칙으로 하지만 유아들이 보물이라 칭하는 것을 가정으로 가져가 자신만의 의미를 부여할 수 있도록 격려하면 자연물을 함부로 대하지 않고, 자연스럽게 인성교육으로 연계할 수 있다.

9 숲속 네일숍

시기 여름

놀이명 숲속 네일숍

놀이 자료 꽃 수집통, 가위, 실이나 빵 끈

놀이 지원

놀이의 시작

색깔이 아주 마음에 들어요

여름이 되어 자연의 색이 더욱 빛을 발하고, 짙어진 초록색 덕분에 꽃들이나 열매의 색이 확실히 눈에 띄는 시기가 되면 유아들의 관심사는 총천연색의 꽃들에게 향하게 됩니다. 꽃을 수집하여 향도 맡아 보고, 교실에서처럼 나름의 자리를 선점하여 재미있는 역할놀이를 시작합니다.

T: 무슨 놀이를 하고 있나요?
C: 저희는 소꿉놀이 중이에요. 맛있는 '꽃 피자'입니다. 선생님도 드릴까요?
우리는 꽃반지를 만들어서 팔 거예요. 돈도 있어야 하고 팔 사람도 정하자.
엄마가 손톱에 꽃모양을 붙인 게 너무 예뻤어. 손톱을 예쁘게 꾸며주는 가게를 열어 볼 거야. 예쁜 꽃을 많이 모아 왔거든.
선생님도 저희 네일숍에 손톱 꾸미러 오세요.
T: 가면 언제든지 할 수 있나요?
C: 그럼요. 준비가 되면 불러 드릴게요. 언제든지 오세요.
그거 재밌겠다. 나도 같이 하고 싶어.
선생님! 우리 같이 놀이 해 봐요.

♣ '숲속 네일숍' 활동을 소개하고, 유아들은 자유롭게 자연물을 찾아 수집한다.

T: 오늘은 예쁜 자연물을 이용해 '숲 속 네일숍' 놀이를 해 볼 거예요.
어떤 준비를 해야 할까요? 자연물은 어디에서 찾아보면 좋을까요?

C: 우선 꽃이나 색깔이 예쁜 것들이 많이 필요할 것 같아요.
숲에 가면 많아요. 가서 찾아와요.

T: 숲에 가서 필요한 자연물을 찾아올 거예요. 어떤 자연물이 좋을까요?

C: 친구들이 좋아할 만한 것으로 찾아 와요.
꼭 꽃이 아니어도 되는 거죠? 예쁜 것으로 찾아야지.
남자친구들도 같이 하니까 멋진 것도 필요해요.
너무 큰 것은 손톱에 못 올리니까 안 될 것 같아요.
가시가 있거나 잘 모르는 것은 함부로 만지지 말고, 선생님에게 물어보는 것이 좋겠어요.

T: 지금 이야기한 것을 잘 기억하고, 놀이 준비를 해 오도록 해요.

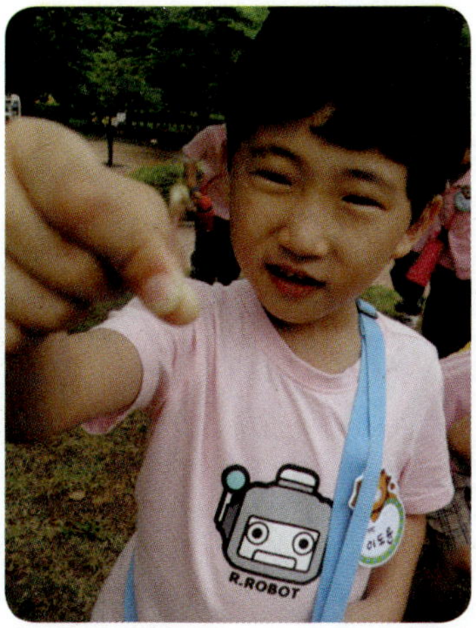

내 손톱도 변신할 거야

고르기 쉽게 한 곳에 모아 보자

♣ 수집해 온 자연물을 소개하고, 같은 색이나 크기, 모양 등으로 분류하여 담는다.

C: 모아 온 것은 어디에 둘까요?
한 곳에 모으면 나중에 고를 수가 없고 다 섞여요.
담을 수 있는 통을 준비해 주세요.

T: 모아 온 자연물을 같은 종류끼리 모아 두도록 하자!
(자연물의 종류, 색깔, 크기 등으로 분류)
이제 재료는 준비가 되었고, 어떤 방법으로 놀이를 할까요?

C: 엄마가 하는 것을 봤는데 매니큐어를 발라야 해요.
그리고 우리는 없으니까 꽃이나 자연물을 붙일 수 없을까?
꽃을 돌에 콩콩 찧어 손 위에 올리면 안 돼? 봉숭아 물들이기 해 봤어.
그런데 그건 하룻밤 자야하는 거 아니야? 그래야 물이 드는데!
실이나 끈 같은 것으로 고정시키는 것은 어때?
선생님 실이나 끈이 있어요? 그것이 필요해요.

네일하러 왔어요, 기대가 돼요

저만 믿으세요 , 예쁘게 해 드릴게요

저는 한 개만 하고 싶어요

♣ 네일숍의 직원과 손님을 정한 후, 자유롭게 놀이한다.

T: 네일숍에 필요한 역할은 무엇일까요?
역할을 어떻게 정할까요?

C: 하고 싶은 역할을 손들어 말해 보고 팀끼리 필요한 것을 준비하면 좋겠어요.
이야기 나눌 시간을 주세요.

- 손님: 원하는 디자인을 말하고, 직원이 잘 할 수 있도록 돕는다.
- 직원: 자연물을 손톱에 올려 실이나 빵 끈으로 고정시켜 준다.

T: 지금부터 자유롭게 놀이하고, 네일이 멋지게 완성되면 서로 감상하는 시간을 갖도록 할게요.

어떤 디자인을 골랐나요?

♣ 서로의 손을 감상해 본다.

T: 친구들이 받은 네일을 함께 볼까요?
어떤 부분이 가장 마음에 들고, 어떤 디자인이 가장 아름다운가요?

C: 손을 자연물로 직접 꾸며 보니 행복한 마음이 들었어요.
주변에 이렇게 아름다운 꽃이 많다는 것을 알게 되었어요.
꽃잎의 느낌이 너무 부드러워요.
묶어 주는 것이 어려웠는데 나중에는 잘할 수 있었어요.

T: 하면서 부족한 부분이나 아쉬웠던 부분은 없었나요?

C: 꽃이 예쁜데 잘 안 보여서 그게 아쉬웠어요.
끈이 투명하면 좋을 것 같아요.
묶는 것은 해 봤으니 직접 발라보면 좋을 것 같아요.

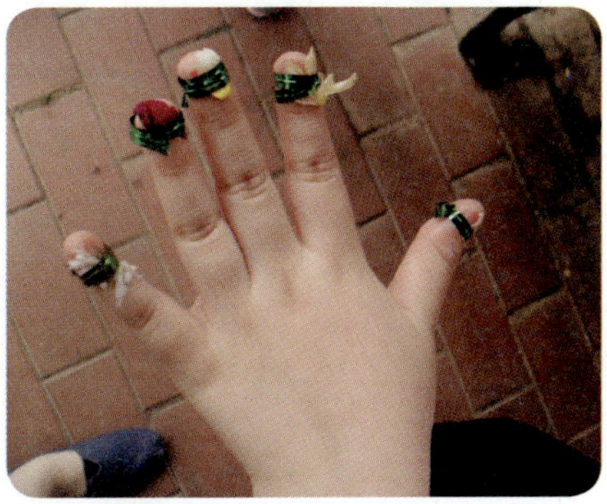

숲속 네일숍 최고예요

선생님! 제가 아까 꽃을 따는데 물감처럼 노란색이 나오는 꽃이 있었어요.

T: 그게 어디에 있었죠?

C: 우리 같이 가 봐요.

어떨지 몰라서 다시 만져보진 않았어요. 선생님도 같이 가 봐요.

확장놀이

▶ 애기똥풀 매니큐어 놀이

– 애기똥풀에 대해 알아보고, 똥풀에서 나오는 진액을 손톱이나 종이 등에 발라 본다.

진짜 노란색이 나와! 신기해

우와! 너는 이름이 왜 애기똥풀이니?

노란색으로 손톱 물들이기 완성

▶ 미국자리공 열매 그림놀이

– 미국자리공은 독성을 가지고 있어서 열매의 즙을 내고, 붓으로 그림을 그려 본다.

놀이 속 인성 키우기

* 존중 – 사람이나 사물은 기본적으로 그들의 존재만으로 존중할 가치가 있음을 인식하고, 그 가치에 대하여 소중히 여긴다.
* 책임 – 자신이 한 일을 스스로 평가하고 옳고 그름을 판단한다.

선생님의 놀이 지원 Tip

- 유아들이 손톱에 자연물을 올리고 묶는 것을 어려워할 수 있으니 좌절하지 않도록 적절한 도움이 필요합니다.
- 빵 끈 대신에 털실이나 솔잎 등을 활용해도 좋습니다.
- 대부분의 식물들은 자신을 보호하기 위해 독성물질을 내보내지만, 인간에게 영향을 끼칠 수 있을 정도의 강력함은 아닙니다. 그렇지만 식물의 독성물질에 대해 관심을 갖고, 유의하도록 지도가 필요합니다.
- 확장활동 〈애기똥풀 물들이기〉 시 실제로 손톱에 물들이기를 어려워하는 유아가 있을 수도 있으니 꽃 그림이 그려진 작은 종이를 준비해서 애기똥풀로 색칠을 해 보는 활동을 함께 진행합니다. 애기똥풀은 옛날에 피부병 치료약으로 쓰이기도 하였으나 약간의 독성이 있으므로 아이들이 노란색 액체를 입에 대지 않게 해 주시고, 액체가 옷에 묻을 경우 잘 지워지지 않으니 주의해야 합니다.

10 나뭇잎 징검다리 만들기

시기 여름

놀이명 나뭇잎 징검다리 만들기

놀이 자료 광목천

놀이 지원

놀이의 시작

숲 놀이를 갈 때 교사는 아이들처럼 기대도 하지만 한편으로는 걱정을 하기도 합니다. '유아들이 놀 거리가 없진 않을까, 교사가 놀이를 준비해서 가야 하는 것은 아닐까?' 하지만 교사가 주도하는 놀이가 학습의 의미를 가진다면, 숲에서 유아들의 요구대로 진행되는 놀이는 즉흥적이고 소소한 것들이지만 큰 발견이 되기도 합니다. 숲으로 향하던 중 발견한 시냇물에 놓인 징검다리를 본 유아들의 관심은 온통 그곳으로 향합니다.

C: 우와! 물이다. 물고기도 있나?
물이라 들어갈 수가 없어.
아니야, 저기 돌이 있잖아. 저걸 밟고 지나가면 돼.
그러네. 물속에 무거운 돌을 넣어 놨어. 우리 들어가도 될까?
선생님! 돌이 왜 물에 들어 있는 거예요?
T: 사람들이 지나갈 수 있도록 징검다리를 만들어 놓은 것 같아요.
C: 저렇게 큰 돌을 어떻게 넣었지? 힘들었을 것 같아요.
T: 왜 저런 돌을 선택했을까요?
C: 사람이 무거우니까 돌이 가벼우면 무너져요.
잘못하면 물에 빠지니까요.
그래서 돌도 평평한 것으로 놓은 것 같아요.
돌이 작으면 물에 닿아서 밟으면 미끄러져요.
우리도 건너가 보고 싶어요.
엄마가 혼자서는 가면 안 된다고 했어요.
우리 위험하지 않은 징검다리를 만들어 봐요.

T: 우리가 마음껏 건너볼 수 있는 징검다리는 어떻게 만들까요?

C: 여기 주변에 나뭇잎이 많아요. 나뭇잎을 이용하면 어떨까요?

나뭇잎은 너무 작은 것 같은데….

큰 나뭇잎을 찾거나 여러 개를 모아서 쓰는 것은 어때?

T: 주변을 둘러보고, 징검다리에 사용하고 싶은 나뭇잎을 가지고 와 주세요.

나뭇잎을 찾아 온 친구들은 다른 친구들이 볼 수 있게 여기 천 위에 나뭇잎을 올려 놓도록 해요.

내 손바닥보다 큰 나뭇잎을 찾았어

♣ 나무가 많은 숲으로 놀이장소를 정하고, 징검다리를 만들 재료를 수집한다.

T: 우리 친구들이 모두 나뭇잎을 가져왔어요. 우리가 가져온 나뭇잎들은 모두 같은 모양인가요?

C: 나뭇잎들 중에서 같은 모양끼리 모아 봐요. 어떤 게 있는지 알아보기 힘들어요.

(아이들이 스스로 해 볼 수 있도록 한다)

우리가 가져온 나뭇잎 중 같은 나뭇잎이 몇 개인지 함께 세어 볼까요?

나뭇잎을 크기대로 놓아 봐요. 이건 너무 작은 거 아닐까?

T: 어떤 나뭇잎의 크기가 가장 큰가요? 어떤 나뭇잎의 크기가 가장 작은가요?

왜 이 나뭇잎을 징검다리 재료로 선택했나요?

C: 크기가 커서요. 물에 빠지면 안 되니까요.

우리 발이 작으니까 작은 것도 가능하지 않을까요?

잎이 뾰족하거나 너무 얇아도 찢어질 것 같아요.

이 나뭇잎 네가 찾은 것이랑 똑같아

제일 적당하다고 생각하는 나뭇잎을 더 가지고 와요.

(유아들이 나뭇잎을 더 수집할 수 있도록 시간을 준다)

내 발이랑 크기가 맞을까?

♣ 나뭇잎 징검다리 활동을 소개하고, 징검다리 건너기 놀이를 한다.

내가 더 많이 놓을거야

T: 이제 여기가 졸졸졸 흐르는 시냇물로 변신할 거예요. 시냇물은 우리가 걸어서 건너갈 수 없으니까 징검다리를 하나씩 놓아 줄게요. 우리 친구들의 발이 시냇물에 빠지지 않게 조심조심 징검다리를 밟고 건너오세요.

나뭇잎 징검다리 만들기

1. 유아들이 수집한 나뭇잎을 각자 손에 들고 두 명씩 짝을 짓는다.
2. 두 명이서 가위바위보를 한다.
3. 양쪽에서 각자 출발을 하고 이긴 사람이 자신의 나뭇잎을 놓고 그 위에 선다.
4. 반복적으로 가위바위보를 해서 나뭇잎 징검다리 길을 완성한다.
5. 처음에는 길을 만들고, 그 이후에 건너는 방법을 한 발, 두 발 등으로 난이도를 조절해 본다.

나뭇잎은 이 정도면 될까?

야호! 내가 앞서간다

- 유아들이 자유롭게 놀이할 수 있도록 충분한 시간을 제공한다.
- 놀이에 필요한 자연물을 자유롭게 가져와서 놀이할 수 있도록 격려한다.

T: 우리들의 놀이를 소개해 볼 친구들이 있나요?

C: 징검다리를 길게 만들었더니 나뭇잎이 20장이나 필요했어요.
나뭇잎을 큰 걸로 하니까 공간이 부족해서 작은 나뭇잎으로도 해 봤어요.
우리는 나뭇잎 사이를 멀게 하니까 뛰어넘을 때 더 재밌었어요.
큰 나뭇잎, 작은 나뭇잎으로 패턴을 만들어 봤는데 헷갈렸지만 더 재밌었어요.
양쪽으로 길을 만들어 두 발로도 건너 볼 수 있었어요.

T: 놀이를 하면서 나뭇잎이 크기에 따라 필요한 개수가 달라진다는 것도 알게 되었고, 간격을 넓히고 좁히는 것, 패턴 만들기도 해 볼 수 있었네요.

C: 우리가 알게 된 것을 더 말해 보고 싶어요. 오늘 놀이한 나뭇잎 이름도 궁금해요.

확장놀이

▸ 나뭇잎 패턴 만들기

여러 가지 패턴을 스스로 만들어 본 후 친구들에게 예측해 보도록 한다.

같은 것을 찾아 볼 테야!

점점 작아지는 패턴을 만드는 중

이건 무슨 패턴이지?

▶ 나뭇잎 교구놀이

숲에서 나뭇잎을 주워 와 크기를 다르게 컬러 복사를 해서 나뭇잎을 크기대로 놓아 보는 교구 활동을 해 볼 수 있다.

숲에서 다양한 나뭇잎을 가져와 직접 코팅을 해서 교구로 사용할 수도 있다.

놀이 속 인성 키우기

* 존중 – 자연환경과 자연물에 관심을 갖고, 그 가치를 소중히 여긴다.
* 배려 – 다른 사람의 필요와 요구에 민감하게 반응하고 공감한다.

선생님의 놀이 지원 Tip

- 연령과 신체 발달에 따라 징검다리를 더 멀리 놓는다거나 가까이 놓아서 활동을 하거나, 신체의 움직임을 바꾸어서 활동해 보아도 좋다.
- 징검다리 건너기 놀이를 수 놀이로 활용하는 등 다양한 놀이 방법을 함께 만들어 충분히 놀이할 수 있도록 한다.

CHAPTER 10.

가을

1 내 나뭇잎을 찾아라

시기 가을

놀이명 내 나뭇잎을 찾아라!

놀이 자료 나뭇잎도감, 광목천, 분무기, 쓰기자료, 줄, 집게 등

놀이 지원

놀이의 시작

어떤 나뭇잎을 찾고 싶나요?

"숲에서 놀기만 하면 학습활동이 부족하지 않을까요?"라는 질문을 가장 많이 받습니다. 교실에 앉아서 언어, 수, 과학 등을 차분히 배우고 정해진 교육과정을 따르는 유아들과의 편차를 걱정하실 수 있다고 생각합니다. 하지만 모든 교육은 자연의 일부이고, 자연에서 모든 것을 배울 수 있습니다. 유아들의 숲활동을 자세히 지켜보고, 응원하고 지원해 주는 교육은 훨씬 더 흥미롭습니다. 교사의 주도가 아닌 유아중심의 스스로 학습법을 보고 싶다면 모두 숲으로 오십시오.

C: 나는 오늘 네잎클로버를 찾을 거야.
우리 이걸로 재미있게 놀자.
네잎클로버는 어떻게 생겼어?
음… 하트 모양이 작게 있고, 하트가 네 개 모여 있어.
그리고 색깔은 진한 초록색이야.
어? 여기 있다. 그런데 이건 3개잖아. 이건 세잎클로버야.
이건 우리 엄마가 토끼풀이라고 했는데?
토끼가 먹어서 토끼풀이랬어.
아니야. 세잎클로버야.
찾기 어려우니까 내 얼굴에 붙여 놓을게. 이거 보고 찾아봐!

T: 어떤 놀이를 하고 있었나요?
C: 네잎클로버를 찾고 있었어요.
그런데 찾다 보니 비슷한 나뭇잎도 있고, 더 신기하게 생긴 나뭇잎도 많아요.
그리고 얼굴에 나뭇잎을 붙였는데 잘 붙어요. 다른 나뭇잎도 붙여 보고 싶어요.
우리 신기한 나뭇잎들을 같이 찾아봐요.
T: 그러면 서로 다른 나뭇잎이나 풀을 하나씩 수집해서 가져와 볼까요?
(천을 펼쳐 놓는다) 여기 천 위에 가져온 나뭇잎들을 올려놓아 보아요.

우리가 찾아 온 나뭇잎들

♣ 주변의 나뭇잎을 찾아 관찰해 보고, 모아 온 나뭇잎의 모양과 색에 대해 이야기를 나눈다.

나는 이 나뭇잎이 마음에 들어요

T: 나뭇잎이 어떤 색깔인가요?

C: 초록색도 있고 연두색도 있어요.
색깔이 같은 것도 있지만 조금씩 색깔이 달라요.
우리 나뭇잎의 모양도 얘기해 보고 싶어요.
이 나뭇잎은 하트 모양이에요. 이 나뭇잎은 끝이 뾰족뾰족해요.
우리 같은 것끼리도 한번 모아 봐요.
선생님! 저는 이 나뭇잎이 너무 예뻐서 제 나뭇잎으로 하고 싶어요.
아까 친구가 한 것처럼 볼에 붙여 봐야지.

T: 그러면 자신이 원하는 나뭇잎을 붙여 볼까요?
(나뭇잎을 붙인 후) 같은 나뭇잎을 붙인 친구도 있고 다른 나뭇잎을 붙인 친구도 있어요.

C: 우리 이걸로 재미있는 놀이해 봐요.
같은 나뭇잎을 찾는 놀이를 해 보는 거예요.
이마나 볼에 붙인 나뭇잎이 같은 친구를 찾는 거죠~ 마음이 통하는 친구 찾기!
그건 너무 쉽잖아. 눈에 다 보이는데?
그럼 눈을 감고 서로 붙여 주고, 같은 나뭇잎이 있는 친구들을 찾아보자!

T: 그럼 선생님이 너희들이 가져온 나뭇잎을 붙여 줄 테니 친구에게 내 나뭇잎의 모양을 물어보고 친구의 설명을 잘 들은 후에 나와 같은 모양의 나뭇잎을 붙인 친구를 찾는 거예요.

C: 친구에게 내가 보이는 내로 나뭇잎의 모양을 설명해 주는 데 같은 모양을 가진 친구들을 서로 알려 주는 것은 반칙이에요.
서로 모양이나 어떤 느낌인지만 설명해 줄 수 있어요.

♣ '내 나뭇잎을 찾아라!' 놀이를 해 본다.

내 나뭇잎을 찾아라!

▶ 유아들이 보지 못하게 나뭇잎을 붙여 보도록 격려한다.〈비밀상자 활용〉

1. 친구에게 "내 나뭇잎은 어떻게 생겼니?" 하고 물어본다.
2. 친구가 알려 준 나뭇잎의 모양을 생각하고 나와 같은 나뭇잎을 붙인 친구를 찾은 후 교사에게 "우리는 짝꿍입니다." 하고 이야기한다.
3. 서로 같은 나뭇잎이면 ○, 다른 나뭇잎이면 × 로 표시한다.
4. 같은 나뭇잎을 가진 친구들이 모두 짝을 찾을 때까지 해 본다.

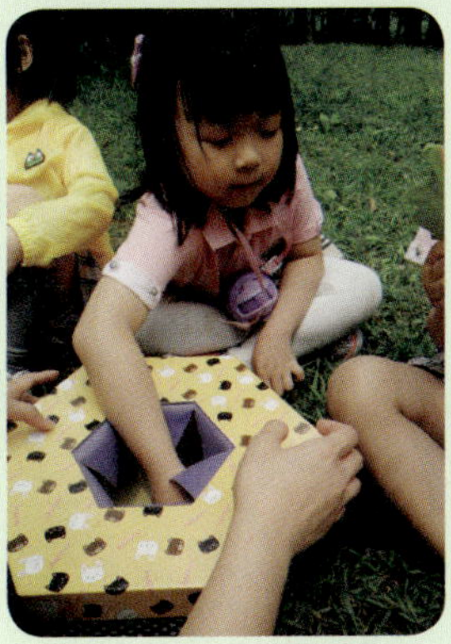

서로 보지 않고
나뭇잎을 붙이자

너, 나랑 같은 나뭇잎 아니니?

우리는 짝꿍! 마음이 통했다.

♣ '내 나뭇잎을 찾아라!' 활동을 평가해 본다.

T: 나와 같은 나뭇잎을 가진 친구를 찾는 것이 어땠나요?

C: 친구 이야기를 잘 들어야 했어요. 듣기만 하는 것이 아니라 기억도 잘 해야 해요.
순서도 지켜야 해요. 다른 친구랑 얘기하고 있으면 기다려야 해요.
나뭇잎이 많아서 헷갈리기도 했어요.

T: 친구의 이야기를 잘 들어 보니까 어땠나요?
어떻게 하면 다른 사람의 이야기를 더 잘 들을 수 있을까요?

C: 서로 배려해요. 내가 안다고 알려 주면 재미가 없어요.
나도 설명을 잘해 줘야 친구들이 잘 찾을 수가 있었어요.
친구들이 재밌게 얘기해 줘서 부르기에 쉽고 더 귀여운 것도 있었어요.
나뭇잎 이름이 어려우니까 우리가 별명을 만들어 줘요.
나는 진짜 이름을 알면 편할 것 같았는데… 진짜 이름을 알고 싶어요.

확장놀이

▶ 나뭇잎 별명 짓기

– 우리가 찾아본 특징들을 생각해서 내가 좋아하는 나뭇잎에 재밌는 이름을 지어 보고 적절한 장소에 전시해서 서로의 이름을 감상해 보도록 한다.

(활동 후 교실에서 실제 나뭇잎 이름에 대해 알아보고, 비교해서 기록해 볼 수 있다)

재미있는 이름을 지어 줘야지

친구들에게 보여 줄 거야.

친구들 너무 잘했다, 어떻게 이런 생각을 했지?

내가 지은 별명은 '보두리'

▶ 나뭇잎 메모리 게임

– 다양한 종류의 나뭇잎 카드를 2장씩 준비해서 나뭇잎 카드를 뒤집어 놓은 후 같은 카드를 찾아본다. 카드를 찾으면 나뭇잎 이름을 말하고 카드를 가져간다. (알아본 나뭇잎의 카드를 제공해 주고, 숲에서 알게 된 나뭇잎이 늘어날 때마다 확장해서 활동해 보도록 한다).

놀이 속 인성 키우기

* 존중 – 자연환경과 자연물에 대해 관심을 갖고, 가치를 소중하게 여긴다.
* 배려 – 다른 사람의 필요와 요구에 민감하게 반응하고 공감한다.

선생님의 놀이 지원 Tip

- 서로 같은 잎을 가진 친구들을 서로 알려 주지 않도록 약속을 정한다.
- 먼저 잎을 모아 왔을 때 잎의 모양을 여러 가지 표현을 통해 연습을 해 보아야 직접 게임을 할 때 설명할 수 있다.
- 얼굴에 붙인 나뭇잎이 잘 떨어질 수 있으니 분무기로 나뭇잎 뒤에 물을 살짝 뿌려서 사용한다.

2 야생동물아, 조심해!

시기 가을

놀이명 야생동물아, 조심해!

놀이 자료 야생동물 보호 표지판 · 포스터 그림, 다양한 야생동물 사진

놀이 지원

놀이의 시작

숲으로 향하던 중 공원에 조성되어 있는 지압용 돌길을 발견한 아이들은 선생님을 따라오는 것도 잊고, 삼삼오오 기차를 만들고 있습니다. “칙칙폭폭 우리 기차는 어디로 가죠?”, “빠르게 달릴 수 있습니다. 모두들 조심하세요.” 아이들이 만든 기차의 줄은 점점 길어져 어느새 선생님이 맨 앞을 향하고, 까르륵거리는 아이들의 웃음소리에 숲으로 향하는 길은 너무나 즐겁습니다.

C: 선생님! 우리 기차놀이해요.
선생님 기차랑 우리 기차랑 누가 더 빠른지 대결하는 놀이예요.
T: 대결을 하려면 기차를 만들어야 하는데 기차는 어떻게 만들죠?
C: 가위바위보로 기차를 정해요.
T: 기차놀이를 어떻게 할 수 있을까요?
C: 여러 개의 기차를 만들어서 누가 빠른지 대결해요.
가위바위보를 해서 이긴 기차만 달릴 수 있도록 해요.
달리지 않고 천천히 철길 위를 걸어서 도착하도록 해요.
T: 친구들과 기차를 어떻게 만들 수 있을까요?
C: 허리를 잡아요. 어깨를 잡아요.
끈으로 묶어요. 상자를 같이 타고 가요.
T: 기차놀이를 한다면 무엇이 필요할까요?
C: 신호등이요, 표지판이요, 바퀴요.

기차놀이

1. 세 팀으로 나눈다.
2. 동그랗게 묶은 줄 안에 세 팀이 각각 들어간다.
3. 신나는 노래에 맞추어 친구들과 함께 기차를 타고 돌아다니다가 다른 기차를 만나면 맨 앞 친구들끼리 가위바위보를 한다.
4. 진 팀 기차의 맨 마지막 친구는 이긴 팀의 기차를 탄다.
5. 제일 긴 기차를 만든 팀이 승리한다.
6. 하나의 기차가 완성되면 기차가 되어 기찻길을 걸어 본다.

- (줄을 서서) 기찻길을 따라 칙칙폭폭! 걸어 볼까요?
- 기차가 점점 빨라지는데 어떻게 해야 할까요?
- 우리는 어디로 가고 있을까요?

기찻길 발견

얘들아! 나한테 붙어, 우리 기차가 되어 보자

우리 기차놀이를 시작해 볼까?

친구들아, 다른 기차를 만나자

가위바위보 우리가 이겼다!

♣ 야생동물에 대해 알아보고, 동물을 자유롭게 표현해 본다.

T: 기차가 열심히 달리고 있는데… 잠깐! 멈춰 보세요.
무엇을 만났을까요?
(유아들이 상상한대로 자유롭게 표현해 본다)

C: 다른 기차를 만났어요. 멈춰야 해요.
연료가 떨어졌어요. 정비소로 가야 해요.
기차역에 도착해서 잠시 쉬었다 가는 거예요.
기찻길에 야생동물이 나타나서 멈춘 것 아닐까요?

T: 야생동물이 나타날 수 있을까요?

C: 뉴스에서 봤어요. 야생동물 친구들이 차가 다니는 길에 나타나서 위험한 일들이 생긴다고요.
네! 저는 아빠랑 야생동물 보호 표지판도 봤어요.

T: 야생동물을 본 적이 있나요? 어디에서 사는 동물인가요?

C: 직접 보지는 못했고, 뉴스에서 봤어요.

T: 야생동물은 자연에서 사는 동물을 말해요. 숲이나 산에 있어야 하는 동물들이 왜 기찻길이나 도로로 왔을까요?

C: 우리랑 놀고 싶어서요.
밝은 빛 때문에 그런 것 아닐까요?
먹을 것을 구하러 온 것 같아요.

T: 그럼 내가 야생동물이 되었다고 생각해 본 후 왜 여기까지 오는지 함께 생각해 볼까요? (야생동물 사진을 보며) 동물을 자유롭게 표현해 봅시다.
: 사진이 준비되지 않았을 경우 작은 보드판이나 스케치북을 활용하고, 스마트폰을 활용해도 좋다.

우리는 야생동물!

먹을 것을 구하러 왔어요

♣ 놀이 방법과 규칙을 소개한다.

T: 오늘은 우리 친구들이 야생동물이 되어 볼 거예요.
우리가 좀 전에 타 본 것이 무엇이었죠?
긴 밧줄이 기차가 되고, 먹이를 줄 반대편에 놓을 거예요. 이 먹이는 누가 먹을까요?
너희들이 야생동물이 되어서 이 먹이를 구해 오세요.
놀이할 때 주의해야 할 점은 무엇일까요?

C: 줄에 닿지 않아야 해요. 내가 진짜 동물이라고 생각해요.
먹이를 진짜로 먹지 않아요.

♣ '야생동물아, 조심해!' 놀이를 즐겁게 한다.

T: 역할을 어떻게 정하면 좋을까요?
먹이를 구해 오면 어떻게 할까요?
먹이를 구해 오지 못하면 어떻게 할까요?
역할을 바꿔서 자유롭게 놀이해 보도록 해요.

우리는 야생동물 팀

기차를 피해서 조심조심

으악! 부딪혔어~ 괜찮니?

야생동물아, 조심해!

1. 두 사람을 뽑아 각각 밧줄 끝을 잡고 긴 줄넘기를 하듯 돌리게 한다.
   (이때 밧줄은 차가 씽씽 달리는 도로나 기찻길이 된다)
2. 나머지는 모두 야생동물이 되어 도로를 건너 먹이를 구해 와야 한다.
3. 줄넘기를 통과해 건너편에 있는 먹이(자연물)를 다시 제자리로 갖고 오면 성공이다.
4. 줄에 맞으면 먹이를 구해 올 수 없다.

♣ 야생동물 보호에 관심을 가져 보고, 우리가 할 수 있는 일을 생각해 본다.

T: 먹이를 구해 온 친구들의 기분은 어땠나요?

C: 너무 신났어요. 근데 줄에 맞지 않고 가져오기는 너무 힘들었어요.

T: 밧줄에 맞은 동물들은 어떻게 됐을까요?

C: 크게 다쳤을 것 같아요. 오면 안 돼요. 너무 위험해요.

T: 야생동물들은 왜 도로까지 먹이를 구하러 왔을까요?

C: 먹을 게 없어서요.
사람들이 먹을 것을 남겨서 그래요.
우리가 산에 있는 것도 다 뺏어 먹어서 그런 것 같아요.

T: 야생동물들의 집은 숲인데 사람들의 편의를 위해서 동물들의 집인 숲을 파괴하거나 없애는 일들이 생기고 있어요. 그래서 동물들은 집이나 먹이를 찾다가 도로에 나와서 자동차나 다른 교통기관에 부딪혀 사고가 나기도 합니다.

C: 야생동물 보호 표지판을 더 많이 놓아야겠어요.
다른 사람들에게도 알려 줘야 해요.
유치원에 돌아가서 우리가 해 줄 수 있는 일에 대해 알아봐요.

확장놀이

- 야생동물 보호 포스터와 표지판을 만들어 도로에 나가 홍보활동을 한다.
- 멧돼지의 친구 찾기
  - 야생동물의 특징에 대해 알아보고, 야행성 동물의 경우 시각보다는 후각, 청각이 발달하여 냄새나 소리로 느낄 수 있다는 것을 알 수 있는 놀이를 진행한다.
- 자연물로 교통기관 만들기
  - 야생동물과 함께 관심을 가진 교통기관에 대해서도 알아보고, 관심 있는 교통기관을 자연물을 이용해 만들어 본다.

표지판을 이용한 자동차 도로 만들기

교통기관 디자인하기

교통기관 디자인하기

놀이 속 인성 키우기

* 존중 – 사람이나 사물은 기본적으로 그들의 존재만으로 존중할 가치가 있음을 인식하고, 그 가치에 대하여 소중히 여긴다.
* 협동 – 공동의 목표를 설정하고, 이를 달성하기 위하여 도움을 준다.

선생님의 놀이 지원 Tip

- 여러 명의 유아가 함께 움직여야 하는 활동이므로 아이들이 넘어지거나 다치지 않게 사전 답사를 통해 평평하고 경사가 없는 곳을 활동 장소로 선정하고, 줄에 걸려 넘어지면 다칠 수 있으니 잔디가 있고 푹신한 곳에서 활동한다.
- 야생동물에 대해 알아보는 활동은 한 번에 끝내지 않고 여러 날에 걸쳐 지속적으로 탐구하도록 한다.
- 자연이 파괴되며 동물들이 겪게 되는 고통에 대해서 동물의 입장에서 생각해 볼 수 있도록 한다.

3 아직 익지 않았어

시기 가을

놀이명 아직 익지 않았어!

놀이 자료 광목천, 색깔 카드(초록, 빨강 각 10~15장씩)

놀이 지원

놀이의 시작

숲에서 식물들은 자주 찾아볼 수 있지만 동물들을 만나기란 쉽지 않습니다. 사람의 인기척이 느껴지면 금세 이동해 버리기 때문에 아이들은 작은 나비, 곤충, 새의 움직임을 늘 따라가게 됩니다. 아이들과 가을 숲을 느끼러 가는 길에 만난 귀여운 새는 우리가 온 줄도 모르고 땅에 떨어져 있는 작은 열매를 열심히 쪼아 먹고 있습니다. 살금살금 조심스럽게 새를 가만히 지켜보던 아이들은 바닥에 떨어져 있는 먹이를 먹는 새를 걱정합니다.

C: 저 빨간 열매가 맛있나봐.
무슨 맛일까?
달콤한 맛 아니야? 딸기도 빨간 색인데 달콤하잖아.
근데 왜 바닥에 떨어져 있는 것을 먹지?
저기 나무 위에도 많은데….
아까워서 먹는 것 아닐까?
저 나무 있는 데로 가 보자!

C: 선생님! 아까 새가 먹던 열매가 어디 있나요?

T: 어떤 색깔이었나요?

C: 빨간색이요.
새가 먹고 있어서 잘 안 보였어요.

T: 그러면 숲에 가서 열매를 찾아보고, 함께 살펴보도록 해요.

♣ 숲으로 이동하여 나무들과 열매를 살펴본다.

T: 우리가 찾은 열매를 함께 살펴볼까요?
어떤 열매를 가져왔나요?

C: 저는 나무에 매달려 있는 작고 빨간 열매를 많이 가져왔어요.
포도같이 생긴 열매도 있어서 주워 왔어요.
저는 떨어져 있는 밤처럼 생긴 열매도 가져왔어요.
색깔이 빨간 것만 열매인가요?

T: 너희들은 어떻게 생각하나요?

C: 먹을 수 있는 것은 빨갛고, 아닌 것은 초록색이나 다른 색인 것 같아요.
빨갛다고 무조건 먹으면 안 돼.

T: 왜 먹을 수 없다고 생각하나요?

C: 초록색이니까요.
가을이 되고 빨강색이나 다른 색깔이 되어야 먹을 수 있어요.
아냐. 아무거나 함부로 먹으면 안 돼!
열매를 다 먹어 버리면 나무가 슬프지 않을까?
잘 모르겠다! 새들한테 물어보면 좋을 텐데….

T: 그러면 우리가 새나 열매를 먹는 동물이 되었다 생각하고 열매를 찾아볼까요?

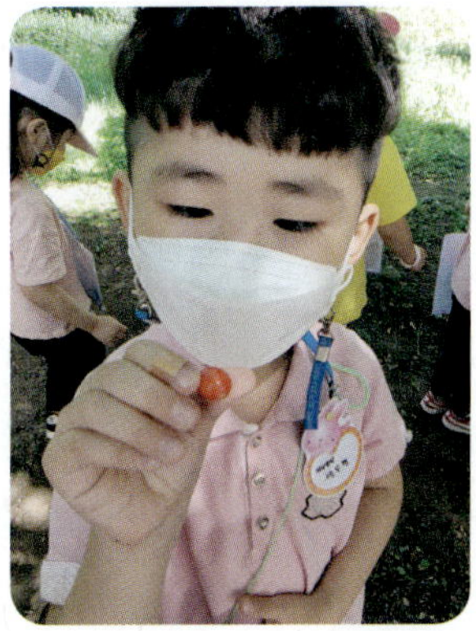

귀여운 열매를 찾았어요!

익은 열매를 선생님도 찾아왔어요

♣ 놀이 방법에 대해 소개하고, 즐겁게 놀이한다.

T: 오늘은 우리가 나무도 되어 보고, 동물도 되어 게임을 해 볼 거예요. 먼저 두 팀을 나누어서 나무 팀과 동물 팀이 되는 거예요.

아직 익지 않았어

1. 한 장의 카드(한쪽은 빨간색, 다른 한쪽은 초록색인 카드)를 광목천 위에 여러 장 나열해 놓는다.
2. 지름이 3미터인 원을 그린다.
3. 동물 모둠과 나무 모둠을 나누고, 나무 모둠에서 열매 친구 한 명을 뽑아 카드를 뒤집게 한다(초록색 ⇨ 빨간색).
4. 동물 모둠은 열매를 따먹으려고 하며, 나무 모둠은 열매를 먹지 못하도록 한다. 동물에게 먹히지 않고 빨간색으로 다 뒤집으면 나무 모둠이 이긴다(역할을 바꿔 놀이를 해 본다).

♣ 번식을 위해 열매를 지키려는 나무와 열매를 먹으려는 동물의 관계에 대해 이야기를 나눈다.

T: 동물과 나무 역할을 해 보니 어땠나요?

C: 서로 열매를 갖기 위해 무척 바빴어요.
왜 이렇게 하는 거예요? 나무가 열매를 주면 되잖아요.

T: 나무는 자신의 친구를 많이 만들고 싶어 해요. 열매 속에는 대부분 아기 씨앗이 들어 있는데 열매가 익어 땅에 떨어져서 다시 나무가 되어 자라기를 바란대요. 그런데 주변의 동물들이나 새들은 나무 열매를 먹고 싶어 하기 때문에 익기 전까지는 잘 보지 못하게 초록 색깔 열매로 있어요. 미리 따 먹을 수 없게요. 그리고 잘 익어서 빨간색이나 보라색, 주황색 등으로 색깔이 변하면 먹을 수 있는 열매가 되는 거예요.

C: 새들이나 동물들은 먹이가 없으면 살 수가 없잖아요.

T: 맞아요. 그래서 새들이나 동물들이 열매를 먹고 씨앗을 뱉거나 똥으로 땅에 떨어트리면 그게 잘 자라서 나무가 되도록 돕기도 해요. 하지만 모두 먹어 버린다면 나무는 새로 태어날 수가 없겠죠?

C: 그러면 동물들도 적당히 먹고, 나무에게도 잘 남겨 줘야겠어요.
다른 동물이랑 열매들도 이런 관계가 있는지 궁금해요.
서로 어떤 도움을 주고받는지 알아봐요.

아직 익지 않았어! 먹으면 안 돼!

우리는 나무야, 내 열매는 못 줘!

열매가 많다. 다 먹을래요

확장놀이

▶ 은행열매 브로치 만들기

– 은행나무 열매가 자신을 보호하기 위한 생존 전략에 대해 알아보고, 은행 열매 브로치를 만들어 본다.

은행 열매를 찾아보자!

딱딱한 껍질이 있어서 신기해요

멋진 열매 브로치 완성

▶ 익은 열매와 덜 익은 열매 관찰하기

- 콩이나 밤 등 열매의 익기 전과 익은 후의 색깔의 변화와 같은 점, 다른 점 등을 찾아보고, 실물이 준비된다면 열매의 익기 전과 익은 후의 맛을 보는 것도 좋다.

놀이 속 인성 키우기

* 소통 – 다른 사람의 생각을 듣고 반응해 주며 자신의 생각을 이야기하여 서로 의견을 조율하여 본다.
* 배려 – 다른 사람의 필요와 요구에 민감하게 반응하고 공감한다.
* 협력 – 두 명 이상의 구성원이 공동의 목표를 설정하고, 이를 달성하기 위하여 개인적 책임을 다하며 서로 조언 및 조력을 주고받는다.

선생님의 놀이 지원 Tip

- 활동의 난이도를 고려하여 카드의 개수를 조정해 준다.
- 놀이 평가 시 카드를 모두 제대로 뒤집었는지, 동물 모둠이 열매 모둠을 뚫고 들어가는 등 반칙을 하지 않도록 놀이의 과정을 평가한다.
- 동식물의 생존 전략에 대해 자연스럽게 느낄 수 있도록 하고, 먹이사슬에 대해 폭넓게 관심을 가질 수 있도록 연계활동을 진행하도록 한다.

4 열매 달리기 대회

시기 가을

놀이명 열매 달리기 대회

놀이 자료 열매통, 놀이 천, 끈, 열매(솔방울, 도토리, 은행 등)

놀이 지원

놀이의 시작

아이들에게 솔방울은 숲에서 제일 좋은 재료입니다. 솔방울로 공놀이도 하고, 여러 가지 음식에 넣는 소꿉놀이 소품이나, 무엇이든 자유롭게 변신 가능한 만들기 등 솔방울은 자연에서 놀 때 결코 빠질 수 없는 존재입니다. 솔방울로 놀이를 하다 보면 놀이 장소에 가득 모여 있는 솔방울들로 그때그때 새로운 놀이를 만들고 놀라운 발견을 하기도 합니다.

T: 오늘은 솔방울로 여러 가지 놀이를 하고 있네요.
너희들이 하는 놀이가 너무 재미있어 보여서 선생님도 너희들이 놀이에 사용할 수 있는 커다란 천을 준비했어요.
이것을 놀이에 어떻게 활용하면 좋을까요?
C: 구멍에 골인하는 놀이일까요?
구멍 밑에 그물이 있어. 솔방울이 빠지지 않도록 하는 건가 봐요.
여러 가지 모양에 점수를 두고 넣는 점수를 합치는 것 같아.
선생님! 그 천은 어디에 둬요? 친구들이 들고 있나요?
우리가 솔방울 던지다 맞으면 안 되니까 잘 던질 수 있는 곳에 놓게 해 주세요.

♣ 솔방울 던지기 놀이를 해 본다.

- 교사는 적절한 장소를 택해 솔방울 던지기 천을 나무에 묶어 설치하고 유아들은 주변의 솔방울을 주워서 모아 본다.

T: 선생님이 놀이 할 장소에 천을 매달았어요. 솔방울을 던져 보고 싶나요? 그렇다면 넣는 위치는 어디로 하는 것이 좋을까요?

(유아들과 던질 선을 정한다: 1단계, 2단계, 3단계를 설정하여 난이도 조절하기)

– 한 명당 몇 개의 솔방울을 던질 것인지 정해 본다.

나는 여기에 넣을 거야

솔방울을 구멍에 던지는 것이 어떨까요?

던지고 난 후에는 정리도 잘하는 친구들

솔방울 던지기

1. 출발선에 서서 자신이 던질 솔방울 3개를 준비한다.
   ▶ 솔방울로 한정하지 말고 유아들이 정한 자연물로 활동해 보도록 한다.
2. 자신이 생각한 위치에 솔방울을 하나씩 던져 본다.
   ▶ 던지기 방법도 서기, 앉기, 눕기, 뒤돌기 등으로 자유롭게 던져 보도록 한다.
3. 솔방울이 들어간 곳을 확인하고, 솔방울을 제자리에 정리한다.
4. 다음 친구들이 솔방울을 준비하고 이미 던진 아이들은 다시 맨 뒤로 가서 줄을 선다.

아스팔트 길에서도 실험해 보자

T: 솔방울 던지기 놀이를 너무 잘하네요. 얼마만큼 넣었는지 이야기해 볼 수 있나요?

C: 저는 조금만 넣었어요. 던지는 게 조금 어려웠어요.
너무 높이 있어서 자꾸 데굴데굴 굴러만 갔어요.
네! 굴리기 시합을 하면 더 잘할 수 있을 것 같은데요.
선생님, 이번엔 굴리기 시합을 해 봐요.

♣ 열매 달리기를 계획하여 즐겁게 놀이한다.

T: 5개의 열매가 있는데 오늘은 이 열매들을 가지고 달리기 시합을 하려고 해요. 달리기 시합을 하려면 어떻게 해야 할까요?

C: 데굴데굴 굴려요.
기울어져 있는 데서 굴리면 미끄러져서 내려가요.

T: 열매들이 스스로 달릴 수 있을까요? 어떻게 하면 잘 굴릴 수 있을까요?

C: 힘이 필요해요. 우리가 하면 돼요.
연습해요.
T: 여기 열매들 중에서 어떤 열매가 가장 빨리 굴러갈까요?
C: 저는 솔방울이 잘 될 것 같아요.
작은 열매들이 잘 되지 않을까요?
바퀴처럼 동글동글한 열매요.
굴리는 곳이 울퉁불퉁하면 안 될 것 같아요.

열매 달리기 대회

1. 경사면이 있는 곳으로 이동하여 열매 달리기를 해 본다.
2. 아이들과 함께 열매를 줍거나 준비한 열매 중에서 원하는 것을 하나씩 선택하게 한다.
3. 5명씩 팀을 나누어서 열매를 굴려 본다.
   - 어떤 열매가 가장 빠르게 달렸나요?
   - 그 이유는 무엇일까요?
   - 다양한 경사면을 만들어서 활동해 본다.
     (울퉁불퉁한 길, 매끈한 길, 경사가 급한 길, 완만한 길)
4. 다양한 열매를 굴리며 열매의 종류에 따라, 길에 따라 달라지는 속도를 관찰해 본다.

열매 굴리기 출전 선수를 소개합니다.

천 위에서는 잘 굴러가나요?

C: 오늘 놀이도 너무 재밌었어요.
제가 생각한대로 잘 되지 않았지만 여러 가지 길에서 굴려 보니 잘 되는 곳과 안 되는 곳을 찾을 수 있었어요.
무거운 것과 가벼운 것의 빠르기가 달랐어요,
또 다른 열매 놀이를 찾아봐요.
유치원에 가서 하면 더 재밌을 것 같아요.

확장놀이

▶ 열매 축구

– 적당한 거리의 나무와 나무 사이에 골키퍼가 선다. 나머지 친구들이 조금 떨어져서 열매(밤, 도토리, 은행열매)를 발로 차서 넣는다.

▶ 솔방울 치기

– 아이들이 모아 온 솔방울을 나뭇가지로 만든 작은 네모 안에 쌓아 놓고 솔방울을 던져 네모 밖으로 떨어진 솔방울을 가져가는(구슬치기 활동과 방법이 동일함) 솔방울 치기 활동을 진행해 본다.

던질 솔방울을 준비하세요!

네모 안에 솔방울 가득 넣기

놀이 속 인성 키우기

* 존중 – 자연환경과 자연물에 대해 관심을 갖고, 가치를 소중하게 여긴다.
* 배려 – 다른 사람의 필요와 요구에 민감하게 반응하고 공감한다.
* 협동 – 공동의 목표를 설정하고, 이를 달성하기 위하여 개인적 책임을 다하며 서로 도움을 주고받는다.

선생님의 놀이 지원 Tip

- 솔방울 던지기 천이 없는 경우에는 종이를 오려 모양 본을 만들고 위치를 달리하여 나무에 매달아 활용한다.
- 수준에 따라 바닥에 원을 그리고 넣어 보는 활동이나, 모자로 받기는 주변의 다양한 물건들을 활용하여 활동해 보도록 한다.
- 열매를 굴리는 길이 흙길이면 열매가 굴러가는 모습이나 색이 잘 보이지 않으므로 아스팔트로 포장된 언덕길에서 굴려 보거나 길게 잘린 나무껍질을 수직으로 세워서 비탈길을 만들어도 좋다.

5 나뭇잎 퍼즐

시기 가을

놀이명 나뭇잎 퍼즐

놀이 자료 광목천, 루페, 가위, 목공 풀, 종이, 나뭇잎 사진자료

놀이 지원

놀이의 시작

우리들이 모아놓은 나뭇잎

청량한 가늘 하늘이 한창인 어느 날, 숲에는 맛있는 음식을 만드는 요리사들이 있습니다. 알록달록 예쁜 나뭇잎을 모아 정성스레 음식을 만들고, 커다란 나뭇잎은 예쁜 모양의 그릇이 되어 줍니다. 흙을 곱게 빻아 양념으로 넣고, 자신들이 생각한 요리를 즐겁게 만들던 그때 나뭇잎을 모아 오던 아이가 솔잎을 모아 가져옵니다.

C: 우리가 피자를 만들게. 너희는 가서 요리 재료를 많이 모아 와~
예쁜 색깔 나뭇잎이 필요해. 많이 찾아다 줘!
(솔잎을 보며) 이 뾰족하게 생긴 건 뭐야? 이건 나뭇잎이 아닌데?
끝이 엄청 뾰족해. 위험한 것 아닐까?
아냐. 이거 소나무 잎이잖아. 이것도 나뭇잎이야.
이것도 나뭇잎이라고? 나뭇잎은 더 크고 넓어.
색깔도 더 예쁘다고~ 이건 소나무에서 보긴 했지만 나뭇잎이 아닌 것 같아.
T: 무슨 일이예요?
C: 선생님! 친구가 이게 나뭇잎이라고 가져왔어요.
이것도 나뭇잎이에요?
T: 너희들이 생각하는 나뭇잎은 뭔데요?

C: 나무에 매달려 있는 것이요.
물방울 모양 같은 느낌이요.
아주 여러 개가 모여 있어야 해요.
가을이 되면 색깔이 바뀌는 것이요.
나무에게 나무 밥을 만들어 준다고 했어요.
T: 그럼 소나무 잎은 왜 아니라고 생각했나요?
C: 모양이 바늘 같아요.
나뭇잎과 다르게 생겼어요.
잘 모르겠어요.
우리 같이 한번 알아봐요. 궁금해요.
T: 너희들이 생각한 나뭇잎을 찾아와서 함께 비교해 보도록 해요.

♣ 솔잎과 주변의 다른 나뭇잎을 살펴보고 서로 비교해 본다.

T: 너희들이 여러 가지 나뭇잎을 가져왔어요.
모아 놓으니 어떤가요?
C: 나뭇잎 모양이 비슷하다고 생각했는데 다 달라요.
색깔도 여러 가지예요.
크기도 다르고 어떤 나뭇잎은 털이 있어요.
나무마다 나뭇잎도 다르다는 것을 알았어요. 우리가 알아보기 쉬우라고 그런 것 같아요.
T: 이 나뭇잎은 어떤 나무의 나뭇잎일까요?
(모양, 색깔, 크기 등을 비교해 본다 - 예) 침엽수 - 소나무, 잣나무, 전나무/ 활엽수 - 단풍잎, 플라타너스 등 잎이 넓은 나무)

■ 루페를 사용하여 관찰해 본다

내가 생각한 나뭇잎

나뭇잎을 자세히 보고 싶어요

♣ 나뭇잎을 잘라 나뭇잎 퍼즐을 만들어 즐겁게 놀이한다.

T: 나뭇잎의 모양, 크기, 색깔을 비교해 봤나요? 관찰해 보면서 어떤 점을 발견했나요?

C: 나뭇잎에 신기한 그림들이 있었어요.
우리 손바닥처럼 줄이 있는 것들이 있었어요.
저는 바닥에 놓고 나뭇가지로 따라 그려 봤어요.
나뭇잎 끝이 뾰족뾰족하기도 하고 부드러운 선인 것도 있었어요.
나뭇잎 속이 궁금해서 가위로 잘랐는데 다시 모양을 만들어 보려니 어려웠어요.

T: 아! 나뭇잎을 가위로 오려 봤어요?

C: 네, 그런데 초록색 물이 조금 나왔고, 잘랐더니 나뭇잎이 흐물흐물해졌어요.
퍼즐 놀이도 친구들과 해 보고 싶어요.

T: 우리가 주워 온 나뭇잎으로도 퍼즐을 만들 수 있을까요?
몇 조각으로 잘라 볼까?
(퍼즐을 잘라서 함께 맞추어 본다)

C: 우리가 원하는 나뭇잎으로 퍼즐을 만들어 봐요.
퍼즐 조각을 너무 작게 하면 힘들 것 같아요.

나뭇잎 퍼즐 만들기

1. 자신이 원하는 나뭇잎을 찾는다.
2. 나뭇잎을 가위로 3~4조각을 낸다.
3. 퍼즐이 완성되면 먼저 맞추어 본 후 봉투에 담아서 친구들과 바꾸어 나뭇잎 퍼즐 놀이를 한다.
4. 종이에 내가 만든 나뭇잎 퍼즐을 목공 풀로 붙여 완성한다.

이 나뭇잎을 몇 조각으로 나누지?

가위로 오려서 퍼즐을 만들자

T: 나뭇잎 퍼즐 놀이는 어땠나요?

C: 친구들이 만든 놀이라 재밌었어요.
유치원 퍼즐보다 조금 어려웠는데 친구들이랑 같이 하니 재밌었어요.
우리가 나뭇잎을 잘 알면 더 잘 할 수 있을 것 같아요.
나뭇잎에 대해서 좀 더 자세히 알아보고 싶어요.

확장놀이

- 아이들이 숲에서 맞추었던 나뭇잎 퍼즐을 유치원으로 가져와서 코팅을 한 후 그대로 잘라서 자유선택활동 시간에 퍼즐 활동을 해 본다.
- 나뭇잎 잎맥 그리기
  나뭇잎을 마음대로 잘라 A4용지에 목공 풀로 붙인 후 잘라 낸 나머지 나뭇잎 부분을 연필로 그려 본다.
  잎맥이 잘 보이지 않을 경우 나뭇잎을 색연필로 스케치해서 잎맥을 확인한다.

기다란 나뭇잎을 그려 볼 거야

플라타너스 잎맥 그리기

너희들이 궁금해 한 잎맥을 그려 보자

유치원에 같이 전시해 봐요!

놀이 속 인성 키우기

* 협동 – 공동의 목표를 설정하고, 이를 달성하기 위하여 개인적 책임을 다하고 서로 도움을 주고받는다.
* 존중 – 다른 사람의 의견을 존중하고 수용한다.

선생님의 놀이 지원 Tip

- 나뭇잎 전체의 모양을 충분히 탐색한 후 활동할 수 있도록 한다.
- 유아의 수준에 맞추어 나뭇잎 퍼즐 조각의 수를 조절하여 준비한다.
- 나뭇잎 퍼즐의 모양을 보고 맞추기 어려울 경우 나뭇잎의 잎맥을 관찰하고, 사람의 몸속에 뼈와 핏줄이 모두 연결되어 있듯이 나뭇잎에도 잎맥이 있고 잎맥은 서로 연결되어 있음을 설명해 주어 모양뿐 아니라 잎맥의 연결을 보고 퍼즐을 맞출 수 있도록 한다.

6 우리나라 전통놀이

시기 가을

놀이명 우리나라 전통놀이

놀이 자료 전통놀이 도구(사방치기 놀이 줄, 긴 밧줄, 나무비석)

놀이 지원

놀이의 시작

추석을 맞이해 유치원에서는 '우리나라'를 주제로 아이들과 우리나라의 전통문화에 대한 활동을 합니다. 전통의상을 입고 다양한 전통문화를 체험하며 우리나라의 다양한 풍습에 대해 자연스럽게 관심을 갖게 됩니다. 그중 아이들의 가장 큰 관심사는 역시 전통놀이인 투호놀이, 사방치기, 비석치기처럼 재미있게 놀이할 수 있는 것들입니다. 유치원에서 경험해 보았던 전통놀이들을 숲에서도 즐길 수 있는 아이들은 너무나 행복하고 우리의 문화가 자랑스럽습니다.

C: 유치원에서 해 봤던 전통놀이 재밌었지?
그때 더 많이 하고 싶었는데 시간이 부족했어.
선생님! 오늘은 숲에서 전통놀이하면 안 돼요?
T: 어떤 놀이가 기억에 남았나요?
C: '투호놀이'요. 임금님이 하던 놀이랬어요.
저는 '사방치기'요. 잔디밭에서 하면 안 다칠 것 같아요.
'무궁화 꽃이 피었습니다'도 하고 싶어요.
'비석치기'도 재밌었어요. 진짜 돌을 구해서 할 수 있지 않을까요?
T: 이렇게 많은 놀이를 다 할 수 있나요?
C: 하나씩 하지 말고 다 같이 준비해 놓은 후 하고 싶은 것을 가서 선택하면 어때요? 교실에서 놀이하는 것처럼요.
T: 그러면 숲에 갈 때 놀이할 것을 준비해서 놀이해 보도록 해요.

♣ 숲으로 이동해 적당한 장소를 찾고, 여러 가지 전통놀이를 체험하도록 한다.

■ 사전에 전통놀이에 필요한 것을 계획하고 준비해서 가도록 한다.
즉흥적으로 계획이 나왔을 경우 숲에 있는 자연물을 활용해서 놀이할 수 있다.

T: 우리가 생각한 장소로 왔어요. 우선 놀이 전에 준비를 해야 할 것 같은데,
어떻게 할까요?
C: 모두 같이 준비하면 시간이 오래 걸리니까 우리끼리 팀을 나누고 준비해요.
선생님이 돌아다니면서 우리끼리 못하는 것을 도와주세요.

■ 사전 협의 시간을 주고, 모둠에서 필요한 것을 준비하도록 한다.
T: 준비가 모두 끝났나요? 어디에 어떤 놀이가 있는지 보았나요?
그런데 모두 놀이를 해도 놀이가 잘 진행될 수 있을까요?
C: 도와주는 친구들을 정해요.
그럼 도와주는 친구들은 못 보잖아.
바꿔 주면 되잖아.
선생님이 잘 봐 주세요.
T: 각 놀이에 도와주는 친구들을 뽑아서 놀이를 돕도록 해요.
지금부터 놀이를 시작할 건데 어떤 약속을 지켜야 할까요?
C: 오늘은 자유놀이가 아니라 전통놀이를 체험하기로 한 것이니 모두 체험해
보도록 해요.
한 가지 놀이만 너무 오래하면 안 되겠어요.
차례를 지켜서 놀이에 참여해요.
놀이 후 정리도 잘해 줘야 해요.
T: 놀이를 마치는 시간은 언제 하도록 할까?
C: 1시간 동안 놀이해요. 시간이 다 되면 선생님이 알려 주세요.
T: 지금부터 놀이를 시작하고 놀이를 마칠 때 미리 알려 주도록 할 게요.
궁금한 것이 생기거나 어려운 점이 있으면 말해 주도록 해요.

비석치기

1. 적당한 거리를 두고 줄을 그어 나무비석을 한 줄로 균형 잡아 세워 본다.
2. 출발선 위에 2~3명의 유아가 서고, 자신이 원하는 위치(손등, 손바닥, 머리, 어깨, 발등, 배 등)에 올린 후 출발선에 선다.
3. 비석을 떨어뜨리지 않고 세워 놓은 비석까지 가서 쓰러뜨린다.
4. '굴린다. 던진다. 들고 가서 쓰러뜨린다.' 등 아이들이 이야기하는 방법으로 나무비석을 쓰러뜨려 본다.

▶ 유의점: 나무비석이 없는 경우 판판한 돌을 주워서 활동하거나 교실의 쌓기 영역에 있는 나무 적목을 활용하여도 무방하다.

나무로 비석치기를 한다고?

꼭 해내고 말테야!

와~ 나는 성공!

사방치기

1. 1번 칸에 말(돌이나 자연물)을 던진다.
2. 숫자가 쓰인 순서대로 사방치기 판 위를 한 발 또는 두 발로 간다.
3. 선을 밟거나 넘어지지 않도록 주의한다.
4. 7,8번 칸에서 뒤로 뛰어 다시 한 발 또는 두 발로 출발점에 온다.
5. 돌아올 때 1번 칸에 던져 놓은 말을 가지고 온다.

▶ 유의점: 돌을 던질 때 주변의 친구들이나 다른 사람들이 위험하지 않도록 주의하여 던지도록 한다.

내가 던질 돌을 찾았어요

어디로 갈까요?

한 발 뛰기도 잘할 수 있어요

투호놀이

1. 투호 던지기에 적당한 2~3개의 나뭇가지를 주워 온다.
2. 밧줄로 그린 동그란 선 안에 나뭇가지를 던져서 넣는다.
3. 모두 던진 후 원 안에 있는 나뭇가지와 원 밖에 있는 나뭇가지의 개수를 함께 세어 확인한다.

▶ 유의점: 나뭇가지를 휘두르거나 위험한 행동을 하지 않도록 주의한다.

나뭇가지를 찾아볼까?

던질 수 있는 동그라미도 만들었어요

자, 던지세요!

무궁화 꽃이 피었습니다

1. 술래를 정한다.
2. 술래가 나무에 기대어 '무궁화 꽃이 피었습니다'를 외친다.
3. 술래가 '무궁화 꽃이 피었습니다'를 외치는 동안 나머지 유아들은 술래를 향해 출발선부터 움직인다.
4. 술래가 '무궁화 꽃이 피었습니다'를 외치고 돌아보면 움직임을 멈춘다.
5. 술래에게 가까이 다가가기 전까지 같은 행동을 반복하다가 한 명의 유아가 술래의 등을 치면 모든 유아는 함께 도망간다.
6. 도망가는 중에 따라가는 술래의 손에 닿은 유아가 새로운 술래가 된다.
7. 놀이가 익숙해지면 '무궁화 꽃이 피었습니(닭)'으로 시작해 다양한 동물로 끝을 바꿔 동물 흉내를 내며 놀이한다.

▶ 유의점: 처음에는 표현이 쉬운 나비, 토끼 등 아이들이 표현할 수 있는 것들로 진행해 본다.

무궁화 꽃이 피었습니 '돼지'

조심 조심 움직이면 안 돼!

도망쳐! 술래가 온다~

확장놀이

▶ 전통놀이 소품 만들기

– 투호놀이에 사용한 나뭇가지를 가져와서 투호처럼 꾸미거나 비석치기, 사방치기에 사용한 돌로 나만의 돌 꾸미기 활동을 한 후 놀이에 활용해 본다.

▶ 사방치기 교구 놀이

– 사방치기 판을 놀이판으로 만든 후 작은 돌을 던져 덧셈놀이를 해 본다

놀이 속 인성 키우기

* 배려 – 다른 사람의 필요와 요구에 민감하게 반응하고 공감한다.
* 존중 – 사람이나 사물은 기본적으로 그들의 존재만으로 존중할 가치가 있음을 인식하고, 그 가치에 대하여 소중히 여긴다.
* 협력 – 두 명 이상의 구성원이 공동의 목표를 설정하고, 이를 달성하기 위하여 개인적 책임을 다하고 서로 조언 및 조력을 주고받는다.

선생님의 놀이 지원 Tip

- 다양한 놀이가 이뤄지다 보니 사전에 놀이에 대한 약속을 미리 정하고, 놀이에 대해 충분히 이해할 수 있도록 돕는다.
- 유아들끼리 놀이하는 데 적절한 지원이 필요할 수 있으니 도움을 줄 수 있는 교사를 좀 더 배치해서 활발한 놀이가 이뤄질 수 있도록 한다.
- 유아들과 한 번의 놀이로 그치는 것이 아니라 전통놀이를 변형해서 다음 놀이를 계획해 보고, 꾸준히 새로운 놀이를 만드는 것에 유아들이 관심을 갖도록 한다.

7 단풍나무 양궁

시기 가을

놀이명 단풍나무 양궁

놀이 자료 천, 나뭇가지, 단풍나무 씨앗, 복자기 나무 씨앗

놀이 지원

놀이의 시작

이게 단풍나무 잎이지?

아이들이 숲에서 놀며 배우는 것이 많지만 때로는 유치원에서 알게 된 것을 숲에서 찾아보려 할 때가 있습니다. '자연에서 배운 발명품'에 대해 알아보던 중 헬리콥터의 프로펠러를 발명하게 된 것이 단풍나무의 씨앗 덕분이라는 것을 알게 되었습니다. 아이들은 숲에 가면 단풍나무 씨앗을 볼 수 있을지 기대하며 흥분해 있었고, 씨앗을 찾아 프로펠러처럼 돌아가는지를 직접 보고 싶어 했습니다.

C: 나는 발명가들이 똑똑해서 필요한 것들을 보고 만들었다고 생각했는데 자연에서 배운 게 있다는 건 너무 신기한 일이야.
프로펠러처럼 생긴 단풍나무 씨앗 궁금하지?
우리 단풍잎 가지고 많이 놀았는데 왜 몰랐지?
선생님! 지금 가면 볼 수 있어요?
우리 빨리 찾으러 가 봐요.

♣ 단풍나무의 색깔 변화와 열매에 대해 이야기를 나눈다.

내가 씨앗을 찾아볼 거야.

씨앗이 꼭 부메랑 같기도 해

T: 단풍나무에 대해 알고 있나요? 단풍나무를 어떻게 찾을까요?

C: 나뭇잎이 우리 손처럼 생겼어요.
색깔이 빨간색이에요. 가을 노래에서 봤어요.
씨앗을 찾으면 알 수 있지 않을까요?
우리 단풍나무를 찾으러 가 봐요.

T: (단풍나무를 관찰하며) 잎의 모양이 어떻게 생겼나요?
색깔은 무슨 색인가요?
나무의 특징은 무엇이 있나요?

C: 나무의 키가 커서 우리가 보기 힘들어요.
나무껍질이 거칠거칠해요. 나무 옆에도 작은 단풍잎이 있어요.
씨앗이 바닥에 떨어져 있나 찾아볼래요.
나뭇잎의 색깔이 바뀐 것도 있고, 아직 초록색인 것도 있어요.
가을이 되면 색깔이 바뀐다고 했는데 아직 더워서 안 바뀌었나 봐요.
그런데 단풍나무는 꽃이 없나요?
벌써 다 떨어진 건가?

T: 단풍나무도 꽃이 피어요. 그런데 이미 꽃이 피고 열매를 맺은 후라서 실제로는 보기 힘들고 유치원에 가서 같이 찾아보도록 해요.

C: 제일 궁금했던 단풍나무 씨앗을 보고 싶어요. 바닥에서는 못 찾았고, 나무의 키가 커서 우리가 씨앗을 직접 보기가 어려워요. 선생님이 도와주세요.

■ 단풍나무의 씨앗을 볼 수 있는 나뭇가지를 수집하여 유아들이 관찰할 수 있도록 한다. 가을에 복자기 나무의 씨앗은 더 크고 쉽게 볼 수 있으니 그것으로 대체할 수 있다.

♣ 단풍나무의 씨앗을 관찰해 보고, 궁금한 것을 자유롭게 해결해 본다.

T: 단풍나무 씨앗으로 궁금한 점을 자유롭게 해결해 보는 시간을 가져 볼 게요. 무엇을 하고 싶나요?

C: 프로펠러처럼 도는지가 제일 궁금해요. 멀리 던져 볼래요.

T: 마음껏 던져 볼까요? 선생님이 던져 볼 수 있는 놀이판을 준비할게요. 해 보고 싶은 친구들은 와서 함께 실험해 보도록 해요.

단풍나무 양궁

1. 천을 깔고 나뭇가지로 점수판을 만들어 본다.
   - 시작점을 표시하고 열매를 던져 넣을 네모 모양의 점수판을 만든다.
   - 네모 안에 들어갔을 때와 밖에 떨어졌을 때의 점수를 정한다.
2. 순서대로 열매를 던져 본다.
3. 넣는 칸을 더 크게 만들거나 시작점을 더 멀리 또는 가깝게 이동하여 놀이해 본다.
4. 주변을 살펴보고 단풍나무 열매 대신 네모 안에 던져 넣을 수 있는 다른 열매나 자연물을 가져와 활동해 본다.

T: 단풍나무 씨앗을 마음껏 던져 보았나요?

C: 네, 너무 재밌었어요. 곤충 같이 생기기도 했고, 진짜 프로펠러처럼 날개가 있었어요.
눈처럼 볼록 튀어 나와 있는 것이 열매인가요? 씨앗인가요?

T: 네, 단풍나무 씨앗이 거기에 들어 있고 양옆에 날개가 있어요.

C: 왜 씨앗에 날개를 달았지? 민들레 씨앗처럼 바람 타고 날아가는 거예요?

T: 네. 아까 친구들이 던질 때 바람처럼 힘이 생겨서 씨앗이 움직일 수 있었어요. 씨앗을 날려 보니 어떤 일이 일어났나요?
씨앗이 날아가는 모습은 무엇과 비슷했나요?

C: 뱅글뱅글 돌지만 옆으로 날지는 못해요. 위로 올라갔다가 밑으로 내려와요. 무거워서 그런가요?

T: 엄마 단풍나무는 씨앗이 안전한 곳에 도착할 수 있기를 바라요. 씨앗이 엄마 나무 밑에 떨어지면 잘 자랄 수가 없어서 날개를 달고, 바람이 불면 멀리 날아갈 수 있는 거예요.

C: 그럼 단풍나무 씨앗처럼 날개가 달린 씨앗이 또 있어요?
날개가 없는 씨앗들은 어떻게 자기 씨앗을 멀리 보내나요?
비가 와도 날아갈 수 있나요?
씨앗을 멀리 보내는 방법이 궁금해요.

- 식물의 번식방법에 대해 알아본다(바람, 물, 동물이나 사람 등).

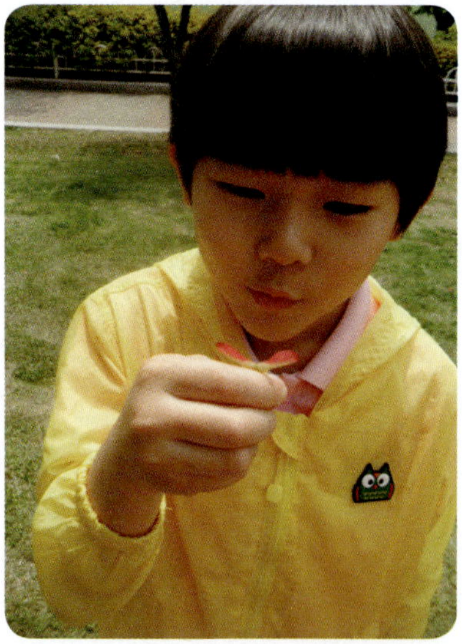

내가 입으로 불어도 날아가나?

단풍나무 씨앗아! 날아가 보자~

나는 커다란 네모에 넣어 볼래

확장놀이

▶ 단풍잎 모자이크

– 가을이 되면 단풍잎이나 복자기나무 잎은 붉은 색소인 안토시아닌의 영향으로 붉게 물이 든다. 그림을 그려서 여러 가지 색깔의 나뭇잎들을 잘라 붙이는 모자이크 활동을 진행해 본다.

▶ 색종이 프로펠러 실험

– 색종이를 접어서 가운데만 잘라 프로펠러처럼 접은 후 클립을 끼워 실험해 본다.

가위로 반만 잘라 주세요

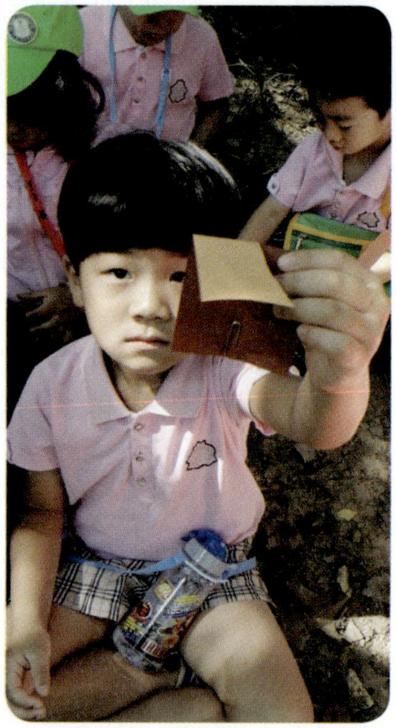

선생님! 이렇게요?

색종이 프로펠러 출발~

놀이 속 인성 키우기

* 존중 – 자연물을 이용한 놀이의 즐거움을 경험하고, 자연물에 대한 소중함을 느끼며, 자연을 존중하는 마음과 태도를 배운다.
* 배려 – 함께 놀이하는 친구의 필요와 요구에 민감하게 반응하고 공감하며 소통한다.

참고

- 동물의 먹이가 되어 번식을 하는 열매 – 제비꽃 씨앗, 주목나무, 팥배나무, 누리장나무, 맥문동, 벚나무 등
- 바람에 의해 멀리 번식하는 열매 – 단풍나무 열매, 솔방울, 박주가리, 자작나무 등
- 동물의 털이나 사람의 옷에 붙어서 번식하는 열매 – 도꼬마리, 도깨비바늘
- 떨어진 후 굴러서 번식하는 열매 – 밤, 도토리 등

선생님의 놀이 지원 Tip

- 숲활동을 나간 장소 주변에 단풍나무나 복자기나무 등이 없다면 바람을 이용하여 번식하는 다른 열매(솔방울)로 활동하여도 좋다.
- 연령과 신체 발달 정도에 따라 네모 칸을 더 크거나 작게 또는 여러 개로 나누어서 활동해도 된다.
- 열매는 씨앗이 충분히 여물 때까지 익지 않고 있다가 다 익으면 스스로 씨앗을 드러낸다. 단풍나무 열매는 4월 말경에 꽃을 피우고 꽃이 지면 바로 열매를 맺는다. 열매는 나뭇잎처럼 초록색이었다가 붉은색으로 바뀌고 날개 부분에 수분이 사라지면 바람에 날아가기 쉽게 가벼워져 바람을 타고 멀리멀리 날아간다.

8 자연물 팔레트

시기 가을

놀이명 자연물 팔레트

놀이 자료 팔레트 종이, 목공 풀, 가위, 색깔 카드, 그리기 도구

놀이 지원

놀이의 시작

손끝만 데어도 파란 물이 묻어날 것 같은 가을 하늘! 가을은 참 아름다운 계절입니다. 가을은 겨울, 봄, 여름의 에너지를 모두 이어받은 계절이라 그런지 알록달록한 색깔이 우리들의 마음을 행복하게 해 줍니다. 가을의 숲은 햇살도 적당하고 바람도 기분 좋게 불어 어느 곳을 보아도 아름다움을 느낄 수 있는 여유로움을 줍니다.

c: 선생님, 가을이 되니 숲이 너무 예뻐졌어요.
　날씨도 너무 좋아요.
T: 어떤 점이 달라졌나요?
C: 나뭇잎 색깔이 바뀌었어요.
　바람 소리가 잘 들려요.
　코스모스도 피었어요.
　하늘 색깔이 더 예뻐진 것 같아요.
　열매들이 익어서 떨어진 것도 많아졌어요.
T: 그럼 오늘은 가을 숲의 달라진 점을 찾으러 떠나볼까요?
C: 우리 '가을은' 노래 부르며 숲으로 들어가 봐요~

♣ 가을의 변화를 찾아보는 '자연물 팔레트'에 대해 소개한다.

T: 노래 재미있게 불러 봤나요?

숲에서의 가을 색깔은 무슨 색인 것 같아요?

C: 가을은 노란색이에요. 나뭇잎들이 노란색으로 바뀌었어요.

저는 파란색이요. 하늘이 너무 파랗고 예뻐요.

저는 빨간색이요.

무지개색 아니에요? 예쁜 색이 너무 많아요.

가을의 색도 찾아보면 좋겠어요. 같이 찾아보면 더 많이 볼 수 있을 것 같아요.

T: 그러면 가을의 색을 모을 수 있어야 하는데 어떻게 하죠?

C: 여러 가지 색을 모을 수 있는 것이 필요해요.

T: 팔레트가 필요할 것 같아요.

C: 팔레트가 뭐예요?

T: 그림을 그릴 때 여러 가지 물감을 짜 놓는 것이에요.

C: 여기다 모으면 좋겠어요. 가을의 색을 팔레트에 담아 올게요.

– 주변을 돌아다니며 다양한 색깔의 자연물을 팔레트에 붙여 본다.

자연물 팔레트

1. 팔레트 모양을 준비하고 목공 풀 사용법을 알려 준다.

(연령대가 어린 경우 양면테이프를 미리 붙여 주면 유아들이 바로 붙일 수 있다)

2. 자신이 붙이고 싶은 자연물을 수집하여 자유롭게 팔레트에 붙여 구성한다.

– 다양한 색깔 카드를 준비해서 유아들이 자신이 찾은 것과 비슷한 색을 찾아볼 수 있도록 한다.

3. 그리기 도구를 이용해 팔레트를 아름답게 꾸며 표현해 본다.

♣ 내가 담아 온 자연물 팔레트를 친구들 앞에서 소개한다.

T: 가을의 색을 잘 찾아보았나요? 우리가 만든 팔레트를 소개해 봐요.

- 자신이 만든 팔레트를 소개해 보고, 친구들이 찾아본 색깔도 카드로 함께 찾아본다.

⇨ 제가 가져온 가을의 색은 **색깔이며, **(장소)에서 주웠습니다.
(이름을 알고 있는 나뭇잎이나 자연물이면 이름을 이야기한다)

T: 가을의 색은 왜 이렇게 많은 걸까요?
C: 계절이 바뀌었으니까요.
가을이 요술을 부린 것 아닐까요?
날씨가 시원해져서 그런 것 같아요.
가을에는 나뭇잎 색깔이 바뀌니까 다른 친구들도 뽐내려고 그런 것 같아요.

너는 어떤 색을 찾았어?

예쁜 꽃에는 아름다움이 있어요

내가 완성한 가을의 색입니다!

단풍잎 이야기

▲ **나뭇잎 부엉이 인형으로 '단풍' 이야기를 들려준다.**

얘들아! 안녕? 나는 가을이 되어 옷을 갈아입은 느티나무 잎이야! 나는 봄, 여름에는 초록색 옷을 입고 있고, 햇빛과 이산화탄소를 이용해서 나무가 먹는 밥을 만든단다. 그런데 곧 다가올 겨울이 되면 나무 밥을 만드는 햇빛도, 물도 충분하지 않기 때문에 내가 필요 없어지거든. 그래서 초록색이었던 내 몸은 엽록소라는 물질이 점점 사라지고 나는 원래 내가 가지고 있었던 색인 노란색, 빨간색으로 바뀌었다가 땅으로 떨어지는 거야! 그래서 가을 나뭇잎들은 아름다운 색깔들로 바뀌는 거란다. 나처럼 말이야~! 내가 다 떨어지기 전에 아름다운 색깔을 꼭 기억해 줘~

C: 아, 그래서 주변의 나뭇잎들이 색깔이 바뀐 거예요.
나뭇잎이 원래 이 색이었구나.
나는 색깔이 변한 것인 줄 알았어.
자연에 있는 친구들은 다 이유가 있구나. 신기해요.
선생님! 우리도 나뭇잎을 기억하기 위해 그 인형을 만들어 보고 싶어요.
봄, 여름, 가을, 겨울 나무의 변화도 궁금해요.

이야기 들려줘서 고마워~

우리가 찾아본 가을 색들

확장놀이

▶ 색깔 이름 짓기

– 빨강, 초록 등 명확한 이름이 있는 색깔은 아이들이 구분하기 쉬우나 비슷비슷한 색깔들이 섞여 있는 자연의 색은 이름이 따로 정해져 있지 않으니 아이들과 함께 우리만의 색깔 이름을 지어 보도록 한다. 처음에는 어려울 수 있으나 반복해서 활동하다 보면 창의적인 이름들을 지어 볼 수 있다.

▶ 부엉이 이름표 만들기

가위로 오려서 만들어요

– 나뭇잎을 이용해서 여러 가지 동물 모양 인형을 만들어서 이름표로 만들어 본다.

내가 만든 나뭇잎 인형 귀엽죠?

소중하게 간직할게!

놀이 속 인성 키우기

* 존중 – 살아 있는 모든 생물들은 존중할 가치가 있음을 인식하고 소중히 여긴다.

* 배려 – 친구에 대한 배려를 할 수 있으며 자연의 필요와 요구에 민감하게 반응하고 공감한다.

참고

- 가을이 되면 나무는 나뭇잎과의 사이에 떨켜를 만들어서 물과 영양분이 더 이상 나뭇잎으로 가지 못하게 막는다. 수분과 영양분을 공급받지 못하게 된 나뭇잎은 영양분을 만드는 일도 못하고 곧 가지로부터 저절로 떨어져 나가게 된다. 그 사이에 엽록소가 사라진 자리를 노란색, 주황색, 갈색을 내는 카로틴과 크산토필이라는 이름의 색소들이 대신해 가을이 되면 잎들이 알록달록 여러 가지 색깔로 변한다.

선생님의 놀이 지원 Tip

- 팔레트에 붙일 자연물은 되도록 바닥에 떨어져 있는 것으로 하고, 꼭 따야 할 경우에는 필요한 양만큼만 수집하도록 한다.
- 팔레트의 색을 미리 지정해 주기보다는 자연물을 수집해 본 후 색연필이나 크레파스로 비슷한 색을 채색해 보면 부족한 색을 더 찾아볼 수 있다(흙이나 나무 수피 등에서도 다양한 색깔을 모을 수 있다).

9 자연물 책갈피

시기 가을

놀이명 자연물 책갈피

놀이 자료 책갈피 종이, 색 끈, 그리기 도구(색연필, 사인펜), 목공 풀

놀이 지원

놀이의 시작

가을의 변화를 찾아본 아이들이 가을에게 지어 준 별명은 '가을은 요술쟁이'입니다. 그런데 아이들과 가을에 대해 찾아보니 사람들이 흔히 말하는 이야기가 하나 더 있다는 것을 알게 되었어요! 그것은 바로 가을은 '독서의 계절'이라는 말이었는데요. 숲에서 신나는 놀이를 하는 것도 좋지만, 독서하기 좋은 날씨에 우리가 좋아하는 책을 골라 숲으로 향해 봅니다.

C: 선생님! 가을 하늘은 높고 말은 살찐다고 하잖아요.
진짜 하늘이 파래요.
하늘이 높고 구름도 예뻐요.
T: 눈을 감고 바람을 한번 느껴 볼까요?
얼굴에 햇살이 닿는 것이 느껴지나요?
C: 이렇게 날씨가 좋아서 책 읽기 좋은 계절인가 봐요.
책을 어디서 봐요? 빨리 보고 싶어요.
T: 우리 같이 책 읽을 곳을 찾아볼까요?

♣ 책갈피 만들기 활동을 소개한다.

T: 너희들이 책을 읽고 싶어해서 선생님도 좋아하는 책 한 권을 가져왔어요. 선생님 책도 같이 볼래요?

C: 선생님 책은 엄청 두꺼워요. 글씨도 너무 작아요. 처음부터 끝까지 다 읽을 수 있어요?

T: 그래서 선생님은 책 사이에 (책갈피를 보여 주며) 이걸 끼워 둬요. 이게 뭔지 알아요?

C: 와~ 예뻐요! 꽃이 보여요. 예쁜 글씨와 그림도 있어요. 그걸 책에 왜 넣어 놨지? 이름표 같은 건가요?

T: 어떻게 사용하는 물건일까요? 이것은 책을 읽을 때 어디까지 읽었는지 표시해 주는 '책갈피'예요. 선생님이 코스모스 꽃을 잘 말려 두었다가 좋아하는 글도 쓰고, 예쁘게 만들어서 책에 넣고 다니는 거예요.

C: 우리도 만들 수 있어요? 저도 해 보고 싶어요. 우리가 간직할 수 있도록 만들 수 있어요? 너무 좋아요.

선생님의 책갈피를 소개할게요

오늘 제일 인기 많은 코스모스

♣ 재료와 만드는 방법에 대해 알고, 유의점을 생각해 본다.

나는 어떻게 만들까?

T: 너희들은 어떻게 만들고 싶어요?

C: 숲에 예쁜 것이 너무 많아요. 함께 찾아봐요.

T: 무엇으로 자연물을 붙일 수 있을까요?

C: 지난번에 만들어 간 것은 시간이 지나니 다 말라서 부서졌어요.
계속 간직하고 싶어요. 어떻게 하는지 알려 주세요.

T: 그럼 주변을 돌아다니면서 책갈피에 넣고 싶은 자연물을 책갈피 종이에 목공풀을 이용하여 붙이고, 글씨를 쓰거나 꾸며 나만의 책갈피를 만들어 볼게요.
자연물을 채집할 때 꼭 필요한 만큼만 가져와 주세요.
활동이 먼저 끝난 친구들은 이름을 써서 선생님 앞에 놓아 주세요.

■ 자신이 원하는 자연물을 골라 책갈피에 올리고 쓰기 도구로 자유롭게 꾸며 완성한다.

♣ 친구들이 모두 볼 수 있도록 책갈피를 펼쳐서 전시한 후 우리가 만든 책갈피를 어떻게 하면 꽃이 떨어지지 않게 사용할 수 있을지 방법에 대해 이야기를 나눈다.

T: 책갈피가 아주 멋지게 완성되었어요.
충분히 활동할 수 있었나요?

C: 책갈피를 더 꾸미고 싶은데 글씨 쓰기가 어려워요.
교실로 가서 좀 더 생각해 봐요.
그런데 꽃이나 자연물이 떨어지지 않게 만드는 과정이 필요해요.
코팅을 하면 돼요.

(코팅을 하거나 시트지를 붙여 작품을 완성하고 어떻게 사용하면 좋을지 이야기를 나눈다)

나는 이렇게 하려고 하는데, 어때?

내 책갈피 완성!

친구들의 작품을 소개해요.

확장놀이

▶ 숲속 패션쇼

– 책갈피를 만들며 남은 자연물을 이용해서 숲에서 찾은 아름다움과 자신의 모습을 즐겁게 표현하여 전시한다.

멋진 패션쇼를 열어 보자

우리가 찾은 자연물이 너무 많이 남았네요

▶ 자연물 액자 만들기

– 색깔이 있는 동그란 종이 접시의 가운데 부분을 동그랗게 판 후 투명 시트지를 붙인다. 아이들과 투명 시트지 위에다 가을에 볼 수 있는 다양한 자연물로 꾸민다. 자연물 배열이 끝나면 반대쪽에 다시 같은 모양의 투명 시트지를 붙여서 자연물이 보이게 액자를 완성한다.

짜잔, 자연물로 꾸며서 아름다워요

놀이 속 인성 키우기

* 나눔 – 내가 만든 자연물을 가족에게 선물함으로써 나눔의 의미를 알고 실천해 본다.

* 배려 – 다른 사람의 필요와 요구에 민감하게 반응하고 공감한다.

선생님의 놀이 지원 Tip

- 자연물을 이용한 활동이므로 코팅을 해서 완성하려면 너무 입체적인 자연물은 붙이지 않는 것이 좋다. 조금 더 멋진 작품을 만들고 싶다면 아이들과 자연물을 수집하여 책 사이나 무거운 물건 아래 넣고 어느 정도 말린 후에 작업하면 자연물의 색이나 느낌을 더 잘 느낄 수 있다.
- 살아 있는 자연물을 가지고 활동을 진행할 때 잘 말리지 않으면 금세 색감이 변하거나 마르기 전에 시트지를 덮어서 썩거나 곰팡이가 생길 수도 있으니 주의해야 한다.

10 우리가 만든 나뭇가지 놀이

시기 가을

놀이명 우리가 만든 나뭇가지 놀이

놀이 자료 지끈, 가위, 작업판, 글자 카드, 바구니

놀이 지원

놀이의 시작

나무 주변에서 제일 쉽게 찾아볼 수 있는 것은 나무들이 떨어트린 나뭇가지들입니다. 나뭇가지 모양이 모두 같은 것이라고 생각하지만 자세히 보면 다양한 크기와 길이, 색을 가지고 있으며 나뭇가지로 다양한 상상놀이가 가능합니다. 놀이 방법이 정해져 있는 놀잇감의 경우 놀이 형태가 비슷하지만 숲속에서는 나뭇가지 하나만으로도 다양한 놀이가 펼쳐질 수 있습니다.

C: 얘들아! 여기 봐봐. 아주 큰 나뭇가지가 떨어져 있어.
이거 꼭 마법사가 타고 다닌다는 빗자루 같지 않아?
이걸 타고 멀리 날아가 볼 테야!
내 빗자루 같이 타고 싶은 사람 여기 붙어라~
T: 그것 참 재밌겠는데!
어디서 찾았어요? 너무 무겁지 않아요?
C: 괜찮아요.
날카로운 부분이 없어서 잘 놀 수 있어요.
이거 타고 하늘로 슝~ 올라가 보자!

♣ 나뭇가지로 할 수 있는 다양한 놀이를 만들어 함께 즐겨 본다.

■ 나뭇가지로 빗자루를 만들어 본다.

T: (빗자루를 보여 주며) 오늘 **가 찾은 마법의 빗자루래요.
같이 타고 싶은 사람을 모은다고 했는데 같이 해 보고 싶은 친구가 있나요?
C: 저도 같이 타고 싶어요. 같이 탈 수 있나요?
주변에 다른 것을 찾아보면 안 되나요?
저는 빗자루로 낙엽을 쓸어 보고 싶어요.
진짜로 빗자루를 만들어 보는 것도 재밌겠어요. 재료를 찾아와야지
T: 빗자루 만들기에 필요한 재료를 지금부터 가지고 오도록 할게요.
나뭇가지나 나뭇잎이나 상관없이 빗자루를 만들 재료를 찾아서 오세요.

나뭇가지 빗자루 만들기

1. 나무 주변에 빗자루 모양의 적당한 나뭇가지를 찾거나 긴 가지들을 모은다.
2. 모아온 재료를 차곡차곡 모아서 끈으로 묶는다.
3. 긴 나뭇가지 아랫부분에 빗자루 부분(모아온 나뭇잎 활용)을 묶어 완성한다.

나는 이걸로 결정했어

우리는 직접 만들어 볼 거야

하늘로 날아가 보자!

T: 완성된 빗자루로 놀이해 보았나요? 내가 만든 빗자루를 뽐내 보세요.

C: 저는 아주 마음에 드는 빗자루를 찾아서 바닥을 쓸어 봤어요.
혼자 만들기는 어려워서 친구들과 같이 만들어 봤어요.
빗자루를 만들어서 타다 보니 진짜 날 수 있을 것만 같아요.
엄마, 아빠도 보실 수 있게 사진으로 찍어 주세요.
저희는 누가 더 빨리 가나 대결해 보았어요.

T: 아주 재미있는 놀이가 되었네요.

C: 빗자루를 만들려고 나뭇가지를 많이 모아 왔거든요.
다른 놀이도 또 만들어요.

T: 의견을 얘기해 볼까요? 나뭇가지로 어떤 놀이를 할까요?

C: 저는 글자를 만들어 보고 싶어요. 요즘 한글이 재밌거든요.
높이 쌓는 놀이는 어때요? 탑처럼 쌓아서 무너지지 않게 해요.
유치원에서 젓가락으로 공 옮기기 했는데 나뭇가지로 하면 어려워서 재밌을 것 같아요.

- 유아들의 의견을 수용하여 놀이할 수 있도록 하고, 교사는 영역을 옮겨 다니며 필요한 놀이지원을 하거나 유아들이 어려워하는 점을 함께 고민해서 해결할 수 있도록 격려한다.

- 나뭇가지로 글자를 만들어 본다.
  - 작업판을 놓고 나뭇가지와 자연물로 원하는 글자를 다양하게 표현해 본다.

내 이름부터 만들어 볼래

글자를 만들려면 무엇이 필요할까?

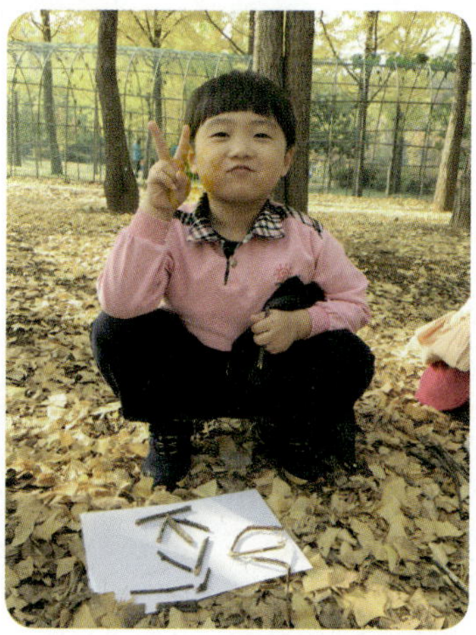

멋진 내 작품 완성

■ 나뭇가지로 젠가 놀이를 한다.

1. 함께 탑을 쌓은 두 친구가 가위바위보를 해서 이긴 친구가 탑에서 나뭇가지 하나를 뺀다.
2. 다시 가위바위보를 해서 이긴 사람이 또 나뭇가지를 뺀다.
 - 나뭇가지를 빼는 과정에서 탑이 흔들리거나 조금 무너진 것은 괜찮지만 완전히 무너졌을 경우는 다시 시작해야 한다.
3. 하나씩 천천히 나뭇가지를 뺀 친구들은 두 친구의 빼낸 나뭇가지가 많은 친구가 놀이에서 이긴다.

우선 잘 쌓아 보자!

나뭇가지 누가 더 많이 가져오나 시합 중

각자 쌓아 놓고 빼 보는 것은 어때?

■ 나뭇가지 젓가락으로 자연물을 옮겨 본다.

1. 2명의 유아들이 짝을 짓는다.
2. 수집해 온 자연물을 선택한다.
3. 가위바위보를 해서 자연물을 하나씩 젓가락으로 가져간다.
4. 자연물을 모두 가져가면 게임이 끝난다.
   - 젓가락으로 자연물을 가져가다가 떨어뜨리면 가져갈 수 없다.
   - 긴 나뭇가지 2개를 2명의 유아가 한 개씩 가지고 서로 협동하여 자연물을 옮겨 본다.

젓가락질 잘하니?

누가 먼저 할까?

잘하고 있어! 힘내~

T: 나뭇가지로 정말 많은 놀이를 했어요. 어땠나요?

C: 나뭇가지로 재밌게 놀았어요.

우리가 만든 놀이라서 더 재밌었던 것 같아요.

머릿속에 떠오르는 놀이가 있으면 종이에 써 뒀다가 다음에 또 와서 해요.

교실에도 할 수 있는 놀이가 있으면 해 보게 가져가고 싶어요.

T: 적당한 것들을 찾아 가져가고 잘 말려서 사용하도록 할게요.

필요한 것만 챙기고 나머지는 자연에 돌려주도록 해요.

확장놀이

▶ 나뭇가지 액자 만들기

– 같은 길이의 나뭇가지를 4개 주워서 네 귀퉁이를 지끈으로 묶는다. 아이들의 사진이나 그림에 펀치로 구멍을 뚫어 얇은 지끈이나 털실로 바느질하듯이 끼워서 묶는다.

▶ 자연물 글자 만들기 교구

– 교실 안에서 자연물 글자 카드와 자연물을 코팅하여 유아들에게 제시한다.

놀이 속 인성 키우기

* 배려 – 다른 사람의 필요와 요구에 민감하게 반응하고 공감한다.
* 존중 – 자연환경과 자연물에 대해 관심을 갖고, 가치를 소중하게 여긴다.

선생님의 놀이 지원 Tip

- 2명씩 짝을 지어 활동을 하다 보면 배려를 잘하는 아이도 있고 자기 욕심만 부리는 아이도 있다. 여럿이 함께하는 협동 활동을 통해서 서로 조금씩 양보하고 배려하는 것을 배울 수 있으니 처음에는 다툼이 있더라도 협동 활동을 통해 서로 의견을 조율하고 배려하는 모습을 볼 수 있다.
- 나뭇가지로 하는 활동이라 아이들이 서로 조심하지 않으면 다칠 수도 있으니 가지를 휘두르거나 위험한 행동을 하지 않도록 사전에 안전에 관한 약속을 정한다.

CHAPTER 11.

겨울

1 밧줄놀이

시기 겨울

놀이명 밧줄놀이

놀이 자료 종류별 밧줄

놀이 지원

놀이의 시작

아이들에게 가장 인기 있는 숲 놀이는 무엇일까요? 숲에서 하는 놀이를 모두 좋아하지만 그중 하나를 꼽으라 하면 밧줄놀이가 아닐까 생각됩니다. 처음에는 줄에 몸을 맡기거나 매달리는 것에 두려움도 있지만 놀이를 경험해 본 아이들이라면 도전 욕구가 생겨 또 해 보고 싶어 하고, 숲으로 갈 때마다 밧줄이 묶여 있는 놀이공간을 상상하게 됩니다.

C: 오늘은 숲에서 무슨 놀이를 할까?
재미있게 놀고 싶은데….
너는 어떤 놀이가 하고 싶어?
오늘 나는 땅을 계속 파서 그 안에 뭐가 있나 보고 싶어.
나는 오늘 도넛 가게 놀이를 할 거야.
나는 숲속 놀이터를 만들어 볼 거야.
우리 놀이터에는 재미있는 놀이기구가 있겠지?
우리 빨리 가 보자.

♣ 밧줄을 자유롭게 탐색해 보고, 밧줄놀이에 관심을 가져 본다.

T: 오늘은 새로운 놀이재료를 가지고 왔어요.
(긴 밧줄을 보여 주며) 이것은 무엇일까요? 어디에서 보았나요?

C: 긴 줄이에요.
놀이터에서 미끄럼틀 위에 묶여 있었어요.
운동회에서 줄다리기 할 때 봤어요.
공원에서 저렇게 묶여 있는 기구를 봤어요. 꼭 거미줄처럼 되어 있었어요.
캠핑에서도 침대 같은 천을 나무에 묶었어요.
그네에도 줄이 매달려 있어요.

T: 그래요. 오늘은 너희들 놀이에 활용해 보라고 선생님이 가져온 건데 자유롭게 탐색해 보고, 어떻게 놀이했는지 알려 주기로 해요.

■ 줄의 굵기, 길이, 색 등을 다양하게 제공해 주고, 유아들이 자유롭게 탐색하며 놀이할 수 있도록 한다.

C: 줄로 집을 만들 거야. 동그랗게 만들고 여기는 우리 집!
우리는 줄다리기를 해 보자.
나는 거미가 집을 짓는 것처럼 묶어서 거미줄을 만들 거야.
선생님, 묶는 것은 좀 도와주세요.
우리는 줄을 들고 누가 빨리 달리나 대결을 해 보자.

■ 유아들의 자유로운 탐색 활동 시 교사는 유아들이 놀이할 수 있는 공간을 확보하여 한쪽에 밧줄놀이를 경험할 수 있는 공간을 지원한다.

T: 이제 같이 모여 볼까요?
너희들이 재미있게 놀이하는 동안 선생님도 어떻게 놀이하면 재미있을지 고민해 봤어요. 여기를 한번 볼까요? 무엇이 보이나요?

C: 줄이 기다랗게 있어요.
꼭 뱀 같아요.
다른 하나는 달팽이 집 같아요.
아니야. 뱀이 몸을 감고 있는 것 같아요.
왜 저렇게 있는 거지?
따라오라고 길을 만들어 놓은 것인가?
우리 모양을 따라가 봐요.

동글동글 밟지 않고~

우리 같이 들어가 보자!

이거 너무 쉬운데?

- 유아들이 밧줄을 따라 걷다 보면 밧줄 놀이터로 향할 수 있도록 안내한다.

♣ 놀이 방법과 유의 사항을 생각해 보고, 밧줄놀이를 경험한다.

T: 길을 따라와 보니 무엇이 있나요?

C: 밧줄로 만든 거미줄 같아요.

재미있는 놀이기구 같아요.

캠핑장에 온 것 같은 느낌이에요.

올라가기 무서울 것 같아요.

T: 어떻게 하는지 천천히 살펴보고 우리 같이 재미있게 놀이해 보도록 해요.

이것은 무엇일까요?

꽉 잡고 이동해요

용감한 친구들

밧줄놀이

1. 손과 발을 어떻게 사용하는 것이 좋은지 이야기를 나눈다.
2. 밧줄의 특성에 대하여 이야기를 나눈다.
3. 올라갈 때의 방법과 내려올 때의 방법에 대하여 이야기를 나눈다.
4. 놀이 시 움직이는 순서에 대하여 생각해 본다.
5. 유아들이 안전하게 활동을 할 수 있도록 조력하며 활동을 진행한다. (밧줄이 흔들림이 있어서 활동 진행이 어려운 유아들을 자연스럽게 격려해 주며, 유아들의 신체발달에 맞추어 활동 난이도를 조절하여 실시한다)

T: 첫 도전이었는데 어땠나요?

C: 처음에는 무서웠는데 선생님이 옆에서 도와줘서 다음엔 더 잘 할 수 있을 것 같아요.

밧줄을 잡을 때 손이 좀 아팠어요. 밥을 더 많이 먹고 와야 해요.

숲에 항상 있었으면 좋겠어요.

그네도 만들어 주세요.

우리 숲이 진짜 숲속 놀이터가 된 것 같아요.

무서워하는 친구들도 다음에는 도전해 보라고 응원해 주고 싶어요.

흔들다리처럼 조금 흔들렸어요. 다음에는 더 꽉 묶어 주세요.

T: 그래요. 우리의 놀이공간에 새로운 것이 생겨서 재밌었다고 하니까 다음엔 다른 줄 놀이도 소개해 주도록 할게요.

C: 엄마, 아빠도 같이 해 보고 싶어요.

우리 숲으로 모두 초대해요.

초대하려면 우리 숲을 더 멋지게 꾸며야겠어요.

나는 도전~

영차영차 올라가자

스파이더맨이 되었어

확장놀이

▶ 밧줄 그네

– 밧줄을 위쪽 두 군데만 주변의 나무와 연결하게 되면 밧줄의 모양과 상관없이 앞뒤로 흔들리는 그네가 된다. 유아들이 밧줄을 잡고 활동하는데 조금 익숙해지고 능숙해지면 자연스럽게 확장되어 이루어질 수 있는 놀이이다. 다양한 모양으로 밧줄을 숲에 걸어 주면 높은 곳에 오르는 것을 즐기는 유아들에게 자연스러운 놀이터가 된다.

놀이 속 인성 키우기

* 협력 – 두 명 이상의 구성원이 공동의 목표를 설정하고, 이를 달성하기 위해 조력을 주고받는다.
* 존중 – 자연환경과 자연물에 대해 관심을 갖고, 가치를 소중하게 여긴다.

선생님의 놀이 지원 Tip

- 줄을 메는 곳의 장소 선정에 유의하고, 안전사고가 발생하지 않도록 사전 답사를 충분히 한다. 밧줄 작업을 하기 어려운 경우는 숲 체험원이나 공원 등 설치되어 있는 공간을 찾아 활동장소를 정한다.
- 놀이 시 밧줄을 만지는 것을 불편해하는 유아들이 있을 수 있으므로 주변의 자연물을 사전에 손으로 만져 보게 함으로써 자연물의 다양한 감각을 느낄 수 있게 해 준다.

2 나무들의 겨울 준비

시기 겨울

놀이명 나뭇잎 침대

놀이 자료 광목천, 가위, 투명봉투, 빵 끈, 눈 스티커, 매직

놀이 지원

놀이의 시작

바람이 차가워지는 계절이 오면 숲에도 여러 변화들이 찾아옵니다. 풍성하던 나무들은 나뭇잎을 거의 떨어트려 쓸쓸한 느낌을 내고, 차분한 색으로 변한 숲은 그 동안 잘 보지 못하던 것들이 눈에 보이기 시작합니다.

C: 아침에 추워서 숲에 오기 무서웠는데 햇빛이 있으니까 따뜻하다.
나뭇잎이 이제 없어. 다 바닥에 떨어졌네!
나무가 추워 보인다. 나무도 옷을 줘야 하는 거 아냐?
숲에 사는 동물 친구들은 어떡해? 다들 겨울잠 자러 가나?
겨울이 되면 다 나뭇잎이 떨어지는 거 아니야?
저기 소나무는 나뭇잎이 그대로야.
아직 안 변한 거 아닐까?
나뭇잎이 달라지지 않은 나무들이 또 있는지 가 보자.

♣ 숲을 산책하며 겨울나무와 주변을 자세히 관찰한다.

T: 나무의 모습들이 어떻게 달라졌나요?
가을 나무와 어떻게 다른가요?
C: 나무에 나뭇잎이 거의 없어요. 춥고 쓸쓸해 보여요.
물이 없어서 마른 것 같아요. 키가 더 커진 것 같아요.

T: 나무에 코를 대고 냄새도 맡아 보세요. 겨울 숲의 냄새와 색깔은 어떤가요?

C: 색깔이 많이 사라진 것 같아요. 어두운 색만 많이 남았어요.
숲에서 차가운 얼음 냄새가 나요. 코가 시려워요.

T: 지금 나무는 어떤 생각을 하고 있을까요?

C: 추운 겨울이 와서 힘들어할 것 같아요.
누가 도와주면 좋겠다고 느껴요. 다 떠나서 나무도 움직이고 싶어할 것 같아요.
잎을 가지고 있는 나무들을 부러워하며 봄을 기다려요.

T: 왜 잎이 있는 나무도 있고, 없는 나무도 있을까요?

C: 숲이 다 데리고 있고 싶은가 봐요.
그냥 그렇게 태어난 것 같아요. 숲이 너무 쓸쓸할까 봐요.
잎이 그대로 있는 나무들을 같이 찾아봐요.

T: 우리 지금부터 잎이 그대로 있는 나무와 없는 나무를 찾아볼까요?

■ 잎이 없는 나무 주변을 탐색해 본다.

C: 여기도 나뭇잎이 떨어져 있어. 색깔이 변한 나뭇잎도 있어.
왜 그렇지? 나뭇잎을 떨어트리는 중인 건가? 선생님! 왜 그래요?
그리고 잎이 다 뾰족한 애들만 남아 있어요.

T: 겨울이 되어 나무들은 추운 겨울에 밖에서 힘들게 이겨내고 있어요. 그래서 몸이 꽁꽁 얼지 않도록 에너지를 최소화하고 물이 지나다니는 길을 막아 나뭇잎을 떨어트리는 나무를 낙엽수라고 해요. 그리고 계속 초록색 잎을 가지고 있는 나무들은 상록수라고 하는데 이 나무도 나뭇잎을 안 떨어트리는 것이 아니라 봄, 여름, 가을, 겨울 내내 새 잎을 내고 헌 잎을 떨어트리고 있어요. 하지만 낙엽수랑 다르게 한 번에 떨어트리지 않아서 계속 잎이 있는 것처럼 보이는 거예요.

C: 아, 그렇구나~ 그래서 바닥에 떨어진 잎이 있었던 거구나. 신기해요. 그래도 이 나무들이 있어서 덜 외롭겠어요. 다행이다.
나무들이 겨울 준비를 하고 있으니 우리도 도와요. 같이 생각해 봐요.

♣ 겨울나무에게 우리가 해 줄 수 있는 일에 대해 생각해 본다.

T: 겨울나무에게 우리가 해 줄 수 있는 일은 무엇이 있을까요?
나무는 춥거나 배고프지 않을까요?

C: 춥지 않게 나무에게 옷을 입혀 줘요.
우리가 같이 재미있게 놀아 줘요. 따뜻하게 안아 줘요.
나무에게 맛있는 음식을 줘요.
나무가 나뭇잎들이 다 가서 슬퍼할 테니 나뭇잎을 선물로 줘요.

우리가 같이 놀아 줄까?

나무야! 혼자 외롭니?

■ 나무에게 해 주고 싶은 일을 선정해서 함께 실행해 본다.

낙엽 꼬치 만들기

1. 적당한 굵기의 나뭇가지를 선택한다.
2. 나무에게 주고 싶은 다양한 낙엽을 수집한다.
3. 꼬치에 낙엽을 끼우는 방법에 대해 알아보고, 자신만의 낙엽 꼬치를 만든다.

귀여운 낙엽 꼬치! 예쁘죠?

나무가 볼 수 있도록 누워서 보여 주기

나무 밑에 선물로 놓아 주었어요

낙엽 인형 선물하기

1. 모은 나뭇잎을 비슷한 색깔끼리 분류한다.
2. 색종이 봉투를 재활용하여 그 안에 나뭇잎을 모아 넣는다.
3. 입구를 빵 끈이나 종이끈으로 묶어 나뭇잎이 빠지지 않게 한다.
4. 나뭇잎이 들어간 색종이 봉투를 살살 두드리고 펼치면서 인형의 모양을 입체감 있게 한다.
5. 색종이 봉투 앞면에 눈 스티커와 유성매직으로 인형 얼굴을 꾸민다.

인형을 만들었어요

나무가 좋아할까요?

우리가 모아 온 낙엽 대단하죠?

♣ 자신이 만든 나무를 위한 선물을 소개하고, 자신이 주고 싶은 나무에게 선물로 준다.

T: 왜 그 나무에게 선물로 주고 싶었나요?
나무의 마음은 어떨까요?

C: 마음에 드는 나무를 골랐어요. 제일 쓸쓸해 보였어요.
저는 안아 주고 노래도 불러 주고 선물도 줬더니 나무가 행복하다고 대답했어요.
다음에 숲에 올 때 더 선물을 준비해서 와요.

확장놀이

▸ 겨울을 맞이한 숲속 풍경을 배경으로 기념사진을 찍어 교실에 전시하고, 나무들의 겨울나기를 신체 표현으로 확장해 볼 수 있다.

▸ 낙엽 도장 찍기

– 스펀지나 붓으로 나뭇잎에 물감을 발라서 도화지에 찍어 본다.

(낙엽수와 상록수 잎 비교하기)

초록색 나뭇잎을 찍어 볼 거야

나뭇잎 도장 찍기 재밌다

알록달록 나뭇잎 자랑할래요

놀이 속 인성 키우기

* 존중 – 자연환경과 자연물에 대해 관심을 갖고, 가치를 소중하게 여긴다.
* 협력 – 다른 사람과 함께 힘을 합하고 서로 돕는다.

선생님의 놀이 지원 Tip

- 겨울나무와 나무의 잎에 관심을 갖게 하는 것은 자연스럽게 사계절의 변화를 느낄 수 있도록 하는 것입니다. 겨울나무와 나뭇잎에 관심을 갖다 보면 사계절의 순환시스템을 이해할 수 있기 때문입니다. 겨울의 숲은 황량하지만 그 동안의 활동을 추억하며 숲의 변화를 이해할 수 있도록 격려해 주세요.
- 겨울 숲은 활동시간의 제약이 있어 숲에서 모두 활동하기보다는 숲에서의 놀이와 유치원에서의 놀이를 연계해서 놀이 시간을 잘 분배하는 것이 필요하다.

3 춥지 않을까, 배고프지 않을까?

시기 겨울

놀이명 춥지 않을까, 배고프지 않을까?

놀이 자료 가위, 끈, 먹이(빵, 당근, 사과 등)

놀이 지원

놀이의 시작

지난 숲 놀이에서 겨울나무를 위해 할 수 있는 일을 해 주고 돌아와서인지 아이들은 매일 숲친구들을 걱정하고 있습니다. 날씨는 점점 추워지는데 숲속 동물 친구들은 먹을 것이 있는지, 추워서 덜덜 떨고 있는 것은 아닌지 이번에는 동물 친구들을 챙겨야 한다며 빨리 숲으로 향하기를 조르는 모습이 사랑스럽습니다.

C: 선생님! 나무들은 잘 있겠죠?
어제 바람이 많이 불어서 걱정됐어요.
나무는 우리가 잘 지켜주고 왔잖아. 나는 동물들이 잘 지내는지 궁금해.
다람쥐는 도토리도 없는데 이제 어떡해?
새들도 열매가 없어서 날지 못하는 거 아닐까?
T: 그러네요. 동물 친구들도 겨울을 잘 보내고 있을지 궁금하네요.
C: 동물들을 위한 준비를 미리 해 보면 어떨까요?
어떻게 도와줄지 같이 생각해서 숲으로 떠나요.

♣ 이야기를 들려주며 동화 속 동물들의 겨울 준비에 대해 관심을 가진다.

T: 동물들을 위한 준비를 계획하고 싶어 해서 동화책을 가지고 왔어요.
제목은 『다람이의 첫 겨울』인데 같이 읽어 볼까요?

■ 꼬마 다람쥐 다람이가 처음 맞는 겨울을 내비해 겨울 준비를 하며 먹이들을 정리하고 겨울잠을 자기 위해 준비하는 내용에 대해 이야기를 나눈다.

C: 다람쥐는 먹을 것을 미리 준비해 뒀나 봐요. 다행이다.
먹이창고가 있다는 것이 재밌었어요. 나도 만들어 보고 싶다.
다른 동물들도 준비해 뒀을까요? 겨울잠 자야하는데 큰일이네.
우리가 동물들을 위한 먹이 창고를 만들어 볼까요?
미리 한번 만들어 보면 어때요? 그럼 숲에 가서 더 잘 할 수 있을 것 같아요.
T: 먹이 창고를 만들 때 가장 중요하게 생각해야 하는 것은 무엇일까요?
C: 동물들이 먹을 수 있는 먹이를 넣어야 해요.
튼튼하게 지어야 할 것 같아요.
다람이처럼 정리정돈을 잘해 놓아요.
빨리 만들어 봐요.

다람이에게 필요한 건 도토리

우리가 만든 다람이 창고

C: 선생님! 이제 진짜 숲으로 가서 동물들을 위한 먹이 창고를 만들어 줘요.
그런데 동물들이 이걸 진짜 좋아할까?
정말 먹을 것을 줘야 하는 것 아닐까요?

T: 실제 먹이를 준다면 어떤 것을 주면 좋을까요?

C: 음… 동물원에서 당근이나 사과 이런 것을 준 적이 있어요.

근데 채소를 안 먹는 동물들도 있잖아.

나는 빵이 좋은데?

T: 어떤 방법으로 먹이를 주죠? 먹이 창고를 만들어 놓나요?

C: 먹이 창고도 좋은데 한 곳에 모아 두면 싸우지 않을까요?

한 마리가 다 먹어 버릴 수도 있어요.

골고루 놓으면 좋을 것 같아요.

너무 쉽게 보이면 다 찾아서 한 번에 먹을 테니 다람이처럼 여기저기에 뿌려 놔요.

보물찾기하는 것처럼 하는 거예요.

새들도 볼 수 있게 높은 곳에도 놓고, 열매들 사이에 끼워서 놓아도 좋겠어요.

♣ 숲으로 이동해서 주변의 자연물을 활용하여 새들과 동물들의 먹이를 주는 방법을 생각해 본 후 먹이를 놓아 준다.

T: 지금부터 먹이를 준비해 볼까요?

동물들에게 먹이 주기

1. 숲 주변에서 솔방울과 작은 열매들을 찾아본다.
2. 솔방울 사이사이에 빵 조각을 끼워 본다.
 - 새가 먹을 수 있는 장소와 동물들이 먹을 수 있는 장소 생각해 보기
3. 아이들과 함께 새들이 먹을 수 있도록 솔방울 먹이를 나무 위에 걸고 나머지는 다른 동물들이 먹을 수 있도록 바닥에도 뿌려 둔다.
4. 먹이를 주고 다른 쪽으로 이동하여 숲을 돌아본 후 다시 가서 놓아 둔 먹이가 사라졌는지 확인해 본다.

먹고 갔을까? 찾아봅시다!

동물들아, 걱정마!

다람쥐가 먹을 수 있을거야

새들 먹이는 여기다 걸자

이제 기다려 보자

동물들을 생각하는 예쁜 마음

T: 동물 친구들에게 먹이를 준비해 주니 어땠나요?
　동물 친구들이 우리가 준 먹이를 보고 어떤 생각을 했을까요?

C: 배고파 할 거라고 생각 못했는데 우리가 해 줄 수 있는 일이 있어서 기뻤어요.
　실제로 먹는 것을 보고 싶었는데 못 봐서 아쉬웠어요.
　우리가 없을 때 잘 먹고 다들 건강했으면 좋겠어요.
　다음 번엔 만나서 같이 놀고 싶어요.
　다음에도 숲에 올 때 새들의 먹이나 동물의 먹이를 가져와서 나누어 줘요.

확장놀이

- 교실로 돌아와 동물과 새들에게 먹이를 마련해 주었던 활동에 대한 유아들의 생각을 미술이나 언어로 표현해 볼 수 있다.
- 겨울을 준비하는 동물 만들기
  – 겨울이 되어 겨울잠을 자는 동물들에 대해 알아보고, 동물 만들기를 해 본다.

나무를 자르면 이런 모양이 있네

털옷을 입어 괜찮은 토끼들

겨울을 준비하는 동물 만들기

놀이 속 인성 키우기

* 배려 – 다른 사람의 필요와 요구에 민감하게 반응하고 협력하며, 다른 사람을 위한 배려심을 경험한다.
* 존중 – 자연환경과 자연물에 대해 관심을 갖고, 가치를 소중하게 여긴다.

선생님의 놀이 지원 Tip

- 유아들이 솔방울에 끼운 먹이를 나무에 걸 때 너무 높은 곳이나 위험한 곳에 걸지 않도록 안전에 주의한다.
- 활동 장소는사람들이 많이 다니는 곳보다 조금 안쪽의 장소에서 진행하는 것이 좋다.
- 활동 시 계절에 따른 새들과 동물들의 생태와 특성을 자연스럽게 익힐 수 있도록 지도한다.

4 나뭇잎 침대

시기 겨울

놀이명 나뭇잎 침대

놀이 자료 광목천, 비닐 봉투, 다양한 낙엽

놀이 지원

놀이의 시작

낙엽이 떨어져 땅이 푹신푹신해지는 때가 오면 아이들의 놀이는 더욱 활발해집니다. 낙엽 위를 걷기만 해도 '바스락 바스락' 소리가 나고 아이들 걸음걸음에 낙엽 특유의 가을 향이 코끝을 스치고 갑니다. 낙엽이 주는 안정감 덕분에 아이들은 마음껏 뛰고 던지고 뒹굴고 눕기도 하며 신나게 숲으로 뛰어듭니다.

C: 낙엽이 많이 떨어져서 땅이 안 보여.
여기는 낙엽이 너무 많아서 내 발이 사라진 것 같아.
낙엽에서 나는 냄새는 무슨 냄새지?
낙엽을 던져 볼까? 위로 뿌려도 재밌을 것 같아.
손바닥으로 비비니까 마구 부서지네~ 가루가 되었어!
그래도 낙엽이 있어서 숲이 덜 춥게 느껴지는 것 같아.
나무들에게도 낙엽을 이불처럼 덮어 줄까?
그래. 겨울잠 자는 동물들도 낙엽을 덮으면 되지 않을까?
근데 겨울잠 자는 동물들은 어디서 자는 거지?

♣ 겨울잠을 자는 동물에 대해 이야기를 나눈다.

T: 겨울이 되어서 날씨가 주워지니까 숲속에 사는 동물, 곤충들이 모두 겨울잠을 자러 갔대요.
겨울잠을 자는 동물에는 어떤 동물이 있을까요?

C: 곰, 뱀, 개구리, 다람쥐요. 또 누가 있지?

T: 겨울잠을 자는 동물들은 어디에서 잠을 잘까요?

C: 땅속이요, 나무요, 동굴이요. 따뜻한 나라로 가는 새도 있대요.

T: 땅속에서 또는 바위틈이나 동굴 속에서 잠을 잔대요.

C: 겨울에는 눈도 오고 얼음도 얼고 바람도 쌩쌩 부는데 땅속에 굴을 파거나 동굴 속에서 잠을 자면 춥지 않을까요?

T: 동물들은 낙엽을 모아서 바닥에 깔고 자거나 몸을 덮고 잠을 잔대요.

C: 그러면 따뜻해요? 추울 것 같아요. 우리도 해 보고 싶어요.
겨울잠 자는 동물들처럼 나뭇잎 침대를 만들어 봐요.

♣ 낙엽이 많은 장소로 이동해서 자유롭게 탐색해 보고, 나뭇잎 침대로 상상 놀이를 한다.

T: 낙엽이 많은 장소로 왔어요. 무엇을 해 볼까요?

C: 마음껏 던져 봐요. 제일 예쁜 낙엽을 찾아요.
만져도 보고, 낙엽 냄새도 맡아 볼래요.
점프도 하고 보물찾기도 해요.
저는 발로 차 보고 싶어요. 공처럼 찰 수 있는지 궁금해요.

- 자유롭게 낙엽 탐색 놀이를 한다.

냄새도 맡아 보고~

낙엽으로 무엇을 해 볼까요?

나는 뒹굴어 볼 거야~ 재밌다!

- 자신이 원하는 장소에 나뭇잎을 모아 나뭇잎 침대를 만들어 누워 보고 따뜻함을 느껴 본다.

T: 나뭇잎 침대에 누우면 그냥 바닥에 누울 때보다 더 따뜻할까요?

C: 안 덮고 먼저 누워 봐요. 그리고 나뭇잎 침대를 덮고 누워 봐요.

T: 그래요. 그냥도 누워 보고, 나뭇잎 침대에도 누워 봐요.

낙엽이 깔려 있는 곳에 누워 보자

나는 더 깊게 들어가 볼 테야

와~ 따뜻하고 포근해!

T: 나뭇잎으로 침대를 만들어 누워 보니 그냥 바닥에 누워 보았을 때와 느낌이 어떻게 달랐나요?

C: 나뭇잎을 덮은 게 훨씬 따뜻했어요. 포근한 느낌도 들고 간질간질하기도 했어요.

그런데 바람이 불면 자꾸 날아가서 바람이 못 들어오게 막아야 할 것 같아요.

동물 친구들의 침대는 커다란 봉투를 가져와서 낙엽을 넣어 주면 좋겠어요.

봉투에 낙엽을 넣어 볼까요?

♣ 낙엽을 봉투에 넣어 할 수 있는 놀이를 즐겁게 한다.

T: 오늘은 큰 봉투는 없고 작은 봉투만 있는데 여기에 낙엽을 담아 볼까요?

(자유롭게 돌아다니며 비닐 봉투에 낙엽을 담는다.)

C: 그런데 이건 이불을 만들기에는 너무 작아요. 유치원에 가서 큰 봉투에 담고 예쁜 그림도 그려서 만들어 볼래요.

그럼 이 봉투는 어떻게 하지?

이거 꼭 공 같아. 묶어서 공처럼 차고 놀아 보자.

(비닐 봉투를 묶어서 공을 만든다)

T: 공이 모두 완성되었는데 공으로 할 수 있는 놀이에는 무엇이 있을까요?

C: 위로 던지거나 발로 차 봐요. 축구 놀이를 해요.

누가 제일 멀리 차나 놀이해 봐요.

이 공은 안 아프니까 친구들 맞히기 놀이를 해요.

그러면 봉투 안에 딱딱한 것은 넣으면 안 돼요.

자유롭게 놀이해요.

T: 지금부터 자유롭게 놀이해 보고 우리가 아는 공과는 어떻게 다른지 알아보도록 해요.

이불 대신 공으로 변신

큰 낙엽을 넣어 볼래요

내 공을 받아라~

T: 낙엽 공의 좋은 점은 무엇이었나요?

C: 우리도 쉽게 찰 수 있어요. 맞아도 안 아팠어요.

소리가 웃겼어요.

공이 없을 때 만들어서 놀면 재밌겠어요.

T: 너희들의 생각으로 오늘도 재미있게 놀이했네요. 유치원에 가서 나뭇잎 이불도 만들어 보도록 해요.

확장놀이

▶ 나뭇잎 모으기

- 갈퀴를 가지고 가서 아이들과 함께 나뭇잎 모으기 활동을 해 본다. 도구를 이용하면 단순한 활동도 아이들은 즐거워한다.

▶ 협동 게임(나뭇잎 나르기)

- 비닐을 준비해서 나뭇잎을 많이 올려놓은 후 두 명의 친구가 네 귀퉁이를 잡고 낙엽이 떨어지지 않게 반환점을 돌아온다.

놀이 속 인성 키우기

* 존중 – 자연환경과 자연물에 대해 관심을 갖고, 가치를 소중하게 여긴다.
* 협력 – 다른 사람과 함께 힘을 합하고 서로 돕는다.

선생님의 놀이 지원 Tip

- 나뭇잎 침대를 만들어서 누워 보는 것을 무서워하는 유아의 경우 손이나 발 위에 나뭇잎을 덮어 보는 정도로 느껴 보게 한다.
- 낙엽이 쌓여 있는 장소에는 낙엽 밑에 곤충이나 벌레, 이물질이 있을 수 있다. 아이들에게 위험하거나 아이들이 두려워할 만한 것이 있는지 교사가 먼저 확인한 후 활동한다.
- 반 인원이 많을 경우 두 팀으로 나누어 나뭇잎 침대 만들기 게임을 진행해도 좋다.
- 나뭇잎 사이에 나뭇가지나 유리 등 이물질이 있을 수도 있으니 나뭇잎을 조심해서 옮길 수 있도록 한다.

5 자연물 빙고

시기 겨울

놀이명 자연물 빙고

놀이 자료 나뭇가지, 자연물, 종이, 쓰기 도구, 가위

놀이 지원

놀이의 시작

숲에 있는 자연물들은 자세히 보지 않으면 비슷해 보입니다. 기다란 나뭇가지, 동그란 돌멩이, 크기가 다른 나뭇잎들…. 하지만 숲에서 사계절을 보낸 아이들에게는 자연물들마다 의미가 있고 이야기가 있습니다. 자신이 찾은 자연물을 특별한 존재로 인식하고, 가까운 친구처럼 대하는 아이들은 매일 성장하고 있습니다.

C: 숲으로 들어가기 전에 같이 놀이할 자연물들이 있으면 가져가도 되나요?

T: 걸어가는 길에 눈에 보이는 것을 가져가고 싶나요?

C: 네, 안에 들어가서 그걸 가지고 오려면 혼자 못 오잖아요.
같이 놀고 싶은 자연물을 데려가고 싶어요.

T: 그런데 그걸 챙기다가 선생님, 친구들을 놓치는 일이 생길 수 있어요.

C: 그럼 자연물을 찾으면 "멈춰."라고 외치는 것은 어때요?
너무 자주 멈추면 숲으로 못 가잖아.
그러면 멈춤을 한 번씩만 할 수 있는 것으로 하자.

♣ 수집한 자연물을 한 곳에 모아 두고, 자연물 찾기 놀이를 해 본다.

T: 우리가 찾은 자연물을 한 곳에 모아 두었어요. 선생님 눈에는 다 비슷해 보이는데 너희들은 어때요?

C: 나는 내 것을 찾을 수 있어요.

내 나뭇가지는 얇고 부들부들한데 끝에 뾰족한 가지가 2개 있어요.

나는 눈처럼 하얀 돌멩이를 찾았어요. 한 번에 찾을 수 있지.

나는 알파벳 y처럼 생긴 나뭇가지를 찾았어. 그게 내 것이야.

다들 어떻게 알지? 나는 잘 모를 것 같아.

T: 선생님도 너무 신기해요. 너희가 너무 잘 아니까 이걸로 놀이를 한 번 해 볼까요?

눈을 감고도 알 수 있을까요? 친구가 건네 준 자연물을 천천히 만져 보세요.

내가 찾은 것이 아니면 옆 친구에게 건네주고, 내가 찾은 것일 경우에는 "내 보물"이라고 외치며 광목천 위에 놓아 주세요.

어떻게 내가 찾은 자연물이라는 것을 알 수 있었나요? 자신의 것을 못 찾은 이유는 무엇인가요?

C: 특이한 것을 찾으면 손으로만 만져도 알 수 있었어요.

알고 있어도 눈으로 안 보니 너무 어려워요. 친구들이 말하면 집중할 수가 없어서 어려웠어요.

다 비슷하게 느껴졌어요.

우리끼리 다시 해 보고 싶어요. 특별한 자연물을 더 찾아 와요.

뱀처럼 생긴 나뭇가지를 찾았어요

손으로 만져 보고도 알 수 있나요?

■ 자연물로 자유롭게 할 수 있는 놀이를 한다.

이거 내 보물인 것 같은데요?

T: 어떤 놀이를 할 수 있을까요?

(여러 가지 방법으로 자유롭게 자연물을 탐색해 본다)

C: 선생님! 우리는 나뭇가지로 아파트를 만들었어요. 친구들이랑 자연물 찾기 놀이를 할 건데 같은 것끼리 사는 아파트예요. 1층에는 나뭇잎들이 살고, 2층에는 열매들이 살아요. 3층에는 색깔이 예쁜 친구들이 살고 있고요.

그거 재밌겠다. 나도 같이 할래~

T: 너희들이 만든 아파트에는 어떤 친구들이 살고 있을까? 우리도 함께 만들어 볼까요?

C: 나는 친구들이 안 찾은 것으로 해 봐야지. 각 방마다 다른 자연물들로 채워 볼래요.

♣ 팀을 나눈 후 나뭇가지를 수집해 놀이판을 만들고, 자연물을 수집해 놀이를 함께 한다.

T: 함께 하는 활동이니 역할을 나누어 보는 것은 어때요? 어떤 역할이 필요할까요?

C: 자연물을 찾아올 사람이 필요해요.

이름 카드도 만들어 주면 좋겠어요. 글씨 잘 쓰는 친구들이 쓰자.

나는 나뭇가지를 주워서 아파트를 만들게.

우리의 자연물 아파트가 완성됐어요.

T: 아파트가 완성되었네요! 어떤 자연물이 있는지 볼까요?

C: 선생님! 이거 만들고 보니 유치원에서 해 본 빙고 놀이판 같아요.

우리 서로의 것을 보지 말고 누가 더 새로운 자연물을 찾았는지 대결해 보도록 해요.

자연물 빙고

1. 놀이를 시작할 팀을 선정한다.
2. 놀이 방법과 규칙을 소개하고, 약속을 정한다.
   〈순서 지키기, 이름이 나온 것만 뒤집기, 서로 상의해서 결정하기, 다른 친구 방해하지 않기 등〉
3. 자신의 팀에 있는 자연물의 이름을 외친다.
4. 놀이에서 나온 자연물 이름 카드를 뒤집어 놓는다.
5. 빙고판의 가로, 세로, 대각선 중 한 줄이라도 먼저 비워지는 팀이 이기게 된다.

▶ 칸을 변형(4×4)하거나 주제(두 글자 자연물, 색깔이 겹치지 않는 자연물 등)를 다르게 해서 자유롭게 빙고 놀이를 해 본다.

나뭇가지로 어떻게 만들지?

이렇게 연결해 보는 것은 어때?

우리 팀 놀이판 완성

나는 글자 카드를 준비할게

나뭇잎이 나왔어! 카드를 뒤집자

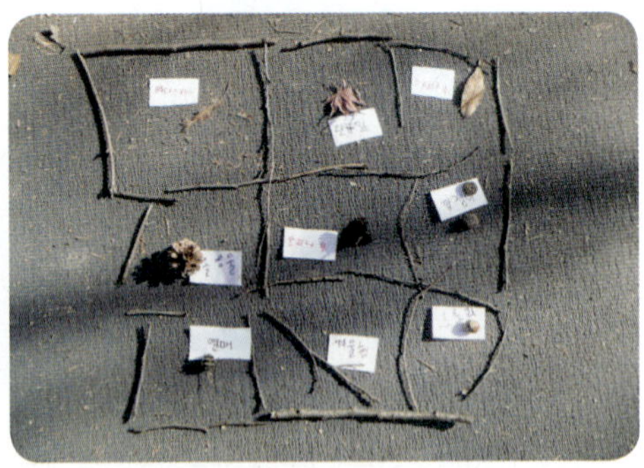

우리가 완성한 빙고 놀이판

T: 자연물 빙고 놀이를 해 보니 어땠나요?

C: 자연물들을 자세히 볼 수 있어서 좋았어요.

내가 말한 것이 없으면 나만 뒤집을 수 있어서 신났어요.

아파트 층을 더 많이 해 보고 싶어요.

T: 숲을 자세히 보면 여러 가지 자연물들이 숨겨져 있어요. 나뭇가지를 찾아보면 각기 다른 모양이 있고, 돌들도 제각기 다른 모습이지요. 우리 친구들의 얼굴이나 목소리, 냄새 등이 다른 것처럼 자연에 있는 친구들도 각자의 모습을 가지고 있답니다. 자연은 참 신기하고 재밌지요? 앞으로 자연의 모습을 더욱 열심히 관찰하고 관심을 기울여서 더 새로운 것을 발견하는 재미를 같이 느껴 보도록 해요.

확장놀이

▶ 자연물 가위바위보

– 숲에서 찾은 자연물을 이용해 가위바위보 놀이를 해 본다.

가위 모양을 찾을 거야. 어디 있니?

자연물로 가위바위보 놀이할래?

가위바위보! 나뭇가지 가위가 이겼다!

놀이 속 인성 키우기

* 배려 – 다른 사람의 필요와 요구에 민감하게 반응하고 공감한다.
* 협동 – 자연환경과 자연물에 대해 관심을 갖고, 가치를 소중하게 여긴다.

선생님의 놀이 지원 Tip

- 서로의 놀이판이 보이지 않도록 적절히 떨어져 활동하도록 배치한다.
- 빙고 놀이의 규칙을 그대로 따르지 않더라도 유아들이 만든 놀이 규칙을 존중해 주면 더 다양한 놀이가 이루어질 수 있다.
- 자연에 있는 것들은 같은 종류라고 해도 자라는 환경에 따라 모양이나 색깔, 질감 등이 다를 수 있다. 놀이를 통해 자연을 탐색하고 관찰하는 과정을 통해 유아들은 자연스럽게 자연을 존중하고 아끼는 마음을 기를 수 있다.

6 하늘 거울로 보는 겨울

시기 겨울

놀이명 하늘 거울로 보는 겨울

놀이 자료 뱀 거울, 광목천, 야생동물 목걸이, 물병, 자연물

놀이 지원

놀이의 시작

숲에서 아이들은 항상 생명을 찾으려 합니다. 눈에 보이지 않아도 어딘가에 있을 거라 믿으며 생명의 흔적을 찾아내곤 하지요. 처음에는 곤충을 만지기도 어려워하던 아이들이 우연히 만나는 생명들을 잡아서 같이 노는 법을 알게 되고, 그들을 해치지 않고 숲으로 돌려주는 모습을 볼 때 교실에서 책을 보며 알게 되는 것보다 '생명은 소중하다'라는 사실을 더 절실히 느끼게 됩니다. 겨울 숲을 거닐며 땅속에서 뱀이 겨울잠을 자고 있으니 조심조심 걷자고 말하는 우리 아이들! 오늘은 뱀을 찾아볼 예정인가 봅니다.

C: 겨울이 되니 숲이 조용해진 것 같아.
동물 친구들도 겨울잠을 자러 갔겠지?
우리 엄마가 밤에 큰 소리를 내면 뱀이 나온다고 했어.
뱀은 큰 소리를 좋아해? 왜 소리를 따라오지?
나는 뱀 귀는 못 본 것 같아.
눈으로 보는 거 아냐? 눈이 있어.
소리를 어떻게 눈으로 봐?
혀가 아주 무섭던데 곤충의 더듬이처럼 혀로 느끼는 걸까?
뉴스에서 봤는데 뱀은 사람들 소리가 나면 다른 데로 간댔어.
그래서 땅을 쿵쿵 치고 가면 뱀이 안 나온대.
겨울잠 자는데 화나서 더 나오는 것 아니야?
선생님! 뱀은 귀가 있어요? 어떻게 소리를 들어요?

♣ 뱀에 대해 궁금한 것을 생각해 보고, 하늘 거울을 통해 뱀의 감각 체험을 해 본다.

T: 오늘은 뱀이 궁금한가요? 뱀의 어떤 것이 궁금한가요?

C: 뱀이 어떻게 주변을 느끼는지가 궁금해요. 우리처럼 귀가 있나요?
우리는 왜 뱀을 볼 수 없는 거예요? 뱀이 우리를 무서워하나요?

T: 아! 그런 것이 궁금하군요. 우리가 뱀을 직접 보고 관찰하며 알아보면 좋겠지만 뱀은 지금 겨울잠을 자는 중이니 여기 뱀을 느낄 수 있는 거울이 있어요.
이 거울의 이름은 하늘 거울인데 이름이 왜 하늘 거울일까요?

C: 하늘을 보는 거울이여서요. 높은 곳에서 보는 거울이라 하늘 거울인 것 같아요.
만든 사람 이름이 하늘인 것 아니에요? 직접 보고 싶어요.
이 거울은 어떻게 보나요? 다른 방법이 있나요?

T: 거울에 홈이 있어요. 여기에다 코를 대고 거울 부분을 하늘을 향하게 잡아요.
이제 이 상태에서 거울을 움직이지 말고 눈으로 거울을 봐 주세요.
무엇이 보이나요?

C: 하늘이요. 아무것도 안 보여요. 나무가 보여요.
(거울을 보는 방법을 한 명씩 알려 주고 볼 줄 아는 아이들은 스스로 보며 몸을 움직여 보도록 한다)
하늘은 예쁜데 걸어가니까 하늘이 울렁울렁해요.
넘어질 것 같아서 움직이는 것이 어려워요.
친구들과 같이 해야 할 것 같아요.

T: 그럼 거울을 가지고 있는 친구들은 모두 앞으로 나와 주세요. 맨 앞에는 거울이 없는 **가 서 주고 나머지 거울을 들고 있는 친구들은 한 손에는 거울을, 나머지 한 손은 친구의 어깨에 올려놓고 걸어가 볼게요.
(선두에 교사가 서거나 유아들이 익숙해질 수 있도록 2명이나 3~4명으로 짝을 지어 움직여 본다)

뱀은 어떻게 사람들을 느끼죠?

하늘 거울로 보는 하늘은?

뱀은 이렇게 하늘을 보는구나

T: 뱀의 눈은 왜 하늘을 볼 수 있게 생겼을까요?

C: 눈이 머리 위에 있어서요. 위를 봐야 하는 것 아닐까요?
누가 밟을까봐 그런 것 같아요. 독수리 때문이에요.

T: 뱀은 매나 독수리 같은 큰 새들에게 잡아 먹히지 않게 새들이 오는 것을 잘 볼 수 있도록 눈이 하늘을 보게 되어 있어요.

C: 눈이 위에만 보이면 사람이나 동물들이 앞에 와도 보이지 않는데 어떻게 해요?

T: 뱀은 기어 다니기 때문에 땅의 진동을 통해 누가 다가오는 것을 빨리 느낄 수 있대요. 그래서 땅의 진동을 느끼며 도망갈 수 있는 것이죠.

C: 아, 그래서 뉴스에서 땅을 치며 걸어가면 뱀이 없다고 한 것이구나.
뱀은 귀가 있는 것이 아니었어. 하늘 보는 눈이랑 몸으로 느끼는 거였네!
그럼 지금 우리가 걸을 때도 뱀은 다 느끼고 있겠어요.
맞아, 그래서 우리가 뱀을 볼 수 없는 거였어.
아냐, 환경오염 때문에 야생동물이 점점 사라진다고 했어. 선생님 맞죠?

T: 숲속에서 만나고 싶은데 못 만난 동물들은 누가 있나요?

C: 호랑이, 곰, 토끼, 다람쥐, 부엉이, 박쥐요.

T: 그럼 실제로 그 동물들은 지금 찾을 수 없으니 너희들이 궁금한 동물 친구들이라고 생각되는 자연물을 가지고 오세요. 그리고 너희들이 만나고 싶은 동물들을 왜 찾을 수 없는지 같이 생각해 보도록 해요.

♣ 야생동물을 닮은 자연물을 찾아 천 위에 올려놓고, 함께 자연물 들어 올리기 놀이를 해 본다.

T: 이 천은 우리가 살고 있는 지구예요. 지구는 땅, 물, 공기로 이루어져 있어요.
그 지구 속에서 동물과 식물, 사람이 함께 살아가고 있어요.
우리가 살고 있는 지구를 들어 볼까요?

활동 방법

1. 각자 맡은 동물을 소개하고, 천 주변에 둘러선다.
2. 가운데 물병이나 물컵을 올려놓고 신호에 맞춰 천을 들어 올린다.
3. 우리가 쉽게 볼 수 없는 동물들이 누구인지 생각해 보고, 그 역할을 맡은 유아들이 한 명씩 빠져 보면 숲과 자연이 어떻게 될지 예상해 보고 직접 놀이를 통해 체험한다.

T: 옛날 숲속에는 여러 가지 동물들이 살고 있어요. 용감하고 힘이 센 호랑이, 밤을 지키는 부엉이, 커다란 곰, 귀여운 토끼, 점프를 잘하는 고라니, 땅파기 선수 멧돼지가 서로 어울려 자신의 집도 만들고 가족도 챙기며 행복하게 살고 있었지요. 그런데 사람들이 야생동물이 가진 것들을 뺏으려고 숲으로 다가왔어요. 야생동물들은 자신이 가진 것을 빼앗기거나 다쳐서 집을 잃어버리고 서서히 사라지게 되었답니다. 동물들이 자꾸 사라지면 우리는 어떻게 될까요? 야생동물들이 없어지니까 지구는 어떻게 됐나요?

멧돼지 역할입니다!

C: 동물 역할을 맡은 친구들이 없으니 모두 쓰러지게 되었어요.
우리도 살 수 없게 될 것 같아요.
모두 소중해요. 사람들이 나쁜 것 같아요.
동물들을 지킬 수 있는 방법을 같이 찾아봐요.
우리가 동물에 대해 더 자세히 알아야겠어요.

어? 쓰러진다! 안 돼~

같이 들어 올려 볼까요?

확장놀이

▶ 새의 눈 되어 보기

- 하늘 거울을 코에 대고 거울 부분을 뒤집어서 땅을 보면 새가 보는 시선을 느낄 수 있다.

▶ 흙 덜어내기

- 야생동물을 지키는 지구에 대해 소개하고, 흙을 모아서 풀과 동물 사진을 꽂아 둔다. 번갈아 가며 한 번씩 흙을 덜어 가는데 깃발이 쓰러지지 않아야 지구를 지킬 수 있다.

야생동물들을 지켜 낼 거야

조심조심! 식물과 동물이 쓰러진다

흙을 모아 보자!

놀이 속 인성 키우기

* 배려 – 다른 사람의 필요와 요구에 민감하게 반응하고 공감한다.
* 존중 – 자연환경과 자연물에 대해 관심을 갖고, 가치를 소중하게 여긴다.

선생님의 놀이 지원 Tip

- 여러 명이 함께 뱀눈 체험활동을 할 때는 맨 앞에 어른이 서 주거나 거울을 가지고 있지 않은 사람이 서서 안전하게 이동할 수 있도록 한다.
- 만 3세 이하의 아이들과 뱀눈 활동을 할 때는 나무에 등을 대고 둥글게 선 후 옆으로 조금씩 이동하며 하늘을 본다. 하늘 거울을 보며 움직이는 활동이 아직은 몸의 균형 감각이나 어른처럼 순발력이 없는 아이들에게는 위험할 수 있으므로 놀이 전 몸을 풀 수 있는 체조나 신체활동을 하도록 한다.
- 숲은 무수한 식물, 동물, 인간이 더불어 살아가는 생태계이다. 이 생태계에서 소중하지 않은 존재는 없으며 생태계가 흔들리면 인간도 살아갈 수 없다는 사실을 유아들이 이해할 수 있도록 한다.

7 얼음 모빌 만들기

시기 겨울

놀이명 얼음 모빌 만들기

놀이 자료 자연물, 종이컵, 지끈, 가위

놀이 지원

놀이의 시작

추운 겨울이 되어야 만날 수 있는 눈과 얼음! 아침 숲을 걷다가 얼음을 발견하면 드디어 얼음 모빌을 만들 때가 된 것입니다. 여러 모양의 컵이나 그릇에 우리가 넣어 보고 싶은 열매들을 넣어 찬 곳에 놓아 두면 다음 날 아이들은 신기한 경험을 하게 됩니다. 우리가 만든 모빌을 나무 곳곳에 매달아 두고, 서서히 녹는 것을 지켜 보면 시간 가는 줄 모르게 된 답니다.

C: 어제 눈이 왔나? 여기에 왜 눈이 있을까?
눈 아니고 얼음 아니야? 눈은 하얀색인데 이건 투명해.
한번 만져 보자. 아휴~ 차가워!
그런데 손으로 누르니 부서진다.
여기 나뭇잎이 들어가 있어! 하하 나뭇잎이 얼음에 갇혔네!
이거 꼭 얼음 모빌 같다.
아니야, 고드름 같지 않아?
얼음이 나뭇잎 도망 못 가게 가뒀네.
근데 뭔가 느낌이 예뻐! 크리스마스 트리에 달린 장식 같기도 해.
우리도 만들어 볼 수 있을까?

♣ 얼음으로 예쁜 모빌 만들기를 계획해 보고, 나만의 얼음 모빌을 만들어 본다.

T: 숲에서 얼음이 얼은 곳을 찾았나요? 어떤 모습이었어요?

C: 땅이 얼었어요.

얼음에 구멍도 있어요. 밟으면 부서지는 것을 보니 얇게 얼은 것 같아요.

T: 얼음이라는 것을 어떻게 알았어요?

C: 눈이랑 조금 헷갈리긴 해요. 어제 눈이 왔어요?

물과 얼음의 모습이 다르니까 얼음이에요.

이것 때문에 겨울왕국 같아졌어요. 우리도 얼려 볼 수 있을까요?

T: 얼음으로 무엇을 만들고 싶은가요?

C: 크리스마스 트리에 다는 장식을 만들고 싶어요.

나무에 걸어 두면 멋질 것 같아요.

T: 어떻게 얼음으로 예쁜 모빌을 만들 수 있을까요?

C: 얼음을 만들려면 물이 필요하니까 예쁜 자연물을 넣고 물을 넣어요.

그리고 냉장고에 넣어요.

그럼 안 떨어지지 않아?

냉장고에 넣으면 엄마가 싫어할 것 같은데….

겨울이라 추워서 밖에 둬도 얼 것 같아.

선생님과 모빌 만들기 계획 중

우와, 얼음이다! 진짜 겨울 같아~

얼음으로 뭐하며 놀지?

■ 모빌을 만들 때 필요한 재료에 대해 생각해 본다.

T: 얼음 모빌을 만들 때 필요한 재료를 생각해 볼까요?

C: 담을 통이 필요해요. 종이컵이요. 매달 줄도 있어야 해요.
아! 물이 가장 중요해요.
물만 얼리면 모두 모양이 같아서 누구의 모빌인지 알 수 없으니까
우리 주변에 있는 자연물 중에 마음에 드는 것을 가져와서 얼음 모빌을 만들어 보도록 해요.

얼음 모빌 만들기

1. 준비된 종이컵이나 재활용 통에 주변에서 구할 수 있는 나뭇잎이나 열매 등의 자연물을 담아 온다.
2. 담아 온 자연물을 통 속에 예쁜 모양으로 놓아 본다.
3. 직접 물을 부은 후 털실로 손잡이 모양을 만들어 물속에 넣고 털실을 밖으로 뺀다.
▶ 물이 얼어서 얼음 모빌이 완성되면 어떤 모양의 얼음이 나올지 예상해 보기
4. 하루 정도 그늘에 놓아 둔 후 다음 날 다시 가서 얼음 모빌을 확인해 본다.
5. 얼음이 얼었다면 온도계를 가져가 얼음의 온도를 재어 본다.
(얼음이 얼지 않았다면 왜 그런지 이유를 생각해 보고, 하루 더 밖에 둔다)
6. 얼음 모빌의 종이컵이나 그릇을 제거한 후 나무에 걸거나 해서 내가 만든 얼음 모빌로 나무를 장식해 본다.

얼음 모빌을 만들어 볼까요?

예쁜 자연물들을 담고 물도 따라 보자

어디에다 두면 얼까요?

T: 얼음 모빌을 만들어 보았는데 어땠나요?

C: 어떻게 될지 기대가 돼요.

저는 냉장고에 넣어야 할 것 같아요.

냉장고랑 유치원이랑 밖이랑 따로 놔서 비교해 봐요.

빨리 완성해서 장식해 보고 싶어요.

물이 얼음이 되는 온도는 몇 도인지 궁금해요.

우리가 만든 얼음 모빌은 언제까지 그대로 있을까요?

매일매일 얼음 모빌이 어떻게 변하는지 관찰해 볼래요.

확장놀이

▸ 겨울을 맞이한 숲을 얼음 모빌로 장식해 보고, 기념사진을 찍어 본다.

유치원에서도 만들어 볼까요?

냉장고에 넣은 얼음 모빌

밖에다 멋지게 장식해 볼래요

▶ 얼음아, 녹아라!

- 아이들과 함께 만든 얼음 모빌을 아이들과 유치원 곳곳(바깥 놀이터, 교실, 화장실, 강당 등)에 놓아 두고 어떤 장소에서 얼음이 가장 빨리 녹는지 실험 해 본다.

놀이 속 인성 키우기

* 배려 – 다른 사람의 필요와 요구에 민감하게 반응하고 공감한다.
* 존중 – 자연환경과 자연물에 대해 관심을 갖고, 가치를 소중하게 여긴다.
* 협동 – 공동의 목표를 설정하고, 이를 달성하기 위하여 개인적인 책임을 다하고 서로 도움을 주고받을 수 있다.
* 소통 – 다른 사람의 생각을 듣고 반응해 주며 자신의 생각을 이야기하여 서로 의견을 조율해 본다.

선생님의 놀이 지원 Tip

- 다양한 자연물을 활용하여 모빌을 꾸밀 수 있도록 한다.
- 물을 담아 얼릴 통은 단단한 재질의 재활용품을 사용할 수 있도록 한다.
- 숲이 가깝다면 활동을 한 후 다음 날 다시 가서 자연물 얼음 모빌이 얼었는지 확인해 본다. 만약 숲까지 가는데 많은 시간이 소요된다면 숲에서 관찰 활동을 한 후 자연물만 수집하고 유치원에 돌아와 얼음 모빌을 만들고 놀이터나 바깥에 놓아 두어 얼린 후 놀이 시간에 확인해 보아도 된다.

8 봄을 준비하는 겨울눈

시기 겨울
놀이명 봄을 준비하는 겨울눈
놀이 자료 겨울눈, 전지가위, 광목천
놀이 지원

놀이의 시작

봄이 오기 전 마지막 숲 놀이의 날! 1년 동안 숲에도 많은 변화가 있었지만 우리의 몸도, 마음도 많이 자라게 되었습니다. 유치원의 1년 생활도 마무리가 되고, 새 학년을 준비하는 것처럼 숲도 그동안의 추억을 소중히 간직하며 다가올 눈부신 봄을 준비하고 있습니다. 새 봄이 되면 우리는 어떤 모습일까요? 우리에게 빛나는 선물을 선사한 숲의 마지막 이야기 속으로 함께 들어가 보겠습니다.

T: 올해 마지막 숲 놀이의 날이에요. 어떤 하루를 보내고 싶나요?
C: 그동안 해 봤던 놀이를 기억해 보며 재미있었던 놀이를 뽑아 봐요.
한동안 못 올 테니 자유놀이 하고 싶어요.
겨울이니까 '얼음땡' 놀이를 해요.
그동안 못 봤던 것이 있는지 샅샅이 찾아 탐험을 해 봐요.
숲에 있는 친구들에게 잘 지내라고 인사를 해 줘요.
다른 사람들이 와서 알 수 있게 이름표도 만들어 줘요.
T: 너희들이 하고 싶은 것을 하고 숲에게도 인사하자.

♣ 숲으로 이동하여 아이들이 말한 단어들의 자연물을 찾아 이름표를 붙여 준다.

T: 지금부터 숲에서 놀이를 해 볼 거예요. 자유롭게 놀이하고, 자연물에 이름표도 붙여줄게요. 잠시 후에 만나서 이야기 나눠요.

■ 숲에서의 놀이 시간 후 한 곳에 모인다.

C: 겨울인데도 숲은 살아있어요. ‘
초록 나뭇잎을 가진 소나무도 있어요.
바닥에 잘 보면 풀들 사이에 로제트 식물들도 살고 있어요.
우리 봄에 이야기 했었잖아요.
나무에도 새로운 나뭇잎들이 생겨나고 있어요. 그리고 뾰족한 발톱처럼 생긴 것도 있어요.
T: 역시 숲 박사님들이라 신기한 것을 많이 발견했네요.
뾰족한 발톱처럼 생긴 것은 어디에 있었어요?
C: 나무 위에요. 나뭇가지에 매달려 있었어요.
저거 우리 목련 꽃잎 볼 때 봤던 것 아닌가요?
그때 저 속에 꽃이랑 잎이 들어있다고 했었어요.
이렇게 작은데 나뭇잎이 많이 들어 있는 것이 신기하다.
T: 맞아요. 나무들이 만든 겨울눈이에요.
이 겨울눈 속에서 나무의 잎도 생기고, 꽃도 생긴대요.
겨울눈이 가지의 끝에만 있나요?
C: 가운데에도 있어요. 여기저기 보이는 것 같아요.
나뭇잎이 있었던 자리 아닐까요?
T: 나뭇가지의 끝에 있는 겨울눈을 끝눈이라고 해요.
그럼 옆쪽에 있는 겨울눈은 이름이 뭘까요? 곁눈이라고 해요.
C: 우와! 신기하다. 나무가 저런 것을 만들고 있는 것은 참 신기해요.
우리 그동안 봤던 나무의 모습을 표현해 보는 것은 어떨까요?

♣ 나무가 되어 나무의 일 년을 몸으로 표현해 본다.

봄을 준비하는 겨울눈

따뜻한 봄이 왔어요. 나뭇잎이 조금씩 움트고 있네요. 예쁜 꽃이 피고 있어요. 더운 여름이 왔어요. 뜨거운 햇빛이 비치네요. 시원한 비가 쭉쭉 오네요. 시원한 물을 마시고 나무들이 좋아하고 있어요. 가을이 왔어요. 주렁주렁 열매가 생겼어요. 새들이 와서 열매를 맛있게 먹네요. 점점 날씨가 추워지니까 나뭇잎이 하나둘 떨어지기 시작하네요. 겨울이 왔어요. 찬바람이 쌩쌩 부네요.
이젠 나뭇잎이 하나도 남지 않았어요. 빨리 봄이 왔으면 좋겠어요.
나무가 따뜻한 봄을 기다리고 있어요. 그런데 나무에게는 한 가지 비밀이 있어요.
어떤 비밀이냐면 지금도 나뭇잎과 꽃이 나무 속에 숨어 있대요.
우리 나무가 만든 겨울눈이 되어 볼까요?

모두 꼭 껴안자! 겨울눈이 되어보자

겨울눈 속에 누가 들어 있나요?

♣ 겨울눈을 함께 찾아보고, 잘라서 관찰해 본다.

겨울눈 관찰하는 중

T: 겨울눈이 어디 있는지 같이 찾아 볼까요?
먼저 찾은 친구는 “여기 있어요.”라고 이야기해 주세요.

C: 겨울눈이 너무 높이 있으면 선생님이 도와주세요.

■ 겨울눈을 찾아 수집해 보고, 모임장소로 모인다.

눈 속에 들어 있었던 것들

C: 겨울눈이 잘 보이는 것도 있고 안 보이는 것도 있어요.
이렇게 작은데 그 안에 꽃, 잎이 다 들어 있어요?
진짜로 잘라 봐요.

T: 진짜로 잎이 이 안에 있는지 선생님이 한번 잘라 볼게요.
(흰색 A4용지를 위에 겨울눈을 세로로 잘라서 펼쳐 놓고 관찰한다)

C: 우와, 큰 것은 잘 보인다. 정말 꽃이랑 잎이 있어요.
어떤 것이 들어 있는지 모두 열어서 옆으로 놓아 봐요.
(겨울눈의 크기를 순서대로 놓아 본다)

겨울눈을 찾아볼까요?

T: 겨울눈에 진짜로 잎과 꽃이 있었나요?

C: 네, 꽃이랑 잎이 따로 있는 것도 있어요.

T: 겨울눈의 모양과 크기가 나무마다 똑같았나요?

C: 나무마다 달라요. 들어 있는 것도 달라요.

날씨가 따뜻해지면 정말로 우리가 관찰했던 겨울눈에서 나뭇잎이랑 꽃이 나오는지 확인해 봐요.

유치원에 가서 우리도 겨울눈을 만들어 봐요.

■ 숲과 인사를 나누고 내년에 다시 만날 것을 약속한다.

확장놀이

▶ 겨울눈 액자 만들기

– 겨울눈을 클레이 점토로 만들어 나뭇가지에 붙이고, 나뭇가지를 액자에 끼워 완성한다.

수집해 온 나뭇가지들

동그란 겨울눈, 뾰족한 겨울눈

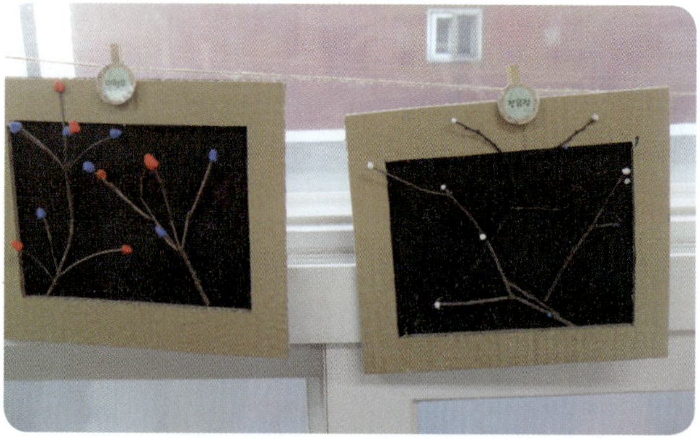

함께 전시해 보았어요

▶ 나뭇가지 퍼즐

– 20~30센티미터 정도의 나뭇가지를 3~4조각으로 잘라 순서대로 맞추는 퍼즐 활동을 해 본다. 어린 아이들은 가지가 서로 섞이면 헷갈려하므로 1개의 가지를 잘라서 2~3명의 유아가 모둠을 이루어 활동하고 서로 섞이지 않도록 주의한다. 겨울눈과 나무가 자란 방향 등에 따라 자세히 관찰하여야만 나뭇가지 퍼즐을 맞출 수 있다.

놀이 속 인성 키우기

* 협력 – 두 명 이상의 구성원이 공동의 목표를 설정하고, 이를 달성하기 위하여 서로 조언 및 조력을 주고받는다.
* 존중 – 자연환경과 자연물에 대해 관심을 갖고, 가치를 소중하게 여긴다.
* 배려 – 다른 사람의 필요와 요구에 민감하게 반응하고 협력하며, 다른 사람을 위한 배려심을 경험한다.
* 소통 – 다른 사람의 생각을 듣고 반응해 주며 자신의 생각을 이야기하여 서로 의견을 조율해 본다.

선생님의 놀이 지원 Tip

- 나뭇가지를 잘라서 겨울눈을 관찰할 경우 우리가 나무에 대해 더 알고 싶어서 채집하는 것임을 꼭 이야기해 준다.
- 나뭇가지를 채집할 때는 가능하면 전지가위를 사용해야 나무에게 주는 상처를 최소화할 수 있다.
- 나뭇가지와 잎이 되는 생장점인 나뭇가지 끝에 생기는 눈을 '겨울눈'이라고 부른다. 겨울눈은 겨울에 생기는 것이 아니라 봄부터 조금씩 에너지를 모아 두었다가 가을에 나뭇잎이 떨어진 자리에 나기 때문에 겨울에 눈에 띄게 잘 보인다.

참고문헌

고병진 외(2006). 교육사 및 교육철학. 서울: 교육과학사.

곽노의(1996). 프뢰벨-생애와 교육. 서울: 양서원.

곽노의(2003). 놀이, 놀잇감 그리고 놀이공간에 대하여 다시 생각한다. 강원유아교육학회.

곽노의(2005). 모든 어린이들의 아버지 프뢰벨. 서울: 북섬.

곽노의, 이경순, 윤승훈(2010). 숲유치원 아이들. 서울: 교육자치연구소.

곽노의(2011). 숲유치원에서의 놀이와 인성교육에 관한 연구. 홀리스틱교육연구, 15(3), 1-23.

곽노의, 이신영(2014). 누리과정과 연계한 숲체험교육활동. 서울: 창지사.

곽노의(2015). 유아교육사조. 문음사.

곽노의, 이봉자(2016). 지속가능발전교육관점에서 본 유아 숲교육의 전망. 한국초등교육, 27(3), 151-172.

곽노의, 염정은(2021). 프뢰벨과 듀이의 상징과 놀이개념에 대한 견해 비교, 열린교육연구, 26(5), 321-337.

김민희(2008). 교육사 교육철학강의. 문음사.

김수동(2012). 노자와 루소의 자연개념 분석. 교육철학연구, 34(2), 48-123.

김정환(1975). 페스탈로치의 교육사상. 서울: 고려대출판부.

김창환(1997). 코메니우스의 유아교육사상 연구. 한국유아교육학회, 17(2), 5-26.

김춘성(2000). 동학의 자연과 생태적 삶. 동학학보, 1, 125-150.

남효창(2006). 얘들아! 숲에서 놀자. 서울: 추수밭.

남효창(2012). 나는 매일 숲으로 출근한다. 서울: 청람출판.

노태준 역해(2001). 노자도덕경. 서울: 홍신문화사.

뉴네스코 한국위원회(2017). 2017 SDG4-교육 2030포럼: 한국교육과 SDG4-교육 2030.

민성길(2001). 어린이 발달과 자연. 한국어린이육영회 창립 20주년 유아교육학술대회자료집, 32-41.

박은혜(2017). 유엔 지속가능발전목표의 의미와 유아교육의 과제. 유아교육연구, 37(3), 119-136.

박휴용(2012/13). 교육과정이념으로서의 다문화주의와 지속가능발전 교육론에 대한 비판적 논의. 교육과정연구, 50(1), 1-26.

손승남(2010). 지속가능한 미래, 삶의 질 그리고 생태교육. 교육의 이론과 실천, 15(2), 99-115.

손인수(1992). 교육사신강. 서울: 문음사.

안종수(2006). 동양의 자연관. 한국학술정보.

양옥승(2001). 자연을 통한 유아교육. 어린이와 자연. '창립 20주년 기념 유아교육 학술대회. 한국어린이육영회, 43-59.

염정은, 곽노의, 이신영(2018). 프뢰벨의 인간관과 발달관에 기초한 유아교육의 발전방향 모색. 한국영유아교원교육학회, 22(1), 229-248.

오인탁(2016). 숲과 자연, 인성과의 만남: 인성교육의 오래된 새로운 지평 아동 숲교육. 한국아동숲교육학회 창립학술대회자료집.

윤구병(2010). 꿈이 있는 공동체 학교: 일, 놀이, 공부가 하나인 윤구병의 교육에세이. 서울: 휴머니스트, 277.

이명환, 김은숙(2010), 녹색교육 숲유치원. 경기: 교육아카데미.

이병래(2015). 유아인성교육의 방향에 대한 연구. 열린육아교육, 20(6), 297-328.

장회익(1998). 삶과 온 생명. 서울: 솔.

조선일보(2015. 6. 27.). 멸종의 방아쇠. D1, D3면.

조우현, 배종호, 김형석(1966). 철학개론. 서울: 연세대학교출판부.

최영찬(2011). 맹자의 자연관. 동서철학연구, 39, 235-258.

황성원(2012). 인성교육을 실천하는 루소의 자연주의 교육론과 그 현재성. 열린교육연구, 2(4), 337-355.

황옥자(1993). 『에밀』에 나타난 Rousseau의 자연주의 사상과 유아기 교육에 관한 관찰. 한국교육철학회, 11, 297-325.

Agyman, J. & Evans, B. (1995). 'Sustainability and Democracy: Communit participation in Local Agenda 21'. *Local Government Policy Making, 22*(2), 35-40.

Barbara Drinck(2001). 페스탈로치의 어머니 상(像). 한독교육학회, 6(1), 1-10.

Bikel, K. (2001). Der Waldkindergarten. Norden Media.

Bonnet, M. (1999). Education for Sustainable Development: a coherent philosophy for environmental education? *Cambridge Journal of Education, 29*(3), 313-324.

Conell, Joseph(2006). Mit Cornell die Natur erleben. Verlag an der Ruhr, Mueheim.

DeGuimps(1890). *Pestalozzi: His Life and Work*. Nueva york: Appleton.

Hanses-Moller, J., & Taylor, G.(1991). Creative nature interpretation for children. *Children's Environments Quarterly, 8*(2), 30-37.

Huizinga, J. (1955). 호모 루덴스: 놀이와 문화에 관한 연구. 김윤수 옮김(1981) 서울: 까치.

Rauch, F. (2004). *Education for Sustainability: a Regulative Idea and Trigger or Innovation*. London: Routlege Falmer, 149-151.

Robin C. Moore(1997). The Need for Nature: A Childhood Right. *Social Justice, 24*(3), 20-35.

Richard Louv(2005). *Last child in the wood: Saving Our Children From Nature-Deficit Disorder*. NewYork.: Workman. 김주희 역(2007). 자연에서 멀어진 아이들. 서울: 즐거운 상상.

Roussau, Jean-Jacques. *Emile, ou de lEducation*. 정봉구 역(1988). 에밀. 서울: 범우사.

Siraj-Blatchford, J., Smith, K. C., & Samuelsson, I. P.(2012). 유아를 위한 지속가능발전교육. 신은수, 박은혜 역(2012). 서울: 이화여자대학교출판부.

Sue Palmer(2006). 중독성 유년기 장애. 국제유아교육 심포지움 자료집: 늦게 피어도 아름다운 꽃, 123-135.

Winch,Christopher(1998). The Romantic View of Learning: Rousseau's Emile, in Christopher Winch. *The Philosophy of Human Learning*. London: Routledge, 21-35.

저자 소개

곽노의

• 학력: 중앙대학교 대학원 유아교육과(문학석사, 박사)
중앙대학교 사범대학 외국어교육과(독일어 전공)

• 경력: 서울교육대학교 명예교수(현)
서울한영대학교 석좌교수(현)
한국아동숲교육학회 회장(현)
독일 튜빙겐(Tübingen) 대학교 교환교수(전)
미국 캘리포니아 주립대학교(CSULA) 교환교수(전)
서울교육대학교 유아 · 특수교육과 교수(전)
산림청 산림교육심의위원회 위원(전)

저서 및 논문

- 프뢰벨과 듀이의 상징과 놀이 개념에 대한 견해 비교(2021, 열린교육연구)
- 지속가능발전측면에서 본 유아 숲교육의 전망(2016, 한국초등교육연구)
- 누리과정과 연계된 숲체험교육활동(2014, 공저)
- 영 · 유아놀이지도(2014, 공저)
- 자연주의유아교육프로그램(2011, 공저)
- 숲유치원의 아이들(2010, 공저)
- 영 · 유아교육프로그램(2004, 공저)
- 몬테소리교육학과 발도르프교육학(2001, 공역)
- 자유 발도르프 유아교육(1999)
- 프뢰벨의 유아교육이론 연구(1988)

박미숙

- 학력: 인천대학교 교육학 박사(유아전공)
  중앙대학교 문학석사(아동복지전공)
  이화여자대학교 최고경영자 과정 수료
  교육대표자 최고위 정책과정 수료
  독일 숲 교육 하계연수과정 수료
- 경력: The 큰빛 유치원 원장(현)
  한국아동숲교육학회 이사(현)
  한국홀스틱융합교육학회 이사(현)
  인천광역시 교육청 적극행정 교육전문위원(현)
  인천광역시 서부지부 아동관리센터 굿네이버스 교육위원(현)
  인천광역시 맞춤형 부모-자녀체험 프로그램 강사(현)
  한국영유아보육학회 이사(전)
  한국교육숲협회 이사(전)
  한국숲실천연구회 임원(전)

저서 및 논문

- 가족 건강성이 유아 리더십에 미치는 효과: 자기조절력과 배려적 행동의 매개효과 (박사학위논문)
- 어머님의 교육신념 교육관여 및 자아 존중감이 유아의 기본생활 습관에 미치는 영향 (석사학위논문)

오감으로 체험하고 놀이하며

"숲이랑 놀자"

초판 1쇄 인쇄 2022년 1월 7일
초판 1쇄 발행 2022년 1월 14일

지 은 이 | 곽노의 · 박미숙
펴 낸 이 | 김기섭
편 집 인 | 조진주
펴 낸 곳 | 창지사 www.changjisa.com
08589 서울시 금천구 가산디지털 1로 83 파트너스타워 1차 9층
전화 (02)719-2211~3
팩스 (02)701-9386
등 록 | 1977년 4월 28일 · 제1-421호

ISBN 978-89-426-1496-7 (93370)

값 23,000원